D1395242

SEXTI AURELII VICTORIS
LIBER DE CAESARIBUS

PRAECEDUNT

ORIGO GENTIS ROMANAE
ET
LIBER DE VIRIS ILLUSTRIBUS URBIS ROMAE

SUBSEQUITUR

EPITOME DE CAESARIBUS

RECENSUIT

FRANCISCUS PICHLMAYR

EDITIO STEREOTYPA
EDITIONIS PRIMAE (MCMXI)

STUTGARDIAE ET LIPSIAE
IN AEDIBUS B.G. TEUBNERI MCMXCIII

Die Deutsche Bibliothek — CIP-Einheitsaufnahme

Aurelius Victor, Sextus:
[Liber de Caesaribus]
Sexti Aurelii Victoris Liber de Caesaribus.
Praecedunt Origo gentis Romanae [u. a.]. Rec. Franciscus Pichlmayr. —
Ed. stereotypa ed. 1. (1911). —
Stutgardiae ; Lipsiae : Teubner, 1993
(Bibliotheca scriptorum Graecorum et Romanorum Teubneriana)
ISBN 3-8154-1108-4
NE: Pichlmayr, Franz [Hrsg.]; Beigef. Werk

© B. G. Teubner Verlagsgesellschaft Leipzig 1993

Printed in Germany
Druck und Bindung: Chemnitzer Verlag und Druck GmbH, Werk Zwickau

PRAEFATIO

Sexti Aurelii Victoris nomine saeculi XVI. initio solus libellus de vita et moribus imperatorum Romanorum sive Epitome ferebatur.[1]) Sed postquam anno 1579 Andreas Schottus v. d., cum iam duobus annis ante (1577 Duaci) ex manuscripto exemplari a Theodoro Pulmanno (Poelman) eruditissimo viro oblato librum de viris illustribus novem vitis auctum edidisset, ex eodem codice omnium primus libros de origine gentis Romanae et de Caesaribus in lucem emisit[2]) atque in epistula utrique editioni subiuncta titulo codicis fretus praeter haec opuscula etiam librum de viris illustribus, qui usque ad id tempus sive C. Plinii Secundi sive Cornelii Nepotis sive Suetonii sive Aemilii Probi esse creditus erat, Aurelio Victori adscripsit, quattuor illi libelli huic scriptori attribui et ad unum corpus coniungi solebant. Ceterum iam Schottus et de Origine dubitavit et Epitomae auctorem 'Victorem subditicium' vel 'supposititium' nominavit; neque sequentibus saeculis defuere, qui, essentne cuncti eiusdem auctoris, propter diversitatem stili

---

1) 'Sex. Aurelium Victorem de vitis Caesarum imprimendum curaui' ait Laurentius Abstemius in editione principe Epitomae (ex urbe Fanestri IIII Kal. Martii MDIIII). 'Imperatorum Sex. Aurelii Victoris quod antehac latuit compendium' et 'S. A. V. libellus aureus' dicitur in editione „compendii impressi opa impēsa et accuratione Ascensiana anno M. D. IIII. ad tertiū Calēdas decēb. In ędibus Ascēsianis apud Parrhisios".

2) Sex. Aurelii Victoris historiae Romanae breviarium. A Iano et Saturno Urbeque condita usque ad consulatum X̄ Constantii Aug. et Iuliani Caes. III. Numquam antehac editum... Ex bibliotheca Andr. Schotti, cuius etiam notae adiectae sunt. Antverpiae ex officina Christophori Plantini architypographi regii MDLXXIX.

a*

dubitarent[3]); nunc vero virorum doctorum communis est
consensio S. Aurelii Victoris genuinum[4]) opus unicum eum
librum esse, qui inscribitur „Historiae abbreviatae ab
Augusto Octaviano, id est a fine Titi Livii, usque ad consulatum decimum Constantii Augusti et Iuliani Caesaris tertium", quem nos „de Caesaribus" dicere consuevimus, cetera
opuscula alios olere auctores, quorum nomina in tenebris
iacent.

DE S. AURELII VICTORIS VITA INGENIOQUE.[5])

Sextum[6]) Aurelium Victorem oriundum fuisse ex Africa et
ex eo apparet, quod imperatorem Septimium Severum, in
quo laudando multus est, Afrum ipsum natione, popularem
suum dicit (Caes. 20, 6: „gentis nostrae") et ex inscriptione
codicum Oxoniensis et Bruxellensis: „Victor Af(f)er". Quae
sententia etiam eo adiuvatur, quod Caes. 40, 19 Carthaginem „terrarum decus" appellat quodque in dicendi genere
quem vocamus tumorem Africum exhibere videtur.

Rure ortus tenui atque indocto patre, ut ait ipse (Caes.
20, 5), per multa impedimenta eluctatus ad amplissimos
honores pervenit: ab imperatore Iuliano provincia Pannonia secunda ei administranda data est, ut docet Ammianus
Marcellinus 21, 10, 6: „ubi Victorem apud Sirmium visum
scriptorem historicum exindeque venire praeceptum Pannoniae secundae consularem praefecit (i. e. Iulianus anno

---

3) Videnda, quae Ioannes Arntzenus in praefatione editionis
(Amstelodami-Traiecti Batav. 1733) profert.

4) Quod prioribus annis viri docti suspicati sunt (L. Ieep,
Rivista di filologia 1873 p. 505; Th. Opitz, Quaestionum de
Sex. Aurelio Victore capita tria. Acta societatis philol. Lips.
II (1875) p. 199—279) exstitisse amplius quoddam S. Aurelii
Victoris opus, e quo et Caesares et Epitome sive Epitomae
pars (cap. I—XI) excerpta essent, a vero deerrat.

5) Cf. Opitz l. l. p. 200; F. Pichlmayr: Zu den Caesares des
Sextus Aurelius Victor. Festgruß des Ludwigsgymnasiums in
München an die XLI. Versammlung deutscher Philologen und
Schulmänner p. 13 sq.

6) Sexti praenomen reperitur in titulo C. I. L. 6, 1186 et in
inscriptionibus codicum Epitomae.

361) et honoravit aenea statua, virum sobrietatis gratia
aemulandum, multo post urbi praefectum". Illius autem legationis testis est etiam titulus Orellianus 3715: AVRELIO
VICTORI $\overline{XV}$ VIRO SACR. FAC. LEG. AVGG. PRO PR.
PROV. PANN. INF. PATRON. R. P. H. V. D. D.

Consulem eum ante annum 361 fuisse ex eo, quod Ammianus eum 'consularem' dicit, non sequitur; quarto enim
p. C. saeculo hoc titulo certa quaedam provinciarum prae-
sidum classis ornari solebat, qui numquam consules fuerant;
neque in fastis consularibus ante annum 369 Victoris consulis mentio fit. Quem autem Victorem fasti eo anno una
cum Valentiniano nepote consulem commemorant, is sitne
idem atque noster, dubium est, sed meo quidem iudicio non
sine aliqua veritatis specie. Praefecturam urbi multis annis
post („multo post" Ammianus l. l.) Theodosio imperante
a. 389 gessit (Corsini „Series praef. urbis p. 287), cuius magistratus mentio fit C. I. L. 6, 1186: „*re*TERVM PRINCI-
PVM CLEMENTIAM *sa*NCTITVDINEM MVNIFICEN-
TIAM SVPERGRESSO D. N. FL. THEODOSIO PIO VIC-
TORI SEMPER AVGVSTO SEX. AVR. VICTOR V. C.
VRBI PRAEF. IVDEX SACRARVM COGNITIONVM D.
N. M. Q. E. Qua inscriptione eum etiam iudicem sacrarum
cognitionum fuisse docemur.

Ipse in opusculo suo imp. Diocletiani (39, 6: „nostra
⟨memoria⟩") Constantinique (40, 14: „memoria mea") ut
aequalium mentionem facit, consulatus Philippi (= p. C. 348)
anno urbis millesimo centesimo, quem nullis sollemnibus
frequentatum Romanis excessisse queritur, et Cerealis (=
p. C. 358) commemorat (cf. 28, 2 et 16, 12 „nostra aetate"),
Constantium II „imperatorem nostrum" (41, 10) et „principem nostrum" (42, 5) nominat (cf. etiam 34, 7). Huius
anno vicesimo tertio (= p. C. 360) librum ad finem per-
duxisse videtur. Quo autem anno supremum diem obierit, incertum est. Fidei Christianae eum addictum non fuisse inde
apparet, quod prodigia et oracula comprobare evincitur.[7]

---

7) Cf. Opitz l. l. p. 202.

Litterarum eximio amore flagrans nihil sanctius duxit doctrina atque humanitate; atque quae sive de re publica sive de natura rerum profitetur, quamquam non admodum magni sunt ingenii, tamen animum praestantem atque ingenuum et qui bonis artibus delectetur patefaciunt. Senatui favet, odit militum vulgus, quorum aviditatem immoderatamque superbiam saepius perstringit.

Iam quid alii scriptores de eius libro tradant, videamus. Ac primum quidem Hieronymus in epistula ad Paulum Senem Concordiensem (10, 3) „commentarios Fortunatiani et propter notitiam persecutorum Aurelii Victoris historiam . . ." postulat. Quo procul dubio Aurelii Victoris Caesares intelligendos esse omnes viri docti consentiunt et Mommsenus illius vestigia etiam nunc in Hieronymi libro deprehendi posse ait. Deinde quae Paulus Diaconus de gestis Langobardorum II, 18 dicit: „sunt qui Alpes Cottias et Appenninas unam dicant esse provinciam: sed hos Victoris revincit historia, quae Alpes Cottias per se provinciam appellat" ad Caes. 5, 2 (= Ep. 5, 4) referenda sunt. Et Ioannis Lydi verba (de magistratibus populi Romani III, 7): „ἔνϑεν σιτῶναι, οὓς Βίκτωρ ὁ ἱστορικὸς ἐν τῇ ἱστορίᾳ τῶν ἐμφυλίων φρουμενταρίους οἶδε τὸ πρὶν ὀνομασϑῆναι, ὅτι τῆς τοῦ παλατίου εὐϑηνίας τὸ πρὶν ἐφρόντιζον" ad Caes. 39, 44 pertinent.

DE LIBELLI DE ORIGINE GENTIS ROMANAE AUCTORE

Schottus cum Originem edidit, iam dubitavit, num Aurelii Victoris esse diceret, cum ei 'stylus, non malus auctorum index' repugnare videretur. Io. Metellus Sequanus († 1600)[8] initio libelli (1, 6): 'cognita ex libro, qui inscriptus est De origine Patavina' adductus in eam suspicionem venit, ut Q. Asconii Pediani, qui ipse fuit Patavinus, opus esse statueret. Quam opinionem iam Arntzenus (in praefatione

---

8) In epistula ad Stephanum Vinandum Pighium data. Quam Schottus post mortem Metelli et Pighii edidit. Cf. Iordanum, Herm. III (1869) p. 394; Seppium in edit.² p. 40.

editionis p. 2 seqq.) redarguit, qui 'posterioris quidem aevi, sed tamen non ignobilem grammaticum' fuisse auctorem recte dicit. Non enim historicum, sed grammaticum fuisse, qui ex variis auctoribus haec collegit, ex eo efficias, quod compluribus locis[9]) docentis est similis. Falsarium quendam saeculi XV eum Niebuhrius (Vorlesungen ed. Isler p. 34) iudicavit, quae sententia, quam multi alii[10]) secuti sunt, eo refellitur, quod iam Helinandus (in Vincentii Bellovacensis speculo historiali (tom. IV speculi mundi) II, 96), qui 1223 mortuus est, illud opusculum noverat etiamque codex Oxoniensis saeculi XIV esse videtur.[11]) Qui nostra aetate libello operam navaverunt Maehly[12]) et Iordan[13]), etiam ἐπιγραφὴν ab ipso Originis auctore profectam esse falso rati, eum VI vel V saeculo p. C. attribuunt, ceteri ineunte vel medio IV saeculo ortum esse censent (e. gr. Mommsen[14]): ante Hieronymi aetatem, Baehrens[15]): post a. 360 p. C., Beck[16]): post Apulei aetatem et ante Chronicon ab Hieronymo Latine versum et auctum, Smit[17]): Lactantii temporibus vel paulo post); atque profecto stilus et orationis forma optime huic aetati quadrat.[18])

De genere autem libelli duae sunt sententiae virorum doctorum: alteris Origo pro excerpto est, alteris eadem,

---

9) 1, 7—9; 4, 2. 4; 5, 2; 8, 3; 10, 4; 15, 5; 21, 2—4.

10) Cf. J. H. Smit, Ps.-Victoris liber de origine gentis Romanae. Groningae 1895. Prolegomena p. 12.

11) E. Baehrens (in ann. Fleckeisen. 135 (1887) p. 778) Eusebii versionem Armeniacam et Diodori excerpta Vaticana singulis rebus cum Origine congruere monet.

12) Iahnii Arch. XVIII p. 132—153.

13) Rhein. Museum XVIII p. 589.

14) Hermes XII p. 401.   15) l. l.

16) Ad originem gentis Romanae Commentatiuncula. Mnemosyne 1894 p. 338.

17) in praefatione editionis p. 67.

18) Tenendum est et titulum et extremam partem Originis ('Sed horum omnium' et q. s.) non ab auctore ipso profecta esse, sed ab eo, qui postea (mea quidem sententia multo postea), cum historiam tripertitam conglutinaret, et finem ipsum Originis decurtavit et initium libri de viris illustribus desecuit.

qua hodie exstat, forma scriptoris manu esse composita videtur; ab illa parte stant Mommsen, Baehrens, Sepp (qui
libellum prius[19]) Verrio Flacco ipsi adscribendum censue-
rat, nunc Lactantii temporibus excerptum vult), ab hac
Smit et M. Schanz[20]); Beck dubitat an scriptorem huius
libelli epitomatorem vocare malit.

DE LIBELLI DE VIRIS ILLUSTRIBUS URBIS ROMAE AUCTORE

Libellus de viris illustribus Urbis Romae in codicibus
manuscriptis longe plurimis C. Plinii Secundi sive Plinii
oratoris Veronensis nomini addicitur; in editionibus veteribus vel huius Plinii (iunioris) vel Cornelii Nepotis vel Suetonii Tranquilli nomine ad eorum scripta accessit. Ioannes
Metellus Asconii Pediani eum esse credidit, alii viri docti
saec. XV et XVI Hygino vel Aemilio Probo inscripsere.
Qui 'Originem' 'Viros illustres' 'Caesares' ad unum corpus
coniunxit, Livium auctorem existimasse videtur, quod quidem et ex titulo codicum Oxoniensis et Bruxellensis ('ut
quisque neotericorum asseveravit: hoc est et Livius [= viri
illustres] et Victor Af(f)er [= Caesares]')[21]) et ex fine Originis ('historia Liviana, quae testatur, quod Romulus etc.')
conicere licet.

Horum neminem auctorem libelli esse iam Schottus recte
sibi persuaserat, sed etiam ipse erravit, cum verum auctorem Sextum Aurelium Victorem se repperisse censuit; ab
hoc enim prorsus abhorret dicendi genus. Sed quis quando
illum libellum conscripserit i. e. auctoris cuiusdam veteris
opus in epitomen coegerit, nos ignorare fatendum est. Fuere,
qui librum primo vel secundo saeculo p. C. adscriberent,
aliis eo tempore compositus esse videtur, quo moris erat
'res breviter exponere' i. e. quarto saeculo post Christum

---

19) in editione priore Monachii 1879 (denuo edidit Eich-
stadii 1885).
20) Geschichte der römischen Litteratur IV 1 p. 59.
21) Mommsen, 'die Chronik des Cassiodorus' p. 551.

natum.[22]) Certum est et pro summario eum habendum esse
et sermonis Latini integritatem satis incorruptam in eo inveniri. Sacrisne Christianis fuerit imbutus ille scriptor,
dubium est; optimatium fautorem eum fuísse multa de-
clarant.

Quibus ex fontibus noster hauserit, non satis liquet[23]);
id dici potest nonnulla ex elogiis Ampelio Floro manasse,
sed ita, ut nusquam tota enuntiata compareant. Ceterum
quamvis multa errata legentium animos offendant, tamen hic
illic traduntur, quae magni sint pretii ad historiam Romanam explanandum.

Titulus 'de viris illustribus Urbis Romae' minus convenit, cum et mulieres (13 Cloelia 46 Claudia virgo Vestalis 86 Cleopatra) et externi (35 Pyrrhus 42 Hannibal
54 Antiochus 71 Viriathus 76 Mithridates 86 Cleopatra,
cf. etiam 22) commemorentur.

DE EPITOMAE AUCTORE

'Libellus de vita et moribus imperatorum breviatus[24])
ex libris Sexti Aurelii Victoris' opus simplex et unum dici
minime potest, immo compositus est ex particulis diverso-
rum scriptorum hinc illinc decerptis. Aurelii enim Victoris
historiae, quod quidem nos videre possimus, solis capitibus
1—11 (cum Suetonio), praeterea 41, 2 (= Caes. 40, 3)
subsunt, in ceteris capitibus epitomator ille, cuius ne nomen

---

22) Cf. H. Peter, die geschichtliche Literatur über die röm.
Kaiserzeit II, 367 sqq. Fr. Leo, die griechisch - römische Bio-
graphie 309 sqq.

23) De viris doctis saepe tractato cf.
L. Spengel, Sitzungsberichte der bayr. Akademie IX, 348 (Flo-
rus); Ed. Woelfflin, de L. Ampelio libr. mem. p. 35 (Hyginus);
H. Haupt, de auctore d. v. i. libri quaestiones historicae. Würz-
burg 1876; H. Hildesheimer, de libro qui inscribitur D. v. i. u.
R. quaest. hist. Berol. 1880; J. Rosenhauer, Symbolae ad quaestionem de fontibus libri qui inscribitur D. v. i. u. R. Cambo-
duni 1882; Th. Opitz, annales Fleckeisen. CXXIII p. 203 sq;
M. Schanz l. l. p. 64. 65.

24) 'excerptus' cod. Urbinas 411 et Venet. Marc. 332; 'excerptus et breviatus' cod. Med. plut. 64, 36 et Neapol. IV C 36.

quidem novimus[25]), ex Marii Maximi, Eutropii, Ammiani
eorumque scriptorum, qui huius opus continuaverunt, libris[26])
notabilia quaedam excerpsit et rebus nonnullis aliunde additis fragmenta attenuate atque inscite inter se coniunxit,
plerumque exorsus a pronominibus 'hic' vel 'iste'.[27])

De vita epitomatoris nihil nobis compertum est; ex epitoma ipsa effici cogique potest eum opus perfecisse, postquam imperator Theodosius I., quem ipsum vidisse videtur,
Arcadio et Honorio filiis imperium tradidit; floruit igitur
exeunte quarto et ineunte quinto saeculo p. C. Stirpe Italica fuisse atque in ipsa urbe habitasse videtur, quippe qui
locorum quorundam distantia notata[28]) regionum prope urbem sitarum scientem se praestet. Fidei Christianae non
addictus fuisse putandus est, cum oraculis atque prodigiis
fidem habeat et 21, 3 de Dirarum insectatione loquatur.

DE CODICIBUS

Libri de viris illustribus permulti, epitomae de Caesaribus multi exstant codices, contra et libellus de origine
gentis Romanae et liber de Caesaribus duobus tantummodo
codicibus continentur, quorum alter Oxoniae, alter Bruxellae
asservatur.

Hi eidem librum de viris illustribus comprehendunt sed
ita, ut primi capitis nihil nisi extrema pars supersit. Librarius enim quidam cum continuam rerum gestarum populi
Romani historiam edere vellet, illos tres libellos ad unum

---

25) Victorem iuniorem vel Victorinum, de quo quidam
somniarunt, numquam exstitisse iam Arntzenus (praef. p. VIII)
et Grunerus (praef. p. IX) intellexerunt (cf. Opitz l. l. p. 205);
'Victorini' autem pro 'Victoris' in titulo habent codd. Bernensis 104 Vossianus 96 Augustodunensis (etiam Elgaldus, mo-
nachus coenobii Floriacensis, in vita Roberti regis id nomen
exhibet).

26) Opitz l. l. p. 266; cf. Mendelssohn, Zosimi historia nova
1887 p. XXXVI.

27) E. Woelfflin, die Latinität der Epitome Caesarum. Archiv
f. lat. Lex. XII, 445 sq. (cf. p. 356).

28) Cf. 3, 9; 15, 7; 20, 6; 31, 2; 40, 2. 3.

corpus redegisse videtur, cuius duas partes distinxit, alteram regum liberaeque reipublicae, alteram imperatorum tempora complectentem (v. quae in codicibus ante historiam Augustam scripta inveniuntur: *o*: 'Explicit prima pars huius operis' *p*: 'Finit' prima pars huius operis — incipit secunda pars Aurelii Victor(is)'[29]) ob eamque rem Originem et librum de viris illustribus artius inter se coniunxit ne consecutione quidem verborum satis servata. Ex quo archetypo duo illi codices profluxerunt, alter alteri non obnoxius; nam ut ad unum eundemque fontem eos referendos esse cum ex communibus lacunis D. v. i. 16 et Caes. 34, 7 tum ex multis communibus mendis (cf. e. gr. Or. 3, 5 naviandi *pro* naviam, 4, 6 invium *pro* Inuum, 4, 6 pena *pro* pana, 9, 3 ferret *pro* ferre, 20, 3 et 21, 1 accelerantie *pro* accae larentiae, D. v. i. 8, 2 deam Pometiam *pro* Suessam p. 30, 2 Romanos *pro* Romanis, 31, 4 prestudiosus nestinum praetorem *pro* studiosus Praenestinum praetorem, 35, 6 gratus *pro* gratis, 74, 5 fama *pro* fame, Caes. 9, 1 prebire fecit *pro* brevi refecit, 20, 13 eadem lictorum *pro* ea delictorum, 21, 3 intellecto corpore *pro* intecto, etc.) apparet, ita alterum ex altero manasse non est statuendum, cum saepius variantes lectiones inveniantur et ratio scribendi diversa sit (*o*: exurie, ingexisse, iuxit, *p*: esurie, ingessisse, iussit; *o*: illesit, perresisse, Alesandriam, Alesanter, Massentius, *p*: illexit, perrexisse, Alexandriam, Alexander, Maxentius; *o*: hora, horta, horaculi, *p*: ora, orta, oraculi — alia). Graeca neutrius codicis scriptor intellexit; ceterum in universum codicem Oxoniensem Bruxellensi paulo meliorem esse iure dicas.

o = cod. Oxoniensis, bibl. Bodleiana Canonici MS. Latini 131, cod. chartaceus in 4to saec. XIV (secundum Vogtium; Wattenbachius XV° saeculo eum attribuit).

    Praeter Xenophontis Memorabilium versionem Latinam: Originem (fol. 85—96), librum de viris illustribus (fol. 95—123^v) librum de Caesaribus (fol. 124—155) continet.

    XXVIII versus exhibet; omissa quaedam in margine lato ab altera manu addita sunt; a et o, c et t saepius confun-

---

29) (is) per abbreviaturam. Quam subscriptionem Opitz l. l. p. 208 ita corrigendam censet: 'secunda pars: Aurelius Victor'.

duntur. (Memorabilis est nota minus usitata ⌣ = r; māco = Marco, mōbo = morbo). Qui codex cum formas Alesandri (= Alexandri), iuxis (= iussis), trasferretur (= transf.) cet. exhibeat, ab Italo quodam homine scriptum eum esse Mommsenus recte suspicatur.

[Catalogi codicum manuscriptorum Bibliothecae Bodleianae pars tertia codices Graecos et Latinos Canonicianos complectens. Confecit Henricus O. Coxe, A. M. Hypo-Bibliothecarius. Oxonii e Typographeo Academico MDCCCLIV (Col. 166)].

Hunc codicem ad id tempus ignotum abhinc triginta fere annos Hirsch Hildesheimer in catalogum bibliothecae Bodleianae relatum invenit.

p = cod. Bruxellensis (Pulmanni), bibl. regia n⁰ 9755 — 63, cod. chartaceus in fol. saec. XV incipientis.

Praeter Synonyma Ciceroniana, Ciceronis de officiis libros, excerpta nonnulla ex Sallustio et Livio, Ciceronis Sullanam (fol. 2ʳ—51ᵛ et 82ʳ—154ᵛ) Originem (fol. 52ʳ—56ᵛ), librum de viris illustribus (fol. 56ᵛ—68ᵛ), librum de Caesaribus (fol. 68ᵛ—81) continet.

XL vel XLI versus exhibet; compendia raro occurrunt; in margine a manu secunda vel tertia nonnumquam emendationes adnotatae sunt; lacunis laborat non paucis. Aliquot locis (v. fol. 10ʳ, 52ʳ, 82ʳ, 109ᵛ, 154ᵛ) haec inscriptio reperitur: Sum Theod. Pulmanni.

[Catalogue des manuscrits de la bibliothèque royale des ducs de Bourgogne I p. 196 n. 9757; H. Jordan in Hermae t. III (1869) p. 392; Roulez, de l'édition d'Aurélius Victor par André Schott et d'un manuscrit de la bibliothèque royale renfermant cet auteur in Bulletins de l'Académie royale des Sciences des Lettres et des Beaux-Arts de Belgique Iʳᵉ Série T. 17. Bruxelles 1850 p. 261—268].

Hunc codicem, quo Andreas Schottus in conficienda editione principe Originis et Caesarum (Antverpiae 1579) usus est, incuria temporum posteriorum ex oculis hominum ablatum a. 1850 Theodorus Mommsen v. d. in bibliotheca regia Bruxellensi repperit et recognovit.

I. ORIGO

Origo duobus codicibus solis continetur, Oxoniensi et Bruxellensi.

o = Oxoniensis
p = Pulmannianus (Bruxellensis) } *v. supra*

Codicem p contulerunt Sepp et Smit, codicis o collationem Smit Oxoniae faciendam curavit.

II. LIBER DE VIRIS ILLUSTRIBUS

Hic libellus permultis codicibus manuscriptis continetur, quorum duae classes sunt distinguendae. Plenus enim vitarum LXXXVI numerus solis codicibus Oxoniensi et Bruxellensi debetur excepto sane toto fere capite I, quod qui Originem, Viros illustres, Caesares ad unum opus historicum composuit, quisquis fuit, omittendum putavit, ut historia et regum et liberae reipublicae una comprehensione colligeretur. Hanc codicum classem meliorem, sed aliquot locis ex Historia miscella inculcatam, Wijgam secutus littera *A* notavi.

Altera classis, novem ultimis capitibus (post Pompei vitam) carens, LXXVII vitas exhibet; ipsa duo genera habet, quorum alterum melius in verbis desinit: „ad Ptolomaeum Alexandriae" (ita $\gamma\delta\varepsilon : F$ sane pauca addit, sed dubito an a librario quodam excogitata sint), alterum deterius post „ad Ptolomaeum Alexandriae regem fugit" additamento: „Huius latus ... pretiosissimis odoribus cremandum curavit" auctum est.

Huius igitur classis *B* genus alterum, rursus Wijgam secutus, littera *C*, alterum deterius littera *D* notavi. In *C* saepius discrepantes lectiones inveniuntur, quibus librarius illius archetypi non acquievisse in verbis simpliciter transscribendis, sed cum iudicio quaedam variasse evincitur, cf. e. gr. 18, 2 viderent *C* crederent *A* cernerent *D* 22, 3 sublata *C* sedata *AD* 47, 3 gloriose *C* glabrione *AD* 66, 8 accusationibus *C* actionibus *AD*.

Ex codicum familiae *D* multitudine pauci eminent (ζ et η, qui ex eodem ms. originem ducunt, ι et $\varkappa$, qui arte inter se cohaerent), longe plurimi parvi sunt momenti, quin etiam multi ab ineptis librariis conscripti.

I. CLASSIS *A*:

1. *o* = Oxoniensis   } *v. supra.*
2. *p* = Bruxellensis (Pulmannianus) }

II. CLASSIS *B*, quae novem ultimis capitibus caret:

a) Classis *C*:

3. γ = Laurentianae plut. 68, 29 (v. Bandinium cat. codd. Lat. tom. II p. 854); contul. partim Helmreich, partim Lang, cap. 67—72 F. P.
4. δ = Leopoldinae-Mediceae Fesul. 181 pag. 82, cod. membr. in fol. saec. XV. Plinii Veronensis Secundi historici; contulit F. P.
5. ε = Lond. Burn. 231 in 4⁰ saec. XV. Plinii Secundi Veronensis; contulit Wijga.
6. $\mathcal{F}$ = Ricardianus 537 (N. III. 6) Plinius Veronensis d. v. i. clarus historiographus; cod. membr. in fol. saec. XV; contulit F. P.

b) Classis *D*:

7. ζ = Leovardiensis olim Franequeranus, qui hodie in bibliotheca provinc. Frisiae asservatur; cod. membr. in 4⁰ saec. XV; Wijga excussit.
8. η = Leid. Voss. Lat. 19, chart. in 8⁰ saec. XV; Wijga excussit.
9. ϑ = Vaticanus 4498 (cf. Urlichs Eos II p. 231); Hildesheimer et Opitz contul.
10. ι = Leid. Voss. Lat. 54 membr. in 8⁰ saec. XV; Wijga excussit.
11. $\varkappa$ = Laurentianus pl. 47, 32 membr. in 4⁰ saec. XV.
12. λ = Augustanus 118 (v. Helmreich in Philol. 39, 160. 549 et 40, 146) scr. a. 1466.
13. μ = Vindobonensis CCXXXIX (1 Keilii) membr. scr. a. 1468 Florentiae.
14. ν = Vindobonensis CCXL (2 Keilii) membr. saec. XV.
15. ξ = Vindobonensis CCXLI (3 Keilii) C. Pl. primi oratoris veron., membr. saec. XV, fol.
16. o = Vindobonensis CCCIV (4 Keilii) chartac. saec. XV exeuntis in folio.
17. π = Oxoniensis 171 chart. in 4ᵗᵒ minori ff. 95, scr. a. 1469.
18. ϱ = Oxoniensis 147 chart. in 4ᵗᵒ ff. 134, saec. XIV exeuntis.
19. σ = Lond. mus. Brit. Ar. 154.
20. τ = Lond. mus. Brit. Add 22816.
21. υ = Lond. mus Brit. Harl. 4868 — Codd. π—υ nonnullas lectiones Wijga excerpsit.
22. φ = Laur.-Gaddian. plut. 66, 38, membr. in 4⁰ maiori saec. XV.
23. χ = Laur.-Gaddian. plut. 89 infra, 28 chartac. in 4 min. saec. XV.
24. ψ = Laurent. plut. inf. 89, 45 chartac. in 4 maiori saec. XV; desinit imperfecte in cap. 72. — Aliquot codd. φ—ψ lectiones Opitzio debentur.

25. ω = codicis Boendermakeriani collatio [vid. editionem Gaes-
beckianam anni 1670 Leidae asservatam]; Wijga contulit.

Hos codices excepto ƒ Wijga in editione sua adhibuit; qui
infra sequuntur, a F. P. inspecti, sed paucis locis adhibiti sunt:
26. a = Palatinus 893 (= Gruteri Palatinus tertius membr.
    saec. XV 272 × 172.
27. b = Palatinus 1815 saec. XV 210 × 148.
28. c = Ottobonianus 849 saec. XV 207 × 140.
29. d = Ottobonianus 1184 s. XV 218 × 144.
30. e = Ottobonianus 1741 s. XV 282 × 178.
31. ƒ = Reg. Suec. 1494 s. XIV/XV 328 × 225.
32. g = Urbinas 986 s. XV 228 × 149.
33. h = Urbinas 1153 s. XV 250 × 176.
34. i = Vaticanus 231 s. XV.
35. k = Borbonic. IV C 34 chart. in fol. saec. XIV.
36. l = Borbonic. IV C 35 chart. in 8° saec. XV.
37. m = Borbonic. IV C 48 membr. in folio saec. XV.
38. n = Riccardian. 667 (= N III 30) chart. 4° saec. XV (nul-
    lius pretii).
39. q = Riccardian. 668 (= N II 14) chart. 4° saec. XV (nul-
    lius pretii).
40. r = Riccardian. 1195 chart. 4° saec. XV.
41. s = Riccardian. 1200 chart. 4° scr. a. 1453 (nullius pretii).
42. t = Riccardian. 3849 chart. 4° saec. XV (nullius pretii).
43. u = Monacensis 923 (= 633) membr. 8° saec. XV.

CODICES NON EXAMINATI:

1. Assisensis 556 C. Plinii Secundi d. v. i.
2. Barberinus 812 Au. Victor d. v. i. 4°.
3. Barberinus 2177 Plinius d. v. i.
4. Barberinus 2267 Plinius d. v. i.
5. Corsinianus 432 Plinius d. v. i. 4°.
6. Danielensis (San Daniele del Friuli, bibl. com.) 71 Plinii
    Veronensis d. v. i.
7. Florentinus bibl. nat. centr. II, II, 86 (Magliabecch. Cl. VIII
    num. 1368) C. Plinii Secundi d. v. i.
8. Neapolitanus. bibl. S. Philippi Neri, Pil. XI. 7 Plinius d.
    v. i. saec. XIV.
9. Neapolitanus Borbon. IV C 31 chart. in fol. saec. XV; ini-
    tium deest.
10. Neapolitanus (in bibl. oratoriana) XL Pil. VI n° XIII in 8°
    saec. XIV, incipit: De Proca rege Albanorum, desinit: Carus
    cum Carino et Numeriano filiis imp.
11. Neapolitanus (in bibl. oratoriana) XXXIV cod. in folio
    saec. XV vel ineuntis XVI C. Plinii Secundi Iunioris l. il-
    lustrium.

12. Perusinus 610 (I. 3) Pl. Sec. iunior d. v. i.
13. Savinianus (Savignano di Romagna bibl. com.) 42 C. Plinii oratoris elegantissimi, membr. saec. XV.
14. Hispalensis (in bibl. Columbina) AA 144. 50 Plinius de v. i.; saec. XIV membr. fol.
15. Hispalensis (in bibl. Columbina) BB 145. 23 Plinius d. v. i.; saec. XV membr. 4.
16. Claromontanus (Clermont-Ferrand, bibliothèque de la ville) Aemilius Probus de viris illustribus; saec. XIII membr. 4.
17. Balliolensis (Oxonii) CCXLIX membr. in fol. mai. saec. XV manu Italica nitide exaratus.
18. Laudianus (Oxonii) cod. Lat. 66 membr. in 4⁰ minori scr. a. 1465.
19. Lincolniensis (Oxonii) LXXVII membr. in 4⁰ saec. XV C. Pl. Sec. Iunioris d. v. i.
20. Oxoniensis Colleg. Corporis Christi LXXXIV membr. in 4⁰ saec. XV.

III. CAESARES

Caesares duobus codicibus solis continentur, Oxoniensi et Bruxellensi.

1. o = Oxoniensis
2. p = Bruxellensis (Pulmannianus) } v. supra.
   Utrumque codicem F. P. contulit.

IV. EPITOME

Epitomae codices mss., qui quidem nunc noti sunt, a duobus archetypis originem ducunt, quorum alterum (a) duabus lacunis laboravit: 1, 24 'pro eo quod tres libellos *** quodque est laeti animi', et 25, 2 'apud *** seditione militum discerptus est', alterum (b) his locis plenam praebuit lectionem.

Codicum autem manuscriptorum prioris classis[30]) novem innotuerunt, e quibus Gudianum 84 (= α) omnium longe

---

30) Eiusdem classis fuerunt codices Petri Pithoei et Cuiacii, quos A. Schottus praeter cod. Floriacensem (nunc Bernens. 104) in Epitome edenda adhibuit; quorum quae fuerit sors, ignoramus. Neque certius quidquam de exemplari membraneo a Iosepho Cassiano, regio consiliario, Eliae Vineto commodato statuere licet.

optimum et Gudianum 131 (= β) artius inter se cohaerere
communibus mendis maxime demonstratur, velut 14, 11
uterque ialitina (*pro* palatina) et 19, 3 extentas cervices (*pro* extenta cervice) praebet. Sed tamen Gudianum β non ex ipso Gudiano α manasse, sed ex aliquo alio
codice aut ex G. α aut e codice huic aequo descripto varie-
tate lectionum evincitur velut

2, 2   Caldius α, Claudius β.
2, 7   incidere α, incedere β.
11, 11 formidante α, formidantem β.
12, 5   accesserat α, accesserant β.
18, 3   provectus usque eo α, provectusque eo β.[31])

Cum Gudiano β editio princeps, quam Laurentius Abstemius curavit, excellentissimo principi Guidobaldo Urbini
duci dedicans „ex urbe fanestri IIIJ Kal. Martii MDIIII"
mire consentit, sed tamen ita, ut dici nequeat eam ex ipso
G. β fluxisse.[32])

Deinde Med. plut. 66, 39 (γ), Bernensis 104 (δ), Paris.
Reg. 4955 (ε), Bern. 120 (ζ), Vossianus 96 (η) (Paris. Sorb.
914, Vossian. 56) cognatione aliqua inter se continentur.
Nam cum e. gr. αβ exhibeant 5, 8 orantes copiam 24, 2 abiecit 42, 14 badomarium α badonianum β, hi omnes praebent: petentes copiam — obiecit — baldomarium.

Ex iis maiorem affinitatem habent γ et δ, cum uterque et
isdem lacunis laboret 14, 6; 31, 3; 39, 7 (v. etiam 4, 5; 11, 2;
29, 3; 40, 10; 41, 14) et lectiones insignes praebeat velut
11, 10 norbasum *pro* norbanum 37, 1 narbose *pro* narbone,
                                          b
31, 1 γ: girga δ: girbga.[33])

Et rursus Parisinum Reg. 4955 (quoad exstat) Bernensem 120 Vossianum 96 propiore cognatione inter se con-
tingere ex eo apparet, quod compluribus locis uno consensu
lectionem praebent a ceteris plane diversam, e. gr. 8, 6 de-

31) Opitz l. l. p. 271.   32) ibidem.
33) Ex hoc loco et ex 41, 23: a gaisone γ, a gasone δ con-
cludere licet δ ex γ descriptum esse.

diti *pro* nimii 13, 7 scribere *pro* promere 13, 10 advenientem statum *pro* adveniens imperium 14, 9 interfecit *pro*
extinxit.

Iam quaerendum est, utra classis sit potior. Opitz quidem, cum codices tribus dispertiat familiis, Parisinum, Bernensem 120 Vossianum 96 (= fam. II) Bernensi 104 (quem
cum Parisino Sorb. 914 et Vossiano 56 III. familiae ad-
signat) anteponendos iudicat; sed mihi Bernensis 104 et
Mediceus 66, 39, quem Opitz illo tempore non noverat,
meliores lectiones praebere videntur, imprimis 34, 1 lectio:
'ann I mensibus VIIII' solis iis codicibus debetur. Contra
Parisinus, Bernensis 120 Vossianus 96 nonnumquam vel
stulta tradunt velut 1, 23 direxerat *pro* dixerat 12, 12 relicto *pro* delato 20, 9 crudelitate *pro* cruditate 38, 7 adiutorio *pro* auditorio 39, 6 uiuere holera *pro* uisere holera etc.

Itaque in edendo libro Gudianos 84 et 131 (una cum
editione principe) littera *A*, Mediceum et Bernensem 104
littera *B*, Parisinum Bernensem 120 Vossianum 96 littera
C, ceteros codices deteriores quidem, sed qui lacunas archetypi *a* expletas habent, littera *D* signavi.

Praeter hos Epitomae ipsius codices (et editionem principem) duo alia nobis prompta sunt subsidia critica: Historia miscella et codex Bambergensis H. E. III 14. Scriptor
enim illius[34]), cum Pauli Diaconi Historiam Romanam, in
qua ipsa nonnulla ex Epitoma hausta Eutropii breviario
adiecta erant, amplificaret et continuaret, totam fere Epitomen ex libro ms. omnibus aliis, qui nunc nobis praesto sunt,
multo antiquiore exscripsit raro collocatione verborum et
verbis ipsis mutatis. Codex autem Bambergensis[35]) Epitomen non ad verbum descriptam, sed in linguam vulgarem
ab homine quodam Italo conversam habet, qui simili modo
etiam ceteros libros in eodem codice exstantes (Pauli Hi-

---

34) Fr. Eyssenhardt edidit (Berolini 1869); dolendum tamen,
quod cod. *D* (= Bambergensi 514 saec. X) parum auctoritatis tribuit.

35) Cf. G. Waitz: Archiv d. Gesellschaft f. ältere deutsche
Geschichtskunde, herausgeg. von Pertz. VIIII. Hannover 1847

storiam Romanam et Iordanem) tractavit. Quare eo sub-
sidio nisi summa cum cautela nos uti non posse Opitz
recte monet.

I. CLASSIS A

1. α = Gudianus 84, biblioth. Guelferbytan., membranaceus
   in folio paulo latiore, nitide exaratus sub finem IX.
   saeculi (Schoenemann, 'Hundert Merkwürdigkeiten der
   Wolfenbüttler Bibliothek' No. 18); Gudius ipse in in-
   volucri parte interiore adnotavit: „Censeo codicem
   hunc annorum septingentorum et magni pretii esse".
   Marq. Gudius anno CIꝹ IꝹCLXXXVI" Continet Vege-
   tium et (fol. 66ʳ—93ᵛ) Epitomen; singula folia sunt
   versuum XXIII. Correctiones autem habet a manibus
   duabus antiquiore et recentiore itemque notas mar-
   ginales. c et t saepius confunduntur; litterarum at-
   tractio raro occurrit (constanter fere scribitur: *adsur-
   gens, adludens, adfore, inmortalem, inmissis, conloquia*
   cet.) Hoc codice omnium longe optimo iam Arntzen
   et Gruner usi sunt, post quos Opitz v. d. eum Lipsiae
   initio anni 1871 contulit.
2. β = Gudianus 131, biblioth. Guelferbytan., membranaceus
   in folio, scriptus medio fere saeculo XI. Continet Epitomen a fol. 138 ad 156; in fol. 138 inferiore adscrip-
   tum est 'Marquardi Gudii'. Nitide scriptus est, a
   librario linguae Latinae haud ita gnaro, hic illic
   eadem ut videtur manu correctus. Quem post Grune-
   rum Opitz a. 1871 contulit.

II. CLASSIS B

3. γ = Mediceus plut. 66, 39, cod. membranaceus in 4° saec.
   XIII ineuntis, optime servatus et correctus, cum summariis in margine manu forte Francisci Petrarchae.
   Contulit F. P.
4. δ = Bernensis 104, scriptus saeculo XIV, olim Petri Da-
   nielis, e quo iam Schottus lectiones discrepantes affert.
   Contulit Ludovicus Roth.

III. CLASSIS C

5. ε = Parisinus Reg. 4955, membranaceus, olim Colbertinus
   4°, XII saec. exaratum; continet Epitomae fragmen-
   tum a c. 16,2 „romani: Quippe" ad 48, 3 „cui' nomen".
   XLI versus exhibet. Contulerunt Maehly, Roth, F. P.
6. ζ = Bernensis 120 membran. in fol. saec. XI, olim S. Maxi-

b*

mini Abbatiae, dein Bongarsii v. Sinneri catalogum
p. 286. Est is Schotti Floriacensis. Contulit Ludov. Roth.
7. η = Vossianus 96, fol., saec. XII. Continet epitomen a
fol. 15 ad 23. Collatus ab Othone Arntzeno in Ioannis fratris usum (quem v. ad Ep. 40, 3), anni 1872
initio a Theodoro Opitz.

IV. CLASSIS D

8. ϑ = Neapolitanus IV C 36, Mus. Borbonic. chart. in fol.
saec. XV (v. catalog. p. 170) A. Ianus Parrhasius aliquot locos correxit.
9. ι = Vaticanus 3343, membr. in 4° saec. XII (?) partim
mutilus, desinit in verbis: 'melior haud dubie' (48, 16).
10. $\varkappa$ = Mediceus plut. 64, 36; cod. chartaceus in 4° maiori
saec. XV ineuntis cum summariis in margine.
11. λ = Urbinas 411, cod. pergam. in fol. saec. XV: ... 'libellus excerptus ex l. S. A. V.'
12. μ = Ottobonianus 1223, cod. membran. saec. XIV (?).
13. ν = Venetus Marcianus 332 Bessar. membranaceus in 4°
mai. saec. XV. De vita et moribus imperatorum R.
libellus excerptus ex libris S. A. V., XXVII versus
exhibet.

$Hm.$ = Historia miscella. Franciscus Eyssenhardt recensuit
Berolini 1869.
$Bamb.$ = Codex H. E. III 14 bibl. Bambergae, 4° max. XI saec.,
desinit in Gratiano. Descripsit Th. Opitz 1872.

CODICES EXAMINATI NEQUE ADHIBITI

1. Parisinus Sorb. 914, fol., chartaceus et membranaceus saec.
XV, continet praeter Suetonium Epitomen totam. Nullius
est pretii (Opitz).
2. Vossianus 56, saec. XIV, continet Epitomen fol. 300—360
collatus ab Othone Arntzeno. Videtur idem esse atque
„vetus" Vineti. Nullius est pretii (Opitz).

CODICES NON EXAMINATI

1. Augustodunensis 39 (v. Catal. gén. des mss. des bibl. de la
France I p. 22, Seminaire d'Autun) membranaceus formae
quadratae, saec. XI a compluribus manibus scriptus. Continet praeter Solinum Epitomen, desinit tamen in verbis
'tantum pudori tribuens et continentiae' (48, 10).
2. Cracoviensis BB XVI. 2 str. 683—750 Hystoria S. A. V. de
LIV imperatoribus Romanis, scilicet ab Octaviano Augusto
usque ad Theodosium (Bibliothec. Universit.).

Editiones priores enumeratae sunt in eo volumine editionis Bipontinae, quo continentur Historiae Romanae scriptores minores (a. MDCCLXXXIX), pag. XXXIII—XLIII; vd. etiam: W. Englmann, Bibliotheca scriptorum classicorum. 8. Aufl. von Dr. E. Preuss. 2. Abt. Scriptores Latini. Leipzig 1882, p. 731—733. Inprimis dignae sunt, quae commemorentur:

I. Andreae Schotti, Antverpiae 1579. 8. *v. supra.*

II. Samuelis Pitisci, S. A. V. historiae Romanae breviarium, illustratum Andr. Schotti, Dominici Machanei, Iani Gruteri et Annae Tanaquilli Fabri filiae commentariis integris *cet.* Traiecti ad Rhenum 1696. 8.

III. Ioannis Arntzeni, S. A. V. historia Romana, cum notis integris Dominici Machanei, El. Vineti, Andr. Schotti, Iani Gruteri, nec non excerptis Frid. Sylburgii et Annae Fabri filiae. Amstelodami et Traiecti Bat. 1733. 4.

IV. Ioannis Frid. Gruneri, S. A. V. historia Romana, ex recensione et cum animadversionibus criticis atque historicis. Coburgi 1757. 8.

V. Friderici Schroeteri, S. A. V. quae vulgo habentur scripta historica. 2 voll. Lipsiae 1829/31.

VI. Ernesti Keilii, Liber de viris illustribus Urbis Romae. Mit Commentar... nebst Beiträgen zur Textkritik. Breslau 1850, ²1872.

Recentissimae autem editiones sunt hae:

1. Ps. Victoris Liber de origine gentis Romanae. Denuo edidit cum apparatu critico et prolegomenis J. H. Smit. Groningae. Scholtens et Zoon 1895.

2. Liber de viris illustribus Urbis Romae. Specimen litterarium inaugurale scr. Inne Ruurds Wijga. 1890. Groningae apud J. B. Wolters.

3. Sexti Aurelii Victoris de Caesaribus liber. Ad fidem codicum Bruxellensis et Oxoniensis recensuit Franciscus Pichlmayr. Programma gymnasii Ludoviciani Monacensis 1892.

In contextu quae his signis ⟨ ⟩ inclusa sint, addenda, quae uncinis quadratis [ ], damnanda videri, asterisco * lacunam significari vix est quod moneam; in apparatu vero critico hanc vim habent sigla:

$$+ = \text{addit}$$
$$- = \text{omittit}$$
$$F.\ P. = \text{nomen editoris.}$$

Restat suavissimum mihi officium, ut viro de studiis
Aurelianis optime merito Theodoro Opitz, rectori gymnasii Zwickaviensis, qui, qua est liberalitate atque humanitate, et collationes codicum Epitomae partim ipsius manu
diligentissime exaratas mihi transmisit et consilio egregio
me adiuvit, et Georgio Kesselring, collegae amicissimo,
cuius prompta assiduitas in plagulis perlustrandis mihi ad-
fuit, gratias agam quam maximas.'

Scribebam Monachii mense Martio a. 1911.

FRANCISCUS PICHLMAYR.

ADDENDA ET CORRIGENDA[36)]

p. 17, 15 *restitue:* quod cum. — p. 66, 12 V. L. capiat *Wijga.*
— p. 92, 10 *lege* mei committo. — p. 93, 33 *tolle punctum.* —
p. 162, 14 V. L. Heracliam *Hm.* (eračliä *D*). — p. 165, 20 V.
L. Romulianam *Hm.* — p. 166, 7 V. L. situm — *Hm.* — p. 166, 13
V. L. Mediolanio (Mediolano *D*) *Hm.* — p. 171, 21 numinum
⟨nimis⟩ superstitiosus *Opitz ex Hm.* (*Bamb.*)

---

36) V. L. = varia lectio.

INCERTI AUCTORIS LIBER

DE ORIGINE GENTIS ROMANAE

o Oxoniensis
p Bruxellensis (Pulmannianus)

1 Aurelii Victoris historiae abbreviatae ab Augusto Octaviano id est a fine Titi Livii usque ad consulatum decimum Constantii Augusti et Iuliani Caesaris tertium. (Incipiunt foeliciter + *p*.)

ORIGO GENTIS ROMANAE

a Jano et Saturno conditoribus, per succedentes sibimet reges,
usque ad consulatum decimum Constantii, digesta ex auctoribus Verrio Flacco, Antiate (ut quidem idem Verrius maluit
5 dicere, quam Antia), tum ex annalibus pontificum, dein Cincio,
Egnatio, Veratio, Fabio Pictore, Licinio Macro, Varrone, Caesare, Tuberone, atque ex omni priscorum historia; proinde ut
quisque neotericorum asseveravit, hoc est et Livius et Victor Afer.

Primus in Italiam creditur venisse Saturnus; ut 1
10 etiam Maronis Musa testatur illis versibus:

Primus ab aetherio venit Saturnus Olympo,   Aen.
Arma Jovis fugiens, cet.   8, 319

Tanta autem usque id tempus antiquorum hominum 2
traditur fuisse simplicitas, ut venientes ad se advenas,
15 qui modo consilio ac sapientia praediti ad instruen-
dam vitam formandosque mores aliquid conferrent,
quod eorum parentes atque originem ignorabant, caelo
et terra editos non solum ipsi crederent, verum etiam
posteris affirmarent, veluti hunc ipsum Saturnum, quem
20 Caeli et Terrae filium esse dixerunt. Quod cum ita 3
existimetur, certum tamen est priorem Ianum in Italiam devenisse ab eoque postea venientem exceptum
esse Saturnum. Unde intelligendum est Vergilium 4
quoque non ignoratione veteris historiae, sed suo

---

1 Origo *etc. o (fol.* 85) *p (fol.* 52)   4 Antiatum *op corr.*
Schott   6 Veranio *Schanz* Marco *op corr. Schott*   8 Affer *p*
13 usque ad id *o*   20 fuisse d. *in margine cod. p; etiam Sepp*

more *primum* dixisse Saturnum, non ante quem nemo,
sed *principem*, ut:

Aen. 1,1   *Troiae qui* primus *ab oris.*

5 Cum procul dubio constet ante Aeneam priorem Antenorem in Italiam esse pervectum eumque non in 5
ora litori proxima, sed in interioribus locis, id est
Illyrico, urbem Patavium condidisse, ut quidem idem
supradictus Vergilius illis versibus ex persona Veneris
apud Iovem de aerumnis Aeneae sui conquerentis:

Aen.
1, 242   *Antenor potuit mediis elapsus Achivis*   10
     Illyricos penetrare sinus atque intima tutus cet.

6 Quare autem addiderit *tutus*, suo loco plenissime anno-
tavimus in commentatione, quam hoc scribere coepi-
mus, cognita ex libro, qui inscriptus est *De Origine*
7 *Patavina.* Itaque nunc *primus* ex ea quoque signifi- 15
catione est, e qua illud etiam in secundo Aeneidos
de enumeratione eorum, qui equo durio degrediean-
8 tur. Nam cum nominasset Thessandrum, Sthenelum,
Ulixem, Acamanta, Thoanta, Neoptolemum, post in-
9 tulit: *primusque Machaon.* De quo quaeri potest: Quo- 20
modo potest *primus* dici, post tantos, qui supra dicti
sunt? Verum intelligemus *primum* pro principe, vel
quia is ad perfectum illis temporibus circa peritiam
medicae artis praecipuus fuisse traditur.

2   Sed ut ad propositum revertamur, ferunt Creusam 25
Erechthei regis Atheniensium filiam speciosissimam
stupratam ab Apolline enisam puerum, eumque Delphos olim educandum esse missum; ipsam vero a
patre istarum rerum inscio Xutho cuidam comiti col-
2 locatam. Ex qua cum ille pater non posset exsistere, 30

7 supradictus *p* [idem] *Smit*   13 quam hoc cepimus scr. *o*
quam hoc scr. cepimus *p* quam occoepimus scr. *cod. Metelli*
⟨ante⟩quam *Juncker, Sepp* ⟨quam scripsimus ante⟩quam *Smit*
14 [cognitum . . . Patavina] *Smit*   nunc quoque pr. *Baehrens*
17 digrediebantur *op* degr. *Schott* egr. *Baehrens*   29 Xipheo
op corr. Sylburg   collocatam vel (al' *p*) copulatam *op*

Delphos eum petiisse ad consulendum oraculum, quomodo pater fieri posset. Tum illi deum respondisse,
ut quem postero die obviam habuisset, eum sibi ado-
ptaret. Itaque supra dictum puerum, qui ex Apolline 3
5 genitus erat, obviam illi fuisse eumque adoptatum.
Cum adolevisset, non contentum patrio regno cum 4
magna classe in Italiam devenisse occupatoque monte
urbem ibidem constituisse eamque ex suo nomine Ianiculum cognominasse.

10   Igitur Iano regnante apud indigenas rudes in- 3
cultosque Saturnus regno profugus, cum in Italiam
devenisset, benigne exceptus hospitio est ibique haud
procul a Ianiculo arcem suo nomine Saturniam constituit. Isque primus agriculturam edocuit ferosque 2
15 homines et rapto vivere assuetos ad compositam vitam
eduxit, secundum quod Vergilius in octavo sic ait:

> *Haec loca indigenae Fauni Nymphaeque tenebant,*   Aen.
> *Gensque virum truncis et duro robore nata,*   8, 314
> *Quis neque mos neque cultus erat nec iungere tauros*
> 20 *Aut componere opes norant aut parcere parto,*
> *Sed rami atque asper victu venatus alebat.*

Omissoque Iano, qui nihil aliud quam ritum colendo- 3
rum deorum religionesque intulerat, se Saturno maluit
annectere, qui vitam moresque feris etiam tum men-
25 tibus insinuans ad communem utilitatem, ut supra
diximus, disciplinam colendi ruris edocuit, ut quidem
indicant illi versus:

> *Is genus indocile ac dispersum montibus altis*   Aen.
> *Composuit legesque dedit Latiumque vocari*   8, 321
> 30 *Maluit.*

Is tum etiam usum signandi aeris ac monetae in for- 4
mam incutiendae ostendisse traditur, in quam ab una

12 venisset *p*   17 Hec loca *op*   23 in . . . . . . *p* induxe-
rat *in margine a manu recenti*   25 insinuasse *op* insinuans
Scriverius i. ⟨dicitur et⟩ *Schott*   31 Is tum *manus secunda p*
Istum *op*   32 cudendae *Smit*

parte caput eius imprimeretur, altera navis, qua vec-
5 tus illo erat. Unde hodieque aleatores posito nummo
opertoque optionem collusoribus ponunt enuntiandi,
quid putent subesse, caput, aut navem: quod nunc
6 vulgo corrumpentes *naviam* dicunt. Aedes quoque 5
sub clivo Capitolino, in qua pecuuiam conditam ha-
7 bebat, aerarium Saturni hodieque dicitur. Verum
quia, ut supra diximus, prior illuc Ianus advenerat,
cum eos post obitum divinis honoribus cumulandos
censuissent, in sacris omnibus primum locum Iano 10
detulerunt, usque eo, ut etiam, cum aliis diis sacrificium fit, dato ture in altaria, Ianus prior nominetur,
cognomento quoque addito Pater, secundum quod
noster sic intulit:

Aen.
8,357   *Hanc Ianus Pater, hanc Saturnus condidit arcem.*   15

Ac subinde:

Aen.
8,358   *Ianiculum huic, illi fuerat Saturnia nomen.*

Eique, eo quod mire praeteritorum memor, tum etiam
futuri

. . . .   20
. . . .

Aen.
7,45   *Rex arva Latinus et urbes*
Iam senior longa placidas in pace regebat.

quo regnante Troianos refert in Italiam devenisse,
bell.Cat. quaeritur, quomodo Sallustius dicat: *Cumque his Ab-* 25
6,1 *origines, genus hominum agreste, sine legibus, sine im-*
perio, liberum atque solutum?
4   Quidam autem tradunt terris diluvio coopertis passim multos diversarum regionum in montibus, ad

---

1 exprimeretur *o*   5 naviandi *op Schott: aut deest vox aut*
naviam *leg.*   13 noster cognomento sic *op* [cogn.] *Sepp*
16 Ac subinde Ianiculum huic illi fuerat Saturnia nomen *op*
(subindit *Schott*) *ut glossema delet Sepp*   19 futuri ⟨biceps
affingitur facies⟩ *Sylburg*   22 [Rex .... solutum] *Gruner*
aliique ... ⟨Sed cum Virgilius scribat:⟩ Rex *etc. Smit*

quos confugerant, constitisse: ex quibus quosdam sedem quaerentes pervectos in Italiam Aborigines appellatos, Graeca scilicet appellatioue, a cacuminibus
montium, quae illi ὄρη faciunt. Alii volunt eos, quod 2
5 errantes illo venerint, primo Aberrigines, post mutata
una littera altera adempta Aborigines cognominatos.
Eos advenientes Picus excepit permissos vivere ut 3
vellent. Post Picum regnavit in Italia Faunus, quem 4
a fando dictum volunt, quod is solet futura praecinere
10 versibus, quos Saturnios dicimus; quod genus metri
in vaticinatione Saturniae primum proditum est. Eius 5
rei Ennius testis est, cum ait:

Versibus, quos olim Fauni vatesque canebant.   Ann. 1

Hunc Faunum plerique eundem Silvanum a silvis, 6
15 Inuum deum, quidam etiam Pana vel Pan esse dixerunt.
Igitur regnante Fauno ante annos circiter sexaginta, 5
quam Aeneas in Italiam deferretur, Evander Arcas,
Mercurii et Carmentis Nymphae filius, simul cum matre
eodem venit. quam quidam memoriae prodiderunt 2
20 primo Nicostraten dictam, post Carmentam, de carmi-
nibus, eo quod videlicet omnium litterarum peritis-
sima futurorumque prudens versibus canere sit solita,
adeo, ut plerique velint non tam ipsam a carmine
Carmentam, quam carmina, a qua dicta essent, appel-
25 lata. Huius admonitu transvectus in Italiam Evander 3
ob singularem eruditionem atque scientiam litterarum
brevi tempore in familiaritatem Fauni se insinuavit
atque ab eo hospitaliter benigneque exceptus non parvum agri modum ad incolendum accepit, quem suis
30 comitibus distribuit exaedificatis domiciliis in eo monte,

---

11 Saturni *Jordan*   proditum est. Sed (Scilicet *Gruner*
Sat. = Saturniam? *Schott*) urbem Saturnus cum in Italiam venisset condidisse traditur. op [ ] *Gruner aliique*   15 invium
op corr. Schott pena vel pan *op* (in margine *p* pana) vel *Πᾶν*
Smit   20 Primo Carmentam dictam post N. *op* primo N. d
post C. *Schroeter*

quem primo tum illi a Pallante Pallanteum, postea
nos Palatium diximus; ibique Pani deo fanum dedicavit, quippe is familiaris Arcadiae deus est, teste etiam
Marone, qui ait:

Georg.
3,392 *Pan Deus Arcadiae captam te, Luna, fefellit.*   5

Primus itaque omnium Evander Italicos homines legere
et scribere edocuit litteris, partim quas ipse antea didicerat; idemque fruges in Graecia primum inventas
ostendit serendique usum edocuit terraeque excolendae
gratia primus boves in Italia iunxit.   10

6   Eo regnante forte Recaranus quidam, Graecae originis, ingentis corporis et magnarum virium pastor,
qui erat forma et virtute ceteris antecellens, Hercules
2 appellatus, eodem venit. Cumque armenta eius circa
flumen Albulam pascerentur, Cacus Evandri servus, 15
nequitiae versutus et praeter cetera furacissimus, Re-
carani hospitis boves surripuit ac, ne quod esset indi-
3 cium, aversas in speluncam attraxit. Cumque Recaranus vicinis regionibus peragratis scrutatisque omnibus eiuscemodi latebris desperasset inventurum, utcumque 20
aequo animo dispendium ferens, excedere his finibus
4 constituerat. At vero Evander, excellentissimae iustitiae vir, postquam rem uti acta erat, comperit, servum
5 noxae dedit bovesque restitui fecit. Tum Recaranus
sub Aventino Inventori Patri aram dedicavit appella- 25
vitque Maximam, et apud eam decimam sui pecoris
6 profanavit. Cumque ante moris esset, uti homines
decimam fructuum regibus suis praestarent, aequius
sibi ait videri deos potius illo honore impartiendos
esse quam reges; inde videlicet tractum, ut Herculi 30

---

5 *Post* fefellit: Et item: Pan etiam Arcadia mecum si
iudice victum (*in* certet *mutatum p*) op (Verg. Ecl. 4, 58) *Sepp
ut glossema delet; Smit:* certet, ⟨Pan etiam Arcadia dicat se
iudice victum⟩   7 per artem, quam *Smit*   8 neque Graecia *o* aeque in *Baehrens*   20 huiuscemodi *o* cuiusque modi
Baehrens

decimam profanari mos esset, secundum quod Plautus
In partem, inquit, *Herculaneam*, id est, decimam. Con- 7
secrata igitur ara Maxima profanataque apud eam de-
cima Recaranus, eo quod Carmentis invitata ad id
5 sacrum non affuisset, sanxit, ne cui feminae fas esset
vesci ex eo, quod eidem arae sacratum esset: atque
ab ea re divina feminae in totum remotae.

Haec Cassius libro primo. At vero in libris Pontifica- 7
lium traditur Hercules, Iove atque Alcmena genitus,
10 superato Geryone, agens nobile armentum, cupidus
eius generis boves in Graecia instituendi, forte in ea
loca venisse et ubertate pabuli delectatus, ut ex longo
itinere homines sui et pecora reficerentur, aliquamdiu
sedem ibi constituisse. Quae cum in valle, ubi nunc 2
15 est circus maximus, pascerentur, neglecta custodia,
quod nemo credebatur ausurus violare Herculis praedam, latronem quendam regionis eiusdem, magnitudine
corporis et virtute ceteris praevalentem, octo boves in
speluncam, quo minus furtum vestigiis colligi posset,
20 caudis abstraxisse. Cumque inde Hercules proficiscens 3
reliquum armentum casu praeter eandem speluncam
ageret, forte quadam inclusas boves transeuntibus ad-
mugisse atque ita furtum detectum; interfectoque 4
Caco Evandrum re comperta hospiti obviam ivisse
25 gratantem, quod tanto malo fines suos liberasset, com-
pertoque, quibus parentibus ortus Hercules esset, rem
ita, uti erat gesta, ad Faunum pertulisse. Tum eum
quoque amicitiam Herculis cupidissime appetisse. Quam
opinionem sequi metuit noster Maro.

30 Cum ergo Recaranus sive Hercules patri Inventori 8
aram maximam consecrasset, duos ex Italia, quos
eadem sacra certo ritu administranda edoceret, ascivit,
Potitium et Pinarium. Sed eorum Potitio, quia prior 2

---

2 in ⟨Truculento⟩ Partem *Smit* [in] *Schroeter*   8 At vero
⟨Veratii⟩ libris *Sepp* At ⟨Veratii⟩ libro ⟨primo⟩ *Smit* ⟨Ve-
ranii⟩ *Schanz*   29 maluit (?) *Schott*   varo *o*   32 graeco
ritu *Smit*

venerat, ad comedenda exta admisso Pinarius, eo quod
tardius venisset, posterique eius submoti. Unde hodieque servatur: Nemini Pinariae gentis in eis sacris
3 vesci licet. Eosque alio vocabulo prius appellatos
nonnulli volunt, post vero Pinarios dictos ἀπὸ τοῦ 5
πεινᾶν, quod videlicet ieiuni ac per hoc esurientes ab
4 eiusmodi sacrificiis discedant. Isque mos permansit
usque Appium Claudium censorem, ut Potitiis sacra
facientibus vescentibusque de eo bove, quem immola-
verant, postquam inde nihil reliquissent, Pinarii deinde 10
5 admitterentur. Verum postea Appius Claudius accepta
pecunia Potitios illexit, ut administrationem sacrorum
Herculis servos publicos edocerent nec non etiam mu-
6 lieres admitterent. Quo facto aiunt intra dies triginta
omnem familiam Potitiorum, quae prior in sacris ha- 15
bebatur, exstinctam atque ita sacra penes Pinarios
resedisse eosque tam religione quam etiam pietate
edoctos mysteria eiusmodi fideliter custodisse.
9   Post Faunum Latino, eius filio, in Italia regnante,
Aeneas, Ilio Achivis prodito ab Antenore aliisque 20
principibus, cum prae se deos penates patremque Anchisen humeris gestans nec non et parvulum filium
manu trahens noctu excederet, orta luce cognitus ab
hostibus, eo quod tanta onustus pietatis sarcina erat,
non modo a nullo interpellatus, sed etiam a rege Aga- 25
memnone, quo vellet, ire permissus Idam petit; ibique navibus fabricatis cum multis diversi sexus oraculi admonitu Italiam petit, ut docet Alexander Ephe-
2 sius libro primo belli Marsici. At vero Lutatius non
modo Antenorem, sed etiam ipsum Aeneam prodito- 30
3 rem patriae fuisse tradit: cui cum a rege Agamemnone
permissum esset ire, quo vellet, et humeris suis, quod
potissimum putaret, hoc ferret, nihil illum praeter

3 Nemini Potitio Pin. g. *op* [Potitio] *Schroeter*   5 a po-
toypi pan *op corr. Schott*   18 adductos *Arntzen* ductos *Smit*
19 Delatio (= De Latino?) post F. *o*   33 ferret *op* ferre *Smit*

deos penates et patrem duosque parvulos filios, ut
quidam tradunt, ut vero alii, unum, cui Iulo cognomen, post etiam Ascanio fuerit, secum extulisse. Qua 4
pietate motos Achivorum principes remisisse, ut re-
5 verteretur domum atque inde omnia secum, quae vellet, auferret. Itaque eum magnis cum opibus pluri-
busque sociis utriusque sexus a Troia digressum longo
mari emenso per diversas terrarum oras in Italiam
devenisse ac primum Thraciam appulsum Aenum ex
10 suo nomine condidisse. Dein cognita Polymestoris 5
perfidia ex Polydori nece inde digressum pervectum-
que ad insulam Delum atque illinc ab eo Laviniam,
Anii sacerdotis Apollinis filiam, in matrimonium asci-
tam, ex cuius nomine *Lavinia litora* appellata. Post- 6
15 quam is multa maria permensus appulsus sit ad Italiae promontorium, quod est in Baiano circa Averni
lacum, ibique gubernatorem Misenum morbo absumptum sepultum ab eo; ex cuius nomine urbem Misenon appellatam, ut etiam scribit Caesar Pontificalium
20 libro primo, qui tamen hunc Misenum non gubernatorem, sed tubicinem fuisse tradit. Inde non imme- 7
rito utramque opinionem secutus Maro sic intulit:

At pius Aeneas ingenti mole sepulcrum   Aen.
Imponit suaque arma viro remumque tubamque.   6, 232

25 Quamvis auctore Homero quidam asserant tubae usum 8
Troianis temporibus etiam tunc ignoratum.
Addunt praeterea quidam, Aeneam in eo litore 10
Euxini cuiusdam comitis matrem ultimo aetatis affectam circa stagnum, quod est inter Misenon Avernum-
30 que, extulisse atque inde loco nomen inditum; cumque comperisset ibidem Sibyllam mortalibus futura
praecinere in oppido, quod vocatur Cimbarionis, ve-

4 permisisse? *Schott*   12 illic *o*   13 annis *p*   17 ibi
Baehrens ibidem *Smit*   30 nomen inditum, qui etiam nunc
Euxinius sinus dicitur *op* [qui ... dicitur] *Sepp*   32 Cimba-
rionis *op* Κιμμέριον *Sepp*

nisse eo sciscitatum de statu fortunarum suarum adi-
tisque fatis vetitum, ne is cognatam in Italia sepeliret
Prochytam, cognatione sibi coniunctam, quam incolu-
2 mem reliquerat. Et postquam ad classem rediit rep-
peritque mortuam, in insula proxima sepelisse, quae 5
nunc quoque eodem est nomine, ut scribunt Vulcatius
3 et Acilius Piso., Inde profectum pervenisse in eum
locum, qui nunc portus Caietae appellatur ex nomine
4 nutricis eius, quam ibidem amissam sepeliit. At vero
Caesar et Sempronius aiunt Caietae cognomen fuisse, 10
non nomen, ex eo scilicet inditum, quod eius consilio
impulsuque matres Troianae taedio longi navigii classem ibidem incenderint, Graeca scilicet appellatione
5 ἀπὸ τοῦ καίειν, quod est incendere. Inde ad eam
Italiae oram, quae ab arbusto eiusdem generis Lau- 15
rens appellata est, Latino regnante pervectum cum
patre Anchise filioque et ceteris suorum navibus egressum in litore accubuisse, consumptoque, quod fuerat
cibi, crustam etiam de farreis mensis, quas sacratas
secum habebat, comedisse. 20
11 Tum Anchisa coniiciente illum esse miseriarum er-
rorisque finem, quippe meminerat Venerem sibi aliquando praedixisse, cum in externo litore esurie com-
pulsi sacratasque mensas invasissent, illum condendae
2 sedis fatalem locum fore, scrofam etiam incientem 25
cum e navi produxissent, ut eam immolarent, et se
ministrorum manibus eripuisset, recordatum Aeneam,
quod aliquando ei responsum esset urbi condendae
3 quadrupedem futuram ducem, cum simulacris deorum

2 vetitum ⟨esse⟩ ne cogn. *Smit*   cognitam *p*   4 sepeliret. Et postquam ad classem r. r. m. Prochytam cognatione
sibi coniunctam q. i. r., in ins. pr. s. *Smit (Baehrens)* [cogn. s.
coniunctam] *Sepp*   6 Vultacilius et Piso *Roth* Lutatius et
Acilius et P. *Mommscn*   14 potoykaytai *o* potoykaitai *p corr.
a recenti manu*   22 meminerant *op corr. Schott*   25 incinien-
tem *op corr. Schott* quam cum *op* [quam] *Schroeter*   26 pro-
didissent *o*   et ⟨ea⟩ *Smit*   29 tum simulacris *op* cum *Arntzen*.

penatum prosecutum, atque illum, ubi illa procubuit
enisaque est porculos triginta, ibidem auspicatum †post-
quam Lavinium dixit, ut scribit Caesar libro primo et
Lutatius libro secundo.

5 At vero Domitius non orbes farreos, ut supra dic- 12
tum est, sed mensarum vice sumendi cibi gratia apium,
cuius maxima erat ibidem copia, fuisse substratum,
quod ipsum consumptis aliis edulibus eos comedisse,
ac post subinde intellexisse illas esse mensas, quas
10 illos comesturos praedictum esset. Cum interim im- 2
molata sue in litore sacrificium perageret, traditur
forte advertisse Argivam classem, in qua Ulixes erat;
cumque vereretur, ne ab hoste cognitus periculum
subiret, itemque rem divinam interrumpere summum
15 nefas duceret, caput velamento obduxisse atque ita
pleno ritu sacra perfecisse. Inde posteris traditum
morem ita sacrificandi, ut scribit Marcus Octavius
libro primo. At vero Domitius libro primo docet sorte 3
Apollinis Delphici monitum Aeneam, ut Italiam pete-
20 ret atque ubi duo maria invenisset prandiumque cum
mensis comesset, ibi urbem uti conderet. Itaque egres- 4
sum in agrum Laurentem, cum paululum e litore pro-
cessiset, pervenisse ad duo stagna aquae salsae vicina
inter se; ibique cum se lavisset, ac refectum cibo,
25 cum apium quoque, quod tunc vice mensae substratum fuerat, consumpsisset, existimantem procul dubio
illa esse duo maria, quod in illis stagnis aquae ma-
rinae species esset, mensasque, quae erant ex stramine
apii, comestas urbem in eo loco condidisse eamque,
30 quod in stagno laverit, Lavinium cognominasse. Tum
deinde a Latino rege Aboriginum, data ei, quae in-

2 postque *Schott* postque L. dixisse *Schroeter* ibidem urbem
ausp., quam post L. d. *Sylburg* ibidem urbem ausp. postque
eam L. *Gruter* post⟨quam suem immolavit, urbem condidisse⟩
quam *Smit* 7 substintum *o* 17 obdidisse *o* 18 forte *o*
22 a litore *o* 24 cum lavisset *o* defectus *Smit* defectum *Beck*

5 coleret, iugera quingenta. At Cato in Origine generis
Romani ita docet: Suem triginta porculos peperisse
in eo loco, ubi nunc est Lavinium, cumque Aeneas
ibi urbem condere constituisset propterque agri sterilitatem maereret, per quietem ei visa deorum penatum 5
simulacra adhortantium, ut perseveraret in condenda
urbe, quam coeperat; nam post annos totidem, quot
foetus illius suis essent, Troianos in loca fertilia atque uberiorem agrum transmigraturos et urbem clarissimi nominis in Italia condituros. 10

13 Igitur Latinum Aboriginum regem, cum ei nuntia-
tum esset multitudinem advenarum classe advectam
occupavisse agrum Laurentem, adversum subitos inopi-
natosque hostes incunctanter suas copias eduxisse ac
priusquam signum dimicandi daret, animadvertisse Tro- 15
ianos militariter instructos, cum sui lapidibus ac su-
dibus armati, tum etiam veste aut pellibus, quae eis
integumento erant, sinistris manibus involutis proces-
2 sissent. Itaque suspenso certamine per colloquium in-
quisito, qui essent quidve peterent, utpote qui in hoc 20
consilium auctoritate numinum cogebatur (namque ex-
tis ac somniis saepe admonitus erat tutiorem se adversum hostes fore, si copias suas cum advenis con-
3 iunxisset) cumque cognovisset Aeneam et Anchisen
bello patria pulsos cum simulacris deorum errantes 25
sedem quaerere, amicitiam foedere inisse dato invicem
iureiurando, ut communes quosque hostes amicosve
4 haberent. Itaque coeptum a Troianis muniri locum,
quem Aeneas ex nomine uxoris suae, Latini regis filiae, quae iam ante desponsata Turno Herdonio fue- 30
5 rat, Lavinium cognominavit. At vero Amatam, Latini
regis uxorem, cum indigne ferret Laviniam repudiato
Turno, consobrino suo, Troiano advenae collocatam,

5 mereret *op* maereret *Jordan* metueret *Schott* penatum *op*
(*p a recenti manu in* penatium *corr.*) 9 et urbem . . . condituros — *o* 14 induxisse *o* 25 patrio *op corr. Schott*
27 quoqne *p*

Turnum ad arma concitavisse; eumque mox coacto
Rutulorum exercitu tetendisse in agrum Laurentem et
adversus eum Latinum pariter cum Aenea progressum
inter proeliantes circumventum occisumque. Nec ta-
5 men amisso socero Aeneas Rutulis obsistere desiit,
namque et Turnum interemit. Hostibus fusis fugatis- 7
que victor Lavinium se cum suis recepit consensuque
omnium Latinorum rex declaratus est, ut scribit Lutatius libro tertio. Piso quidem Turnum matruelem 8
10 Amatae fuisse tradit interfectoque Latino mortem ipsam sibimet conscivisse.

Igitur Aeneam occiso Turno rerum potitum; cum 14
adhuc irarum memor Rutulos bello persequi instituis-
set, illos sibi ex Etruria auxilium Mezentii regis Agil-
15 laeorum ascivisse ac imploravisse pollicitos, si victoria
parta foret, omnia, quae Latinorum essent, Mezentio
cessura. Tum Aeneam, quod copiis inferior erat, mul- 2
tis rebus, quae necessario tuendae erant, in urbem
comportatis castra sub Lavinio collocasse praeposito-
20 que his filio Euryleone ipsum electo ad dimicandum
tempore copias in aciem produxisse circa Numici flu-
minis stagnum; ubi cum acerrime dimicaretur, subitis
turbinibus infuscato aere repente caelo tantum im-
brium effusum tonitrubus etiam consecutis flammarum-
25 que fulgoribus, ut omnium non oculi modo praestringerentur, verum etiam mentes quoque confusae essent;
cumque universis utriusque partis dirimendi proelia
cupiditas inesset, nihilo minus in illa tempestatis sub-
itae confusione interceptum Aeneam nusquam deinde
30 comparuisse. Traditur autem, non proviso, quod pro- 3
pinquus flumini esset, ripa depulsus forte in fluvium
decidisse, atque ita proelium diremptum; dein post
apertis fugatisque nubibus cum serena facies effulsis-

---

12 Aeneas . . . potitus *Smit*   15 ascivisse ac — *o*   25 per-
stringerentur *op corr. Arntzen* praestinguerentur *Schott*   33 fa
cies ⟨dici⟩ *Smit*

4 set, creditum est vivum eum caelo assumptum. Idemque tamen post ab Ascanio et quibusdam aliis visus affirmatur super Numici ripam eo habitu armisque, quibus in proelium processerat. Quae res immortalitatis eius famam confirmavit. Itaque illi eo loco tem- 5 plum consecratum appellarique placuit *Patrem indige-*
5 *tem.* Dein filius eius Ascanius, idem qui Euryleo, omnium Latinorum iudicio rex appellatus est.

15 Igitur summam imperii Latinorum adeptus Ascanius cum continuis proeliis Mezentium persequi insti- 10 tuisset, filius eius Lausus collem Laviniae arcis occupavit. Cumque id oppidum circumfusis omnibus copiis regis teneretur, Latini legatos ad Mezentium miserunt sciscitatum, qua condicione in deditionem eos accipere
2 vellet; cumque ille inter alia onerosa illud quoque 15 adiiceret, ut omne vinum agri Latini aliquot annis sibi inferretur, consilio atque auctoritate Ascanii placuit ob libertatem mori potius quam illo modo ser-
3 vitutem subire. Itaque vino ex omni vindemia Iovi publice voto consecratoque Latini urbe eruperunt fu- 20 soque praesidio interfectoque Lauso Mezentium fugam
4 facere coegerunt. Is postea per legatos amicitiam societatemque Latinorum impetravit, ut docet Lucius Caesar libro primo, itemque Aulus Postumius in eo volumine, quod de adventu Aeneae conscripsit atque 25
5 edidit. Igitur Latini Ascanium ob insignem virtutem non solum Iove ortum crediderunt, sed etiam per diminutionem declinato paululum nomine primo Iolum, dein postea Iulum appellarunt; a quo Iulia familia manavit, ut scribunt Caesar libro secundo et Cato in 30 Originibus.

16 Interim Lavinia ab Aenea gravida relicta, metu ve-

---

1 absumptum *Schott* 6 indigitem *o* indigentem *p corr.*
Schott 13 ⟨obsessum⟩ teneretur *Smit* miserint *op corr.*
Schott 16 quotannis *Schroeter* 25 atque dedit *op corr.*
Schott conscripsit, prodidit *Smit* 27 deminutionem *Smit*
28 Iovolum *vel* Iovlum *Jordan* 29 postea — *o* appellatus *o*

luti insecuturi se Ascanii, in silvam profugit ad magistrum patrii pecoris Tyrrhum ibique enisa est puerum, qui a loci qualitate Silvius est dictus. At vero 2
vulgus Latinorum existimans clam ab Ascanio inter-
5 fectam magnam ei invidiam conflaverat, usque eo, ut
armis quoque ei vim denuntiaret. Tum Ascanius iure- 3
iurando se purgans, cum nihil apud eos proficeret,
petita dilatione ⟨ad⟩ inquirendum, iram praesentem
vulgi aliquantulum fregit pollicitusque est se ingenti-
10 bus praemiis cumulaturum eum, qui sibi Laviniam in-
vestigasset; mox recuperatam cum filio in urbem Lavinium reduxit dilexitque honore materno. Quae res 4
rursum ei magnum favorem populi conciliavit, ut scribunt Gaius Caesar et Sextus Gellius in origine gentis
15 Romanae. At vero alii tradunt, cum Ascanius ab uni- 5
verso populo ad restituendam Laviniam cogeretur iu-
raretque se neque interemisse neque scire, ubi esset,
Tyrrhum petito silentio in illa contionis frequentia
professum indicium, si sibi Laviniaeque pueroque ex
20 ea nato fides incolumitatis daretur; tumque eum accepta fide Laviniam in urbem cum filio reduxisse.

Post haec Ascanius completis in Lavinio triginta 17
annis recordatus novae urbis condendae tempus adve-
nisse ex numero porculorum, quos pepererat sus alba,
25 circumspectis diligenter finitimis regionibus, speculatus
montem editum, qui nunc ab ea urbe, quae in eo condita est, Albanus nuncupatur, civitatem communit
eamque ex forma, quod ita in longum porrecta est,
Longam, ex colore suis Albam cognominavit. Cumque 2
30 illuc simulacra deorum penatium transtulisset, postri-
die apud Lavinium apparuerunt, rursusque relata
Albam appositisque custodibus nescio quantis se La-

---

8 ⟨ad⟩ *Schott*   9 pollicitus se *o*   14 Lucius Caesar *Sepp*
Gallius *o* Gnaeus Gellius *Sepp*   15 quod cum *op* [quod] *Sepp*
26 ob eam urbem *o*   32 nescio qua͞ts *p* quatenus *o* nescio
quantis *Schott* [nescio quatenus] *Gruner*

3 vinium in pristinam sedem identidem receperunt. Itaque tertio nemo ausus est amovere ea, ut scriptum
est in annalium pontificum quarto libro, Cincii et Cae
4 saris secundo, Tuberonis primo. At Ascanius postquam
excessisset e vita, inter Iulum filium eius et Silvium 5
Postumum, qui ex Lavinia genitus erat, de obtinendo
imperio orta contentio est, cum dubitaretur, an Aeneae
filius an nepos potior esset. Permissa disceptatione
5 eius rei ab universis rex Silvius declaratus est. Eiusdem posteri omnes cognomento Silvii usque ad con- 10
ditam Romam Albae regnaverunt, ut est scriptum an
6 nalium pontificum libro quarto. Igitur regnante Latino Silvio coloniae deductae sunt Praeneste, Tibur,
Gabii, Tusculum, Cora, Pometia, Labici, Crustumium,
Cameria, Bovillae ceteraque oppida circumquaque. 15
18 Post eum regnavit Tiberius Silvius, Silvii filius.
Qui cum adversus finitimos bellum inferentes copias
eduxisset, inter proeliantes depulsus in Albulam flumen
deperiit mutandique nominis exstitit causa, ut scribunt
2 Lucius Cincius libro primo, Lutatius libro tertio. Post 20
eum regnavit Aremulus Silvius, qui tantae superbiae
non adversum homines modo, sed etiam deos fuisse
traditur, ut praedicaret superiorem se esse ipso Iove
ac tonante caelo militibus imperaret, ut telis clipeos
quaterent, dictitaretque clariorem sonum se facere. 25
3 Qui tamen praesenti affectus est poena: nam fulmine
ictus raptusque turbine in Albanum lacum praecipitatus est, ut scriptum est annalium libro quarto et
4 epitomarum Pisonis secundo. Aufidius sane in epitomis et Domitius libro primo non fulmine ictum, sed 30
terrae motu prolapsam simul cum eo regiam in Al-

---

1 itidem *Baehrens* iterum *Smit*   3 annali *op* annalium *Sepp*
annali p. q. [libro] *Smit*   9 eius ⟨plebi⟩ *Arntzen* ea plebi
Gruner Sed missa discept. eius rei *Klotz* ⟨Populo⟩ permissa
Smit   12 pontificalium· *op* pontificum *Sepp*   14 Labicii *o*
L . . . . i *p*   15 circum oppida *o*   16 [Silvii filius] *Smit*
19 periit *o*   20 secundo (?) *Sepp*   31 prolapsum *Schott*

banum lacum tradunt. Post illum regnavit Aventinus 5
Silvius, isque finitimis bellum inferentibus in dimi-
cando circumventus ab hostibus prostratus est ac sepultus circa radices montis, cui ex se nomen dedit, ut
5 scribit Lucius Caesar libro secundo.

Post eum Silvius Procas, rex Albanorum, duos filios 19
Numitorem et Amulium aequis partibus heredes instituit. Tum Amulius in una parte regnum tantum- 2
modo, in altera totius patrimonii summam atque om-
10 nem paternorum bonorum substantiam posuit fratrique
Numitori, qui maior natu erat, optionem dedit, ut ex
his, utrum mallet, eligeret. Numitor ⟨cum⟩ privatum 3
otium cum facultatibus regno praetulisset, Amulius
regnum obtinuit. Quod ut firmissime possideret, Nu- 4
15 mitoris fratris sui filium in venando interimendum
curavit. Tum etiam Rheam Silviam, eius sororem,
sacerdotem Vestae fieri iussit simulato somnio, quo
admonitus ab eadem dea esset, ut id fieret, cum re
vera ita faciendum sibi existimaret, periculosum du-
20 cens, ne quis ex ea nasceretur, qui avitas persequeretur
iniurias, ut scribit Valerius Antias libro primo. At 5
vero Marcus Octavius et Licinius Macer tradunt Amulium patruum Rheae sacerdotis amore eius captum
nubilo caelo obscuroque aere, cum primum illucescere
25 coepisset, in usum sacrorum aquam petenti insidiatum
in luco Martis compressisse eam; tum exactis mensibus geminos editos. Quod cum comperisset, celandi 6
facti gratia per scelus concepti necari iussit sacerdotem, partum sibi exhiberi. Tumque Numitorem spe 7
30 futurorum, quod hi, si adolevissent, iniuriarum suarum
quandoque ultores futuri essent, alios pro eis subdidisse illosque suos veros nepotes Faustulo pastorum
magistro dedisse nutriendos.

At vero Fabius Pictor libro primo et Vennonius 20

12 vellet *o* ⟨cum⟩ *Schroeter* 20 si quis *Gruner* 26 lucum *p* 30 hi idem *o* 31 subduxisse *o*

2*

solito institutoque egressam virginem in usum sacrorum aquam petitum ex eo fonte, qui erat in luco
Martis, subito imbribus tonitrubusque, quae cum illa
erant, disiectis a Marte compressam conturbatamque,
mox recreatam consolatione dei nomen suum indican- 5
tis affirmantisque ex ea natos dignos patre evasuros.
2 Primum igitur Amulius rex, ut comperit Rheam Silviam sacerdotem peperisse geminos, protinus imperavit deportari ad aquam profluentem atque eo abiici.
3 Tum illi, quibus id imperatum erat, impositos alveo 10
pueros circa radices montis Palatii in Tiberim, qui
tum magnis imbribus stagnaverat, abiecerunt eiusque
regionis subulcus Faustulus speculatus exponentes, ut
vidit relabente flumine alveum, in quo pueri erant,
obhaesisse ad arborem fici puerorumque vagitu lupam 15
excitam, quae repente exierat, primo lambitu eos de-
tersisse, dein levandorum uberum gratia mammas prae-
buisse, descendit ac sustulit nutriendosque Accae Larentiae, uxori suae, dedit, ut scribunt Ennius libro
4 primo et Caesar libro secundo. Addunt quidam Fau- 20
stulo inspectante picum quoque advolasse et ore pleno
cibum pueris ingessisse; inde videlicet lupum picum-
que Martiae tutelae esse. Arborem quoque illam Ru-
minalem dictam, circa quam pueri abiecti erant, quod
eius sub umbra pecus acquiescens meridie ruminare 25
sit solitum.
21 At vero Valerius tradit pueros ex Rhea Silvia natos
Amulium regem Faustulo servo necandos dedisse, sed
eum a Numitore exoratum, ne pueri necarentur, Accae
Lārentiae amicae suae nutriendos dedisse, quam mu- 30
lierem, eo quod pretio corpus sit vulgare solita, lu-
2 pam dictam. Notum quippe ita appellari mulieres
quaestum corpore facientes, unde et eiusmodi loci, in

---

3 in britoni tribusque *o*   11 citra *p*   13 bubulcus *o*   16 repente enixa erat *Baehrens* recens enixa erat *Smit* raptum
exierat *Arntzen*   18 accelerantiae *o p*   19 Aennius *p* Annius
o corr. Schott   25 †eius *Smit*   32 appellare *p*

quibus hae consistant, lupanaria dicta. Cum vero 3
pueri liberalis disciplinae capaces facti essent, Gabiis
Graecarum Latinarumque litterarum ediscendarum gratia commoratos, Numitore avo clam omnia submini-
5 strante. Itaque ut primum adolevissent, Romulum in- 4
dicio educatoris Faustuli comperto, qui sibi avus, quae
mater fuisset quidve de ea factum esset, cum armatis
pastoribus Albam protinus perrexisse interfectoque
Amulio Numitorem avum in regnum restitutum. Ro-
10 mulum autem a virium magnitudine appellatum;
nam Graeca lingua ῥώμην *virtutem* dici certum est.
Alterum vero Remum dictum videlicet a tarditate,
quippe talis naturae homines ab antiquis *remores* dici.
Igitur actis, quae supra diximus, et re divina facta 22
15 eo in loco, qui nunc Lupercal dicitur, ludibundi dis-
currerunt pellibus hostiarum occursantes quosque sibimet verberantes; utque sollemne sacrificium sibi poste-
risque id esset, sanxerunt separatimque suos appella-
verunt, Remus Fabios, Romulus Quintilios; quorum
20 utrumque nomen etiamnunc in sacris manet. At vero 2
libro secundo Pontificalium proditur missos ab Amulio,
qui Remum pecorum pastorem attraherent, cum non
auderent ei vim afferre, opportunum tempus sibi ad
insidiandum nactos, quod tum Romulus aberat, genus
25 lusus simulasse, quinam eorum manibus post terga
ligatis lapidem, quo lana pensitari solebat, mordicus
sublatum quam longissime perferret. Tum Remum 3
fiducia virium in Aventinum usque se perlaturum
spopondisse; dein postquam vinciri se passus est,
30 Albam abstractum. Quod postquam Romulus comperisset, coacta pastorum manu eaque in centenos homines distributa perticas manipulis foeni varie formatis in summo iunctas dedisse, quo facilius eo signo

3 litterarum -o   7 quidque *Schott*   13 dicti *Schott*   17 atque *p*   20 at vero ⟨Veratii⟩ *Sepp* ⟨Veranii⟩ *Schanz*   27 [quam]
Smit   29 esset *Smit*   32 formati *o p* formatis *Schott*   33 iunctas manipulis *o p* [manipulis] *Schott* uinctas *Smit* cinctas *Baehrens*

suum quisque ducem sequeretur. Unde institutum,
ut postea milites, qui eiusdem signi essent, manipu-
4 lares dicerentur. Itaque ab eo oppresso Amulio fratrem vinculis liberatum, avum regno restitutum.

23   Cum igitur inter se Romulus et Remus de con- 5
denda urbe tractarent, in qua ipsi pariter regnarent,
Romulusque locum, qui sibi idoneus videretur, in
monte Palatino designaret Romamque appellari vellet
contraque item Remus in alio colle, qui aberat a Palatio milibus quinque, eundemque locum ex suo no- 10
mine Remuriam appellaret neque ea inter eos finiretur
contentio, avo Numitore arbitro ascito placuit discepta-
tores eius controversiae immortales deos sumere, ita
ut, utri eorum priori secunda auspicia obvenissent, urbem conderet eamque ex suo nomine nuncuparet atque 15
2 in ea regni summam teneret. Cumque auspicaretur
Romulus in Palatio, Remus in Aventino, sex vulturios
pariter volantes a sinistra Remo prius visos, tumque
ab eo missos, qui Romulo nuntiarent sibi iam data
auspicia, quibus condere urbem iuberetur, itaque ma- 20
3 turaret ad se venire. Cumque ad eum Romulus venisset quaesissetque, quaenam illa auspicia fuissent,
dixissetque ille sibi auspicanti sex vulturios simul
apparuisse: At ego, inquit Romulus, iam tibi duodecim demonstrabo; ac repente duodecim vultures ap- 25
4 paruisse subsecuto caeli fulgore pariter tonitruque. Tum
Romulus: Quid, inquit, Reme, affirmas priora, cum prae-
sentia intuearis? Remus postquam intellexit sese regno
fraudatum: Multa, inquit, in hac urbe temere sperata
5 atque praesumpta felicissime proventura sunt. At vero 30
Licinius Macer libro primo docet contentionis illius
perniciosum exitium fuisse; namque ibidem obsistentes
6 Remum et Faustulum interfectos. Contra Egnatius libro
primo in ea contentione non modo Remum non esse
occisum, sed etiam ulterius a Romulo vixisse tradit. 35

    4 regno -o 8 appellarit op appellari vellet Schott 32 exi-
tum Schott fortasse recte

INCERTI AUCTORIS LIBER
DE VIRIS ILLUSTRIBUS
URBIS ROMAE

In codd. op Origo cum fine capitis primi libri de viris illu-
stribus coniungitur his verbis: Sed horum omnium opinioni-
bus diversis repugnat nostrae memoriae proclamans (proma-
nans *Harlesius* prominens *Maehly* [nostr. m. p.] *Gruner*)
historia Liviana, quae testatur, quod auspicato Romulus ex suo
nomine Romam vocavit muniretque (cumque muniret *Schott*)
moenibus edixit, ne quis vallum transsiliret; quod Remus irridens transsiliuit et a celere (Celere *Schott*) centurione rutro
vel rastro ferreo (fertur *Schott*) occisus.

$$A \begin{cases} o & \text{Oxoniensis} \\ p & \text{Bruxellensis (Pulmannianus)} \end{cases}$$

$$B \begin{cases} C \begin{cases} \gamma & \text{Laurentian. plut. 68, 29} \\ \delta & \text{Leopold.-Med. Fesul. 181} \\ \varepsilon & \text{Lond. Burn. 231} \\ F & \text{Riccardian. 537.} \end{cases} \\ D & \text{ceteri codices } (\zeta - \omega; \ a - n, \ q - u) \end{cases}$$

INCERTI AUCTORIS LIBER
DE VIRIS ILLUSTRIBUS URBIS ROMAE

Proca, rex Albanorum, Amulium et Numitorem 1
filios habuit, quibus regnum annuis vicibus habendum
5 reliquit [ut alternis imperarent]. Sed Amulius fratri
imperium non dedit et ut eum subole privaret, filiam
eius, Rheam Silviam, Vestae sacerdotem praefecit, ut
virginitate perpetua teneretur, quae a Marte compressa
Remum et Romulum edidit. Amulius ipsam in vin- 2
10 cula compegit, parvulos in Tiberim abiecit, quos aqua
in sicco reliquit. Ad vagitum lupa accurrit eosque 3
uberibus suis aluit. Mox Faustulus pastor collectos
Accae Laurentiae coniugi educandos dedit. Qui postea 4
Amulio interfecto Numitori avo regnum restituerunt;
15 ipsi pastoribus adunatis civitatem condiderunt, quam
Romulus augurio victor, quod ipse XII, Remus VI
vultures viderat, Romam vocavit; et ut eam prius
legibus muniret quam moenibus, edixit, ne quis vallum
transiliret; quod Remus irridens transilivit et a Ce-
20 lere centurione rastro fertur occisus.

Romulus asylum convenis patefecit et magno ex- 2
ercitu facto, cum videret coniugia deesse, per legatos
a finitimis civitatibus petiit. Quibus negatis ludos 2
Consualia simulavit; ad quos cum utriusque sexus

In A (= op) cap. 1 totum fere deest, v. supra   6 [ut (et
ut *aliquot codd. D*) alternis imperarent] *Gruner glossema esse
iudicavit*   6 filiam eius *A* ηλ illius *cett. codd. B*   9 Romulum
et Remum μξοτ Remumque ϑ   13 larentiae νπ   19 transi-
ret ιϰλστ   transiluit ει transivit ϰ   20 rutro vel rastro *A*
21 advenis *C*   et mox ex. *A* mox magno *Wijga*   24 Con-
suales *Cv*

multitudo venisset, dato suis signo virgines raptae
sunt. Ex quibus cum una pulcherrima cum magna
omnium admiratione duceretur, Talassio eam duci re-
3 sponsum est. Quae nuptiae quia feliciter cesserant,
institutum est, ut in omnibus nuptiis Talassii nomen 5
iteretur. Cum feminas finitimorum Romani vi rapuis-
sent, primi Caeninenses contra eos bellum sumpserunt.
Adversus quos Romulus processit et exercitum eorum
4 ac ducem Acronem singulari proelio devicit. Spolia
opima Iovi Feretrio in Capitolio consecravit. Sabini 10
5 ob raptas bellum adversus Romanos sumpserunt. Et
cum Romae appropinquarent, Tarpeiam virginem nacti,
quae aquae causa sacrorum hauriendae descenderat,
ei T. Tatius optionem muneris dedit, si exercitum
6 suum in arcem perduxisset. Illa petiit, quod illi in 15
sinistris manibus gerebant, videlicet anulos et armillas;
quibus dolose repromissis Sabinos in arcem perduxit,
ubi Tatius scutis eam obrui praecepit; nam et ea in
7 laevis habuerant. Romulus adversus Tatium, qui montem Tarpeium tenebat, processit et in eo loco, ubi 20
nunc forum Romanum est, pugnam conseruit: ibi
Hostus Hostilius fortissime dimicans cecidit, cuius in-
8 teritu consternati Romani fugere coeperunt. Tunc
Romulus Iovi Statori aedem vovit, et exercitus seu
9 forte seu divinitus restitit. Tunc raptae in medium 25
processerunt et hinc patres inde coniuges deprecatae
10 pacem conciliarunt. Romulus foedus percussit et Sabinos in urbem recepit, populum a Curibus, oppido
Sabinorum, Quirites vocavit. Centum senatores a pie-

---

3 videretur *C*   Talasso *δ F*   4 cesserunt *aliquod codd.* *D*
6 intéet *o* uterentur (-etur *F*) *C* uteretur *ι* iterắtur rinvocare-
tur *vel* vocaretur *cett. codd.* *D* iteraretur *Wijga* cieretur *Klotz*
10 Antemnates Crustumi Fidenates Veientes Sabini etiam *A*
Item *vel* Tum Sabini *Keil*   12 propinquarent *o C* sacrorum -*p*
15 Capitolium *B* petit *A*   17 promissis *A λ*   21 Rom. for. *D*
27 invicem concil. *C η*   28 a quiribus *o κ* Quiritibus *p*   29 cen-
tumque ex senioribus elegit, quorum consilio omnia ageret,

tate patres appellavit. Tres equitum centurias insti-11
tuit, quas suo nomine Ramnes, a Tito Tatio Tatienses,
a luci communione Luceres appellavit. Plebem in 12
triginta curias distribuit easque raptarum nominibus
5 appellavit. Cum ad Caprae paludem exercitum lustra-13
ret, nusquam comparuit; unde inter patres et populum
seditione orta Iulius Proculus, vir nobilis, in contionem processit et iureiurando firmavit Romulum a se
in colle Quirinali visum augustiore forma, cum ad deos
10 abiret; eundemque praecipere, ut seditionibus abstinerent, virtutem colerent; futurum, ut omnium gentium
domini exsisterent. Huius auctoritati creditum est. 14
Aedes in colle Quirinali Romulo constituta, ipse pro
deo cultus et Quirinus est appellatus.

15 Post consecrationem Romuli, cum diu interregnum 3
esset et seditiones orirentur, Numa Pompilius, Pomponii filius, Curibus, oppido Sabinorum, accitus, cum
addicentibus avibus Romam venisset, ut populum ferum
religione molliret, sacra plurima instituit. Aedem Vestae
20 fecit, virgines Vestales legit, flamines tres, Dialem
Martialem Quirinalem, Salios, Martis sacerdotes, quorum primus praesul vocatur, XII instituit, pontificem
maximum creavit, portas Iano gemino aedificavit. Annum in XII menses distribuit additis Ianuario et Fe-
25 bruario. Leges quoque plures et utiles tulit, omnia, 2
quae gerebat, iussu Egeriae nymphae, uxoris suae, se
facere simulans. Ob hanc tantam iustitiam bellum
ei nemo intulit. Morbo solutus in Ianiculo sepultus

quos pro senectute senatores, patres a pietate nominavit *A*
ceterum a pietate *C* centum s. delegit et ab aetate et pietate
patres appellavit *ϑ* c. s. ab aetate, a p. p. appellavit *Schott*
c. s. delegit et eos a pietate p. app. *Wijga.*
1 tres — *A*   2 a suo n. *γϑνο*   Ramnenses *Cνξο*   3 a lu-
cumone *D praeter ξηϑιϰϱη*   Plebem ... appellavit — *δ et
multi codd. D*   5 Imperavit annis XXXVIII + *A*   16 esset
et — *B* cum de interregno sedit. *Scheffer*   Pomponis *εμν*
17 a Curibus *p*   18 civibus *C aliquot codd. D* adducentibus
civibus *μν*   23 geminas *Cϰ*

est, ubi post annos arcula cum libris a Terentio quodam exarata; qui libri, quia leves quasdam sacrorum
causas continebant, ex auctoritate patrum cremati sunt.

4 Tullus Hostilius, quia bonam operam adversum
Sabinos navaverat, rex creatus bellum Albanis indixit, 5
2 quod trigeminorum certatione finivit. Albam propter
perfidiam ducis Mettii Fufetii diruit, Albanos Romam
3 transire iussit. Curiam Hostiliam constituit. Montem
4 Coelium urbi addidit. Et dum Numam Pompilium
sacrificiis imitatur, Iovi Elicio litare non potuit, ful- 10
mine ictus cum regia conflagravit.

5 Cum inter Romanos et Albanos bellum fuisset
exortum, ducibus Hostilio et Fufetio placuit rem pau-
6 corum certamine finire. Erant apud Romanos trige-
mini Horatii, tres apud Albanos Curiatii; quibus foe- 15
dere icto concurrentibus statim duo Romanorum ceci-
7 derunt, tres Albanorum vulnerati. Unus Horatius
quamvis integer, quia tribus impar erat, fugam simulavit et singulos per intervalla, ut vulnerum dolor
8 patiebatur, insequentes interfecit. Et cum spoliis onu- 20
stus rediret, sororem obviam habuit, quae viso paludamento sponsi sui, qui unus ex Curiatiis erat, flere
9 coepit. Frater eam occidit. Qua re apud duumviros
condemnatus ad populum provocavit; ubi patris lacrimis condonatus ab eo expiandi gratia sub tigillum 25
missus; quod nunc quoque viae superpositum Soro-
rium appellatur.

---

1 post annos IƆ fere *Wijga* post⏋multos annos *vulgo*   fer-
cula *B*   Tarentio *Cω*   2 extracta (*in* p *corr.*) *A*   laevas
Schott   4 quia avus eius *Schott* cuius avus b. *Schroeter* H.,
nepos Hostilii eius, qui *Klotz* nepos Hostilii, qui b. o .... navavit *Vinkesteyn*   7 Metii Suffetii *A B corr. Schott*   8 trans-
ferre *C*   10 imitatus *Gruner*   potuit ⟨ita⟩ f. i.? *Wijga*
13 Suffetio *corr.* Schott   14 certatione ϑϰλ   Et erant *B*
19 et vulnerum dolor int. ε ut v. erat d. *vel* d. erat interfecit
cett. codd. B ut vulnerum d. ferebat ins. int. *Klotz*   20 Et
dum *o*   22 viri sui *Cω*   fuerat *C*   24 ad — *A*   patriis
Schott (secundum Mediol.)   26 suprapositum *p* suppositum *B*

Mettius Fufetius, dux Albanorum, cum se invidio-10
sum apud cives videret, quod bellum sola trigeminorum certatione finisset, ut rem corrigeret, Veientes et
Fidenates adversum Romanos incitavit. Ipse ab Tullo 11
5 in auxilium arcessitus aciem in collem subduxit, ut
fortunam sequeretur. Qua re Tullus intellecta magna
voce ait suo illud iussu Mettium facere. Qua re hostes 12
territi et victi sunt. Postera die Mettius cum ad gra-13
tulandum Tullo venisset, iussu ipsius quadrigis reli-
10 gatus et in diversa distractus est.

Ancus Marcius, Numae Pompilii ex filia nepos, 5
aequitate et religione avo similis, Latinos bello domuit. Murcium et Ianiculum montes urbi addidit, 2
nova moenia oppido circumdedit. Silvas ad usum na-
15 vium publicavit. Salinarum vectigal instituit. Car-3
cerem primus aedificavit. Ostiam coloniam maritimis
commeatibus opportunam in ostio Tiberis deduxit. Ius 4
fetiale, quo legati ad res repetundas uterentur, ab Ae-
quiculis transtulit, quod primus fertur Rhesus excogi-
20 tasse. His rebus confectis intra paucos dies imma-5
tura morte praereptus non potuit praestare qualem
promiserat regem.

Lucius Tarquinius Priscus, Demarati Corinthii 6
filius, eius, qui Cypseli tyrannidem fugiens in Etru-
25 riam commigravit. Ipse Lucumo dictus, urbe Tarqui-2
niis profectus Romam petiit. Advenienti aquila pilleum

---

1 Suffetius *A B* corr. *Schott*   11 Pomponii *A* ϰ   13 Aven-
tinum et Ianiculum *A* Aventinum et ⟨ad Murtium ξ⟩ Murcium
(Martium Marcium) *cett. codd.* Murcium et Ianiculum *Schott,
Opitz* Aventinum *Keil* Aventinum [et Murcium] et Ianiculum
Klotz Murcium montem? *Wijga* Av. ad Murciae montem *Vinke-
steyn*   18 repetendas *codd. praeter* p ϰ ν   19 Resus o ϰ Hessus
Cζηϑιμ Nessus, Bessus, Hesus *cett.* Fertor Resius excogitavit
Renier ⟨Fertor⟩ *vel* ⟨rex eorum Fertor⟩ Resius *Wijga*.
20 His rebus intra paucos d. conf. *codd.* paucos annos? *Schott*
His rebus conf. intra p. d. *Wijga*   23 Damarati *Schott et vulg.*
Priscus lucumo greci demarati (-thi *p*) Corinthii *A* Priscus lo-
cunius greci demoirati f. *C cett. codd. varie corrupti*

4 sustulit et, cum alte subvolasset, reposuit. Tanaquil
coniux, auguriorum perita, regnum ei portendi in-
5 tellexit. Tarquinius pecunia et industria dignitatem
atque etiam Anci regis familiaritatem consecutus est;
a quo tutor liberis relictus regnum intercepit et ita 5
6 administravit, quasi iure adeptus fuisset. Centum patres
in curiam legit, qui minorum gentium sunt appellati.
7 Equitum centurias numero duplicavit, nomina mutare
non potuit Atti Nevii auguris auctoritate deterritus,
8 qui fidem artis suae novacula et cote firmavit. La- 10
tinos bello domuit. Circum maximum aedificavit.
Ludos magnos instituit. De Sabinis et priscis Latinis
9 triumphavit. Murum lapideum urbi circumdedit. Filium
XIII annorum, quod in proelio hostem percussisset,
praetexta bullaque donavit, unde haec puerorum in- 15
10 genuorum insignia esse coeperunt. Post ab Anci liberis
immissis percussoribus per dolum regia excitus et interfectus est.

7   Servius Tullius, Tullii Corniculani et Ocresiae
captivae filius, cum in domo Tarquinii Prisci edu- 20
2 caretur, flammae species caput eius amplexa est. Hoc
visu Tanaquil summam dignitatem portendi intellexit.
3 Coniugi suasit, ut eum ita ut liberos suos educaret.
4 Qui cum adolevisset, gener a Tarquinio assumptus
est, et cum rex occisus esset, Tanaquil ex altiore loco 25
ad populum despiciens ait Priscum gravi quidem, sed
non letali vulnere accepto petere, ut interim, dum
5 convalescit, Servio Tullio dicto audientes essent. Servius Tullius quasi precario regnare coepit, sed recte

6 esset *o x*   9 Navii ξ Attii, Accii, Acii *D*   17 regia exutus *C* regno exutus *D* — Regnavit annis triginta septem + *A*
19 Spuri Cornicularii *A ϑ* Publii ω pur *C* pueri ζ *cett. codd.*
valde corrupti Tulli *Machaneus* Publii *Arntzen*   22 viso *A ι λ*
dignitatem ei μ summam ei dignitatem λ (*etiam Klotz et Helm-*
reich)   24 Cumque *A*   25 ex altiore *B* (*exc. ϑ*) [ex altiore
loco] *Schott* ex altiore [loco] *Schroeter* ex altiore aedium parte
Klotz   28 convalesceret ϑ *Schroeter*   audientes sint *C*   Ita
S. T. *Schott*

imperium administravit. Etruscos saepe domuit, collem 6
Quirinalem et Viminalem et Esquilias urbi addidit,
aggerem fossasque fecit. Populum in quattuor tribus 7
distribuit ac post plebi distribuit annonam. Mensuras 8
5 pondera classes centuriasque constituit. Latinorum 9
populis persuasit, uti exemplo eorum, qui Dianae
Ephesiae aedem fecissent, et ipsi aedem Dianae in
Aventino aedificarent. Quo facto bos cuidam Latino 10
mirae magnitudinis nata, et responsum somnio datum
10 eum populum summam imperii habiturum, cuius civis
bovem illam Dianae immolasset. Latinus bovem in 11
Aventinum egit et causam sacerdoti Romano exposuit.
Ille callide dixit prius eum vivo flumine manus ab- 12
luere debere. Latinus dum ad Tiberim descendit, sa- 13
15 cerdos bovem immolavit. Ita imperium civibus, sibi 14
gloriam facto consilioque quaesivit.

Servius Tullius filiam alteram ferocem, mitem alte- 15
ram habens, cum Tarquinii filios pari animo videret,
ut omnium mentes morum diversitate leniret, ferocem
20 miti, mitem feroci in matrimonium dedit. Sed mites 16
seu forte seu fraude perierunt: feroces morum simi-
litudo coniunxit. Statim Tarquinius Superbus a Tullia 17
incitatus advocato senatu regnum patrium repetere
coepit. Qua re audita Servius, dum ad curiam pro- 18
25 perat, iussu Tarquinii gradibus deiectus et domum re-
fugiens interfectus est. Tullia statim in forum properavit et prima coniugem regem salutavit, a quo iussa
turba decedere, cum domum rediret, viso patris cor-

5 constituit. primus omnium censum ordinavit qui adhuc
per orbem terrarum incognitus erat $+ A$ 8 Quo effecto B
bos quaedam AB bos quaedam cuidam ξ [quaedam] Klotz
bos cuidam vulgo   9 somno ω Arntzen domino Sylburg   12 et
omnia A 13 callidus D 14 Dum Lat. Klotz Latinus dicto
(dictus F) ad flumen desc. C 16 fato Freudenberg — Regnavit
annis quadraginta quatuor $+ A$ 17 Hic (hic primus p)
Serv. A 19 ferocem morem simplici mit. A 23 regnum partium γ paternum $\varkappa\mu\nu$ patritum Klotz   28 e turba Pitiscus
discedere $A\zeta\eta$

pore mulionem evitantem super ipsum corpus car-
pentum agere praecepit: unde vicus ille Sceleratus
dictus. Postea Tullia cum coniuge in exilium acta est.
8   Tarquinius Superbus cognomen moribus meruit.
2 Occiso Servio Tullio regnum sceleste occupavit. Tamen 5
bello strenuus Latinos Sabinosque domuit; Suessam
Pometiam Etruscis eripuit; Gabios per Sextum filium
simulato transfugio in potestatem redegit et ferias
3 Latinas primus instituit. †Ludos in circo et cloacam
maximam fecit, ubi totius populi viribus usus est, 10
4 unde illae fossae Quiritium sunt dictae. Cum Capitolium inciperet, caput hominis invenit, unde cognitum
5 eam urbem caput gentium futuram. Et cum in obsidione Ardeae filius eius Lucretiae stuprum intulisset,
cum eo in exilium actus ad Porsennam, Etruriae re- 15
gem, confugit, cuius ope regnum retinere tentavit.
6 Pulsus Cumas concessit, ubi per summam ignominiam
reliquum vitae tempus exegit.
9   Tarquinius Collatinus, sorore Tarquinii Superbi
genitus, in contubernio iuvenum regiorum Ardeae 20
erat; ubi cum forte in liberiore convivio coniugem
suam unusquisque laudaret, placuit experiri. Itaque
equis Romam petunt. Regias nurus in convivio et
2 luxu deprehendunt. Inde Collatiam petunt. Lucre-
tiam inter ancillas in lanificio offendunt: itaque ea 25
3 pudicissima iudicatur. Ad quam corrumpendam Tarquinius Sextus nocte Collatiam rediit et iure propin-
quitatis in domum Collatini venit et cubiculum Lu-

---

7 deam Pometiam A scā, scam, seam, scream, secam pomet.
cett. codd. Suesam ω, *corr. Schott*   Volscis *Machaneus*   9 Ludos in circo A Latinis C Lacus D Locos *Schott* Foros *Arntzen*
10 ibi A   12 est +D   17 cum summa ign. *Machaneus*
18 Imperavit annis triginta quatuor +o   19 ex sorore A
22 Ita A C x v Itaque ocius *Gronovius*   23 Lucretia regia nurus in conv. vel lusu com- (de- o) prehenditur A in convivio
(coniugio δ F) vel lusu (luxu F) Cζηον vel luxu, et luxu, vel
in luxu *cett. codd.* D et luxu *vulgo* et lusu *Wijga* [vel lusu]
Opitz   24 Et inde B exinde *Arntzen*

cretiae irrupit, pudicitiam expugnavit. Illa postero 4
die advocatis patre et coniuge rem exposuit et se
cultro, quem veste texerat, occidit. Illi in exitium 5
regum coniurarunt eorumque exilio necem Lucretiae
5 vindicaverunt.

Iunius Brutus sorore Tarquinii Superbi genitus 10
cum eandem fortunam timeret, in quam frater incide-
rat, qui ob divitias et prudentiam ab avunculo fuerat
occisus, stultitiam finxit, unde Brutus dictus. Iuveni- 2
10 bus regiis Delphos euntibus deridiculi gratia comes
adscitus baculo sambuceo aurum infusum deo donum
tulit. Ubi responsum est eum Romae summam pote- 3
statem habiturum, qui primus matrem oscularetur,
ipse terram osculatus est. Deinde propter Lucretiae 4
15 stuprum cum Tricipitino et Collatino in exitium regum coniuravit. Quibus in exilium actis primus con- 5
sul creatus filios suos, quod cum Aquiliis et Vitelliis
ad recipiendos in urbem Tarquinios coniurarant, virgis
caesos securi percussit. Deinde in proelio, quod ad- 6
20 versus eos gerebat, singulari certamine cum Arunte
filio Tarquinii congressus est, ubi ambo mutuis vulneribus ceciderunt. Cuius corpus in foro positum a 7
collega laudatum matronae anno luxerunt.

Porsenna rex Etruscorum cum Tarquinios in ur- 11
25 bem restituere temptaret et primo impetu Ianiculum
cepisset, Horatius Cocles (illo cognomine, quod in
alio proelio oculum amiserat) pro ponte sublicio stetit
et aciem hostium solus sustinuit, donec pons a tergo
interrumperetur, cum quo in Tiberim decidit et arma-

1 pudicitiam cubiculi expugnavit *A* postera die *o* 2 patri
et coniugi *Schroeter* 4 coniurant *C* 6 ex sorore *Hildesheimer*
(sec. *Isidor. Or. 10, 28*) 9 simulavit κν *Isidorus, ita Hildesheimer* dictus est *A* 10 ridiculi *B* 11 dono *A* 12 dedit γ
17 eo quod *A* 18 recipiendum *B praeter* εη coniuraverant
B praeter εζϑλ 21 congressus se . . occiderunt *B* 23 annum ϑ, *ita Freudenberg* 24 in urbe *C* 28 solus — *B*
29 cum quo statim *A* desiluit *Arntzen* desilivit *Wijga*

2 tus ad suos transnavit. Ob hoc ei tantum agri publice datum, quantum uno die ambire ⟨vomere⟩ potuisset. Statua quoque ei in Vulcanali posita.

12 Cum Porsenna rex urbem obsideret, Mucius Cor-
dus, vir Romanae constantiae, senatum adiit et veniam 5
2 transfugiendi petiit necem regis repromittens. Accepta
potestate in castra Porsennae venit ibique purpuratum
3 pro rege deceptus occidit. Apprehensus et ad regem
pertractus dextram aris imposuit, hoc supplicii a rea
4 exigens, quod in caede peccasset. Unde cum miseri- 10
cordia regis abstraheretur, quasi beneficium referens
5 ait trecentos adversus eum similes coniurasse. Qua re
6 ille territus bellum acceptis obsidibus deposuit. Mucio
7 prata trans Tiberim data, ab eo Mucia appellata. Statua quoque ei honoris gratia constituta est. 15

13 Porsenna Cloeliam nobilem virginem inter obsides accepit, quae deceptis custodibus noctu castris
eius egressa equum, quem fors dederat, arripuit et
2 Tiberim traiecit. A Porsenna per legatos repetita
3 reddita est. Cuius ille virtutem admiratus cum qui- 20
4 bus optasset in patriam redire permisit. Illa virgines
puerosque elegit, quorum aetatem iniuriae obnoxiam
sciebat. Huic statua equestris in foro posita.

14 Romani cum adversus Veientes bellarent, eos sibi
hostes familia Fabiorum privato nomine depoposcit: 25
2 et profecti trecenti sex duce Fabio consule. Cum saepe
victores exstitissent, apud Cremeram fluvium castra
3 posuere. Veientes ad dolos conversi pecora ex diverso

---

2 datum est C et aliquot codd. D   ambire A amovere
(āmouere γ accionere δ) C et ξοφχ arari (arare ϑ arari vel
arare ζ) cett. codd. D circumarari vulgo circumarare Gruner
arando vel aratro ambire Wijga ambire ⟨vomere⟩ F. P.   9 igni
imposuit C   ab (ob o) ea A   12 sui similes Freudenberg
18 sors γD   19 et reddita AC repetita ei reddita Wijga
20 est — ACζημξο   admirans ω vett. edd. Klotz   22 delegit
oCη   25 deposcit AB (exc. λνσ) depoposcit Colinaeus   26 consule fuerunt D

in conspectu illorum protulerunt, ad quae progressi
Fabii in insidias delapsi usque ad unum occisione
perierunt. Dies, quo id factum est, inter nefastos re- 4
latus. Porta, qua profecti erant, Scelerata est appel- 5
5 lata. Unus ex ea gente propter impuberem aetatem 6
domi relictus genus propagavit ad Q. Fabium Maximum, qui Hannibalem mora fregit, Cunctator ab ob-
trectatoribus dictus.

Lucius Valerius, Volesi filius, primo de Veienti- 15
10 bus, iterum de Sabinis, tertio de utrisque gentibus
triumphavit. Hic, quia in locum Tricipitini collegae 2
consulem non subrogaverat et domum in Velia tutis-
simo loco habebat, in suspicionem regni affectati venit.
Quo cognito apud populum questus est, quod de se 3
15 tale aliquid timuissent, et immisit, qui domum suam
diruerent. Secures etiam fascibus dempsit eosque in 4
populi contione submisit. Legem de provocatione a 5
magistratibus ad populum tulit. Hinc Publicola dic- 6
tus. Cum diem obisset, publice sepultus et annuo
20 matronarum luctu honoratus est.

Tarquinius eiectus ad Mamilium Tusculanum gene- 16
rum suum confugit; qui cum Latio concitato Romanos graviter urgeret, A. Postumius dictator dictus
apud Regilli lacum cum hostibus conflixit. Ubi cum 2
25 victoria nutaret, magister equitum equis frenos detrahi
iussit, ut irrevocabili impetu ferrentur; ubi et aciem

1 in conspectum *ειλ Klotz* propulerunt *Wölfflin* atque
A C 2 delapsi et occisi usque ad unum perierunt *A* delapsi
occisio est unius interfectio occidi plurimi usque ad unum occisione p. *C* occidione *θλνστ* 7 morans *A* 9 Publius
vulgo filius ille Bruti collega *A* 10 iterum de S. ac de
isdem gentibus *vel* iterum de Sabinis ac Veientibus *Schott*
Bruti *Lycosthencs et Schott* 12 non subrogaverat λξ *vulgo*
non subrogavit *θ* consulem subrogaverat *cett. codd. D* cons.
alium subrogabat *A* cons. subrogabat (surrogabat *εF*) *C* 14 ad
populum *C* 18 Poplicola *Schott* dictus. Qui cum quater
consul diem obisset, adeo pauper extitit, ut collectis a populo
nummis publice sepultus sit et annuo *A Cap. 16 in A deest.*

3 Latinorum fuderunt et castra ceperunt Sed inter eos
duo iuvenes candidis equis insigni virtute apparuerunt,
quos dictator quaesitos, ut dignis muneribus honoraret,
non reperit: Castorem et Pollucem ratus communi
titulo dedicavit   5

17 Lucius Quinctius Cincinnatus filium Caesonem
petulantissimum abdicavit, qui et a censoribus notatus
ad Volscos et Sabinos confugit, qui duce Cloelio
Graccho bellum adversus Romanos gerebant et Q. Minucium consulem in Algido monte cum exercitu ob-   10
sidebant. Quinctius dictator dictus, ad quem missi
legati nudum eum arantem trans Tiberim offenderunt;
qui insignibus sumptis consulem obsidio liberavit.
2 Quare a Minucio et eius exercitu corona aurea [et]
3 obsidionali donatus est. Vicit hostes; ducem eorum   15
in deditionem accepit et triumphi die ante currum
4 egit Sextodecimo die dictaturam, quam acceperat,
5 deposuit et ad agricultum reversus est Iterum post
viginti annos dictator dictus Spurium Maelium regnum
affectantem a Servilio Ahala magistro equitum occidi   20
iussit; domum eius solo aequavit: unde locus [ille]
Aequimelium dicitur.

18 Menenius Agrippa cognomento Lanatus dux
2 electus adversus Sabinos de his triumphavit. Et cum
populus a patribus secessisset, quod tributum et mili-   25
tiam toleraret, nec revocari posset, Agrippa apud eum:
Olim, inquit, *humani artus, cum ventrem otiosum cer-*
nerent, ab eo discordarunt et suum illi ministerium ne-
3 *gaverunt. Cum eo pacto et ipsi deficerent, intellexerunt*
ventrem acceptos cibos per omnia membra disserere et   30

5 deificavit η aedem dedicavit *Machaneus* aedem c. t. d.
Schott   6 Kaesonem *Schott*   8 Cornelio *Cη* Clodio *vel* Celio
D   10 cum exercitu — *B*   11 dictus est *A*   13 obsedio *εF*
obsidione *D*   14 corona — *ζη* [corona]? *Schott* [et] *Schott Wijga*
18 agriculturam *ϑμξ vulgo* agri culturam *Klotz*   21 ille
— *ACζηϑιλω*   22 dictus *οιμοω*   26 non toleraret *A*   27 crederent *A* viderent *C*   30 digerere *vett. edd. et Schott*

cum eo in gratiam redierunt. Sic senatus et populus 4
quasi unum corpus discordia pereunt, concordia valent.
Hac fabula populus regressus est. Creavit tamen tri- 5 6
bunos plebis, qui libertatem suam adversum nobilita-
5 tis superbiam defenderent. Menenius autem tanta 7
paupertate decessit, ut eum populus collatis quadran-
tibus sepeliret, locum sepulcro senatus publice daret.

Gnaeus Marcius, captis Coriolis urbe Volscorum 19
Coriolanus dictus, ob egregia militiae facinora a Postu-
10 mio optionem munerum accipiens equum tantum et
hospitem sumpsit, virtutis et pietatis exemplum. Hic 2
consul gravi annona advectum e Sicilia frumentum
magno pretio populo dandum curavit, ut hac iniuria
plebs agros, non seditiones coleret. Ergo a tribuno 3
15 plebis Decio die dicta ad Volscos concessit eosque
duce Tito Tatio adversus Romanos concitavit et ad
quartum ab urbe lapidem castra posuit. Cumque 4
nullis civium legationibus flecteretur, a Veturia matre
et Volumnia uxore matronarum numero comitatis
20 motus omisso bello ut proditor occisus. Ibi templum 5
Fortunae muliebri constitutum est.

Fabius Ambustus ex duabus filiabus alteram Licinio 20
Stoloni plebeio, alteram Aulo Sulpicio patricio coniugem dedit. Quarum plebeia cum sororem salutaret,
25 cuius vir tribunus militaris consulari potestate erat,
fasces lictorios foribus appositos indecenter expavit.
A sorore irrisa marito questa est; qui adiuvante socero, ut primum tribunatum plebis aggressus est,
legem tulit, ut alter consul ex plebe crearetur. Lex
30 resistente Appio Claudio tamen lata; et primus Lici- 2

---

4 plebi *C* 7 publicum *A* 8 Gaius *Schott* a captis
Schott, Sigonius 9 Postumo *Schott* 10 equum unum t. *C*
15 Decimo εζ 16 Attio Tullo *vulgo* 19 comitata *C et multi*
codd. D 20 occ. est *D* ubi *C* 22 filiis ζϑμυ *vett. edd. Klotz*
23 plebeio—γ *D* Aulo—*A C* Servio *Klotz* 25 cuius cum
(tum *o*) vir *A Fortasse* cuius vir tum *Wijga* 26 expavit.
Indecenter *Gruner* 28 est—*B* ingressus est *Faber* 30 resistente tamen *A*

3 nius Stolo consul factus. Idem lege cavit, ne cui
4 plus quingenta iugera agri habere liceret. Et ipse
cum iugera quingenta haberet, altera emancipati filii
nomine possideret, in iudicium vocatus et primus
omnium sua lege punitus est.   5

21 Populus Romanus cum seditiosos magistratus ferre
non posset, decemviros legibus scribendis creavit,
qui eas ex libris Solonis translatas duodecim tabulis
2 exposuerunt. Sed cum pacto dominationis magistratum sibi prorogarent, unus ex his Appius Claudius   10
Virginiam, Virginii centurionis filiam in Algido mili-
tantis, adamavit. Quam cum corrumpere non posset,
clientem subornavit, qui eam in servitium deposceret,
facile victurus, cum ipse esset et accusator et iudex.
3 Pater re cognita cum ipso die iudicii supervenisset et 15
filiam iam addictam videret, ultimo eius colloquio im-
petrato eam in secretum abduxit et occidit; et corpus
eius humeris gerens ad exercitum profugit et milites
ad vindicandum facinus accendit; qui creatis decem
tribunis Aventinum occuparunt, decemviros abdicare 20
se magistratu coegerunt eosque omnes aut morte aut
exilio punierunt. Appius Claudius in carcere neca-
tus est.

22 Romani ob pestilentiam responso monente ad Aescu-
lapium Epidauro arcessendum decem legatos prin- 25

---

1 consul ⟨plebeius⟩ f. (?) *Wijga*   scivit ζϑμξω *Arntzen*
legem scivit *Gruner* statuit η sancivit ν   ne cui plebeio *A B*
pleb. *Schott delevit*   2 plus quam (*lacuna*) iugera *p* plus iugera
C plus centum iugera *D*   agri — *C*   quinquaginta centum *D*
3 haberet alia emancipati *A* IꝊ altera *Klotz*   6 seditiosus *Schott*
9 cum prece *C* dampnacionis *C* magistratus *C*   10 prorogarent
⟨sua ipsorum insolentia in exilium acti sunt, nam u.⟩ *Keil*
unus ex ipsis *Schott et vett. edd.*   14 et facile *p B*   15 iudiciis
A C η   16 eloquio *D* alloquio *vulgo*   17 in secreto *A* γ   cum
… adduxisset, occidit *B* cum … abdux. *vulgo*   18 humero *D*
praeter η humeros   19 qui Avent. occuparunt creatisque …
Schott   21 se magistratu *Schotto glossema esse visum est.*
ceperunt *C* praeceperunt *D* *vulgo*

cipe Q. Ogulnio miserunt. Qui cum eo venissent et 2
simulacrum ingens mirarentur, anguis e sedibus eius
elapsus venerabilis, non horribilis, per mediam urbem
cum admiratione omnium ad navem Romanam per-
5 rexit et se in Ogulnii tabernaculo conspiravit. Legati 3
deum vehentes Antium pervecti, ubi per mollitiem
maris anguis proximum Aesculapii fanum petiit et
post paucos dies ad navem rediit; et cum adverso
Tiberi subveheretur, in proximam insulam desilivit,
10 ubi templum ei constitutum et pestilentia mira celeritate sedata est.

Furius Camillus cum Faliscos obsideret ac ludi 23
litterarii magister principum filios ad eum adduxisset,
vinctum eum iisdem pueris in urbem redigendum et
15 verberandum tradidit. Statim Falisci se ei ob tantam 2
iustitiam dediderunt. Veios hieme obsidio domuit de- 3
que his triumphavit. Postmodum crimini datum, quod 4
albis equis triumphasset et praedam inique divisisset:
die dicta ab Apuleio Saturnino tribuno plebis damna-
20 tus Ardeam concessit. Mox cum Galli Senones re- 5
lictis ob sterilitatem agris suis Clusium Italiae oppidum obsiderent, missi sunt Roma tres Fabii, qui Gallos monerent, ut ab oppugnatione desisterent. Ex his 6
unus contra ius gentium in aciem processit et ducem
25 Senonum interfecit. Quo commoti Galli petitis in 7

1 Volumnio (Volumio *vel* Volunio *vel* Voluminio) *B*   3 hor-
rendum *A* honorabilis *C* horridus *ιο*   5 in Quinto Burgoni *p*
in Burgoni *o* in Volumni *C* Volumnii Volumii Voluminii *D*
constipavit *A*   6 provecti sunt *D* ibi *A*   per molliciam *p*
molliciem *o* maliciam *ζη* mollitiam mollitiem molitiem *cett.*
codd. malaciam *Schott* per moles maris *Vinkesteyn*   8 dies dehinc *A*   9 inde silivit *A* desiliit *κν* desiluit *λμξο*   sublata
C   13 litterarum *aliquot codd. D*   ad se *A*   16 hieme et
obsidione *ζη* obsidione hieme *vel* h. obs. *cett. codd. D* decenni
hieme obs. *Schott* decenni o. et h. *Fiedler* decenni, hieme etiam,
o. *Gruner* decenni obs. h. *Schroeter* hiemanti obsidione *Klotz*
hiemante obs. *vel* obsidione hiemando *Keil*   17 ei crimini
Freudenberg crimini ei *λ*   19 ab L. Apuleio *vulgo*   22 missi
a Romanis tres *A*

deditionem legatis nec impetratis Romam petierunt et
exercitum Romanum apud Alliam fluvium ceciderunt,
die XVI Kal. August.; qui dies inter nefastos relatus,
8 Alliensis dictus. Victores Galli urbem intraverunt, ubi
nobilissimos senum in curulibus et honorum insigni- 5
bus primo ut deos venerati, deinde ut homines despi-
9 cati interfecere. Reliqua iuventus cum Manlio in Capitolium fugit, ubi obsessa Camilli virtute est servata.
Qui absens dictator dictus collectis reliquiis Gallos
10 improvisos internecione occidit. Populum Romanum 10
migrare Veios volentem retinuit. Sic et oppidum civibus et cives oppido reddidit.
24   Manlius ob defensum Capitolium Capitolinus dictus
2 sedecim annorum voluntarium militem se obtulit. Triginta septem militaribus donis a suis ducibus ornatus 15
3 viginti tres cicatrices in corpore habuit. Capta urbe
4 auctor in Capitolium confugiendi fuit. Quadam nocte
clangore anseris excitatus Gallos ascendentes deiecit.
5 Patronus a civibus appellatus et farre donatus. Domum etiam in Capitolio publice accepit. Qua super- 20
bia elatus cum a senatu suppressisse Gallicos thesauros
argueretur et addictos propria pecunia liberaret, regni
affectati ⟨suspectus⟩ in carcerem coniectus populi con-
6 sensu liberatus est. Rursus cum in eadem culpa et
gravius perseveraret, reus factus et ob conspectum 25
Capitolii ampliatus est. Alio deinde loco damnatus
et de saxo Tarpeio praecipitatus, domus diruta, bona
7 publicata. Gentilitas eius Manlii cognomen eiuravit.

9 reliquis *A γ*   10 improviso *Schroeter* improvisus *Faber*
improvidos *Klotz*   interemptione ξ a interruptione γ δ   13 Mal-
lius *C*   16 in pectore *vulgo*   17 fugiendi *codd. praeter p C η*
18 excitus *Schott*   20 Quo superbia e. *Freudenberg*   21 sup-
pressisset (sumpsisset δ) — augeretur *corr. in* argueretur *C*
sumpsisse . . argueret(ur ι κ μ) ι κ μ ξ o c n suppressisse triumphos
a sumpsisse triumphos *d* senatum .... argueret *Gruter*   22 regni
affectati in carcerem *A B* r. a. suspectus *ab altera manu supra-
scriptum n μ* ⟨s.⟩ *Klotz Wijga* r. aff. suspicione *vulgo*   25 ab
conspectu *A .(Schott)*   28 G. e. M. cognomine iuravit ne quis

Fidenates, veteres Romanorum hostes, ut sine spe 25
veniae fortius dimicarent, legatos ad se missos inter-
fecerunt; ad quos Quinctius Cincinnatus dictator missus
magistrum equitum habuit Cornelium Cossum, qui
5 Lartem Tolumnium ducem sua manu interfecit. De 2
eo spolia opima Iovi Feretrio secundus a Romulo
consecravit.

Publius Decius Mus bello Samnitico sub Valerio 26
Maximo et Cornelio Cosso consulibus tribunus militum
10 exercitu in angustiis Gauri montis insidiis hostium
clauso, accepto quod postulaverat praesidio in superiorem locum evasit, hostes terruit. Ipse intempesta 2
nocte per medias custodias somno oppressas incolumis
evasit. Ob hoc ab exercitu civica corona donatus est. 3
15 Consul bello Latino collega Manlio Torquato positis 4
apud Veserim fluvium castris, cum utrique consuli
somnio obvenisset eos victores futuros, quorum dux
in proelio cecidisset, tum collato cum collega somnio 5
cum convenisset, ut, cuius cornu in acie laboraret,
20 diis se manibus voveret, inclinante sua parte se et
hostes per Valerium pontificem diis manibus devovit.
Impetu in hostes facto victoriam suis reliquit.

Publius Decius Decii filius primo consul de 27
Samnitibus triumphans spolia ex his Cereri conse-

postea C. vocaretur *A B* nomen (*vel* praenomen) eiuravit *Schott*
Manlii Marci n. *Gruner* [ne quis ... vocaretur] *Schott glossema*
esse iudicavit.
  1 fidei Rom. *B* rei Rom. *Anna Fabri* assidui *Arntzen et*
Freudenberg fidei et Rom. *Gruner*   5 Laertem (Laerte *o*) *A B*
corr. *Schott*   7 consecravit. Hic bello S. (*nullo spatio inter-*
posito) *A B* Publius Decius *Wijga* P. D. Mus *vulgo*   10 Scauri
A   12 tenuit *Arntzen*   14 corona de quercu quae dabatur
ei qui cives in bello servasset [obsidionali scilicet aurea (lau-
rea *v*) quae dabatur ei qui obsidione cives liberasset *multi*
codd. class. D] *B* de quercu ... servasset *Schott glossema esse*
iudicavit   17 somno ειχ *Schroeter* somnium *Keil*   occidisset *A ε*   18 cum coll. somnio conv. *B*   20 sua parte ad hostes
A secum h. ϑμϱτυω   21 se vovit *o* vovit *p* donavit *C*   23 Decii — *A C*

2 cravit. Iterum et tertio consul multa domi militiae-
3 que gessit. Quarto consulatu cum Fabio Maximo,
cum Galli, Samnites, Umbri, Tusci contra Romanos
conspirassent, ibi exercitu in aciem ducto et cornu
inclinante exemplum patris imitatus advocato Marco 5
Livio pontifice hastae insistens et solemnia verba re-
4 spondens se et hostes diis manibus devovit. Impetu
5 in hostes facto victoriam suis reliquit. Corpus a collega laudatum magnifice sepultum est.

28   Titus Manlius Torquatus ob ingenii et linguae 10
tarditatem a patre rus relegatus, cum audisset ei diem
dictam a Pomponio tribuno plebis, nocte urbem petiit.
2 Secretum colloquium a tribuno impetravit et gladio
stricto omittere eum accusationem terrore multo com-
3 pulit. Sulpicio dictatore tribunus militum Gallum 15
provocatorem occidit. Torquem ei detractum cervici
4 suae indidit. Consul bello Latino filium suum, quod
contra imperium pugnasset, securi percussit. Latinos
apud Veserim fluvium Decii collegae devotione supe-
5 ravit. Consulatum recusavit, quod diceret neque se 20
populi vitia neque illum severitatem suam posse sufferre.

29   Reliquias Senonum Camillus persequebatur. Adversum ingentem Gallum provocatorem solus Valerius
2 tribunus militum omnibus territis processit. Corvus
ab ortu solis galeae eius insedit et inter pugnandum 25
ora oculosque Galli everberavit. Hoste victo Valerius
3 Corvinus dictus. Hinc cum ingens multitudo aere
alieno oppressa Capuam occupare tentasset et ducem
sibi Quinctium necessitate compulsum fecisset, sublato
aere alieno seditionem compressit.   30

---

2 Quarto consul *Klotz*   4 conspirassent ⟨et in Sentinate
castra collocassent⟩? *Wijga* in Sentinati exercitu *Freudenberg*   educto *Woelfflin*   cornu ⟨suo⟩ *Wijga*   12 Pompeio
Cι   14 mittere *Cη* dimittere *cett. codd. D*   16 detractam *p×ξ*
17 induit *ϑιϰλνξοω* tradidit *C*   20 [consulatum . . . sufferre]
Schott et Schroeter   22 cum Camillus *Arntzen*   23 Marcus
Valerius *A*   26 verberavit *B*

Titus Veturius et Spurius Postumius consules bel- 30
lum adversum Samnitas gerentes a Pontio Telesino
duce hostium in insidias inducti sunt. Nam ille si- 2
mulatos transfugas misit, qui Romanis dicerent Luce-
5 riam Apulam a Samnitibus obsideri, quo duo itinera
ducebant, aliud longius et tutius, aliud brevius et periculosius. Festinatio brevius eligit; itaque cum insi- 3
dias statuisset (qui locus Furculae Caudinae vocatur),
Pontius accitum patrem Herennium rogavit, quid fieri
10 placeret. Ille ait aut omnes occidendos, ut vires fran- 4
gerentur, aut omnes dimittendos, ut beneficio obliga-
rentur. Utroque improbato consilio omnes sub iugum
misit icto foedere, quod a Romanis postea improbatum
est. Postumius Samnitibus deditus nec receptus est. 5
15 Lucius Papirius, a velocitate Cursor, cum consu- 31
lem se adversis ominibus adversum Samnites progressum esse sensisset, ad auspicia repetenda Romam regressus edixit Fabio Rullo, quem exercitui praepone-
bat, ne manum cum hoste consereret. Sed ille 2
20 opportunitate ductus pugnavit. Reversus Papirius securi eum ferire voluit; ille in urbem confugit nec
supplicem tribuni tuebantur. Deinde pater lacrimis, 3
populus precibus veniam impetrarunt. Papirius de 4
Samnitibus triumphavit. Idem cum Praenestinum prae-
25 torem gravissime increpuisset. Expedi, inquit, lictor,

1 Gaius V. *B* 3 deducti οιϱσ seducli *D* 4 Romanos
dicerent *A* R. docerent *Schott* Luceriam apud Lanam *Cl*
apud lamam *vel* laniam *cett. codd. D* 7 eligi *A corr. Schott*
periculosius. Statim itaque cum insidias statuisset . . . qui *C*
periculosius. Festinantibus itaque cum i. st. *D* 9 C. Pontius
Schott 13 ex foedere *D* postea — *B* 15 velocitate ε *D*
dictatorem *Schott* [cos.]? *Wijga* 16 contra S. profectum *A*
Samnitas *Wijga* 17 regressurus *Keil* 18 Rutilio μω *Arntzen*
Gruner Rutiliano ιϰνο Rulliano *Schott* 19 conferret *C*
20 Papirius — *B* 24 Idem comes (Hetruscorum *p*) et iocorum cum prestudiosus nestinum praetorem *A* Idem dum *C*
Idem comis et iocorum stud. cum *Schott* Idem et iocorum studiosus? *Wijga*

5 secures. Et cum eum metu mortis attonitum vidisset, incommodam ambulantibus radicem excidi iussit.

32 Quintus Fabius Rullus, primus ex ea familia ob virtutem Maximus, magister equitum a Papirio ob Samnitem victoriam securi paene percussus, primum 5 de Apulis et Nucerinis, iterum de Samnitibus, tertio de Gallis Umbris Marsis atque Tuscis triumphavit. 2 Censor libertinos tribubus amovit. Iterum censor fieri noluit dicens non esse ex usu reipublicae eosdem cen- 3 sores saepius fieri. Hic primus instituit, uti equites 10 Romani Idibus Quinctilibus ab aede Honoris equis 4 insidentes in Capitolium transirent. Mortuo huic tantum aeris populi liberalitate congestum est, ut inde filius viscerationem et epulum publice daret.

33 Marcus Curius Dentatus primo de Samnitibus 15 triumphavit, quos usque ad mare superum perpacavit. 2 Regressus in contione ait: Tantum agri cepi, ut solitudo futura fuerit, nisi tantum hominum cepissem; tantum porro hominum cepi, ut fame perituri fuerint, 3 nisi tantum agri cepissem. Iterum de Sabinis trium- 20 4 phavit. Tertio de Lucanis ovans urbem introiit. Pyr- 5 rhum Epirotam Italia expulit. Quaterna dena agri 6 iugera viritim populo divisit. Sibi deinde totidem constituit dicens neminem esse debere, cui non tan- 7 tum sufficeret. Legatis Samnitum aurum offerentibus, 25 cum ipse in foco rapas torreret: Malo, inquit, haec in fictilibus meis esse et aurum habentibus imperare. 8 Cum interversae pecuniae argueretur, gutum ligneum, quo uti ad sacrificia consueverat, in medium protulit iuravitque se nihil amplius de praeda hostili domum 30 9 suam convertisse. Aquam Anienem de manubiis ho-

2 exscindi *A Schott*   3 Rutilius ιχτω Rutilianus λμνξυ 4 ob S. vict. — *B*   6 Lucerinis *Schott*   8 senatu *Machaneus* tribu *vett. edd. et Schott*   10 albis equis *A et ita Schott* alti equis *Lipsius*   12 mortuo hoc *Gruner*   14 epulas. *D*   15 Manius *Schott*   21 introivit *D*   22 septena *Klotz*   24 esse debere civem *Schott*   26 rapam *A C* rapa *Schott*   hoc *A C* 28 cadum *D* catillum *Schroeter*

stium in urbem induxit. Tribunus plebis patres aucto- 10
res fieri coegit comitiis, quibus plebei magistratus
creabantur. Ob haec merita domus ei apud Tiphatam
et agri iugera quingenta publice data.

5 Appius Claudius Caecus in censura libertinos 34
quoque in senatum legit. Epulandi cantandique ius
tibicinibus in publico ademit. [Duae familiae ad Her- 2
culis sacra sunt destinatae, Potitiorum et Pinariorum.]
Potitios Herculis sacerdotes pretio corrupit, ut sacra
10 Herculea servos publicos edocerent: unde caecatus est,
gens Potitiorum funditus periit. Ne consulatus cum 3
plebeiis communicaretur, acerrime restitit. Ne Fabius 4
solus ad bellum mitteretur, contradixit. Sabinos, Sam- 5
nitas, Etruscos bello domuit. Viam usque Brundisium 6
15 lapide stravit, unde illa Appia dicitur. Aquam Anie- 7
nem in urbem induxit. Censuram solus omnium quin- 8
quennio obtinuit. Cum de pace Pyrrhi ageretur et
gratia potentum per legatum Cineam pretio quaerere-
tur, senex et caecus lectica in senatum latus turpissi-
20 mas condiciones magnifica oratione discussit.

Pyrrhus rex Epirotarum, materno genere ab Achille, 35
paterno ab Hercule oriundus, cum imperium orbis
agitaret et Romanos potentes videret, Apollinem de
bello consuluit. Ille ambigue respondit: 2

25 *Aio te, Aeacida, Romanos vincere posse.*

Hoc dicto in voluntatem tracto auxilio Tarentino- 3
rum bellum Romanis intulit. Laevinum consulem

1 introduxit δ   tribunos . . . se auctore *A* tribunos *Cη*
2 plebeius . . creabatur *D*   3 Tifata *Klotz*   6 decantandique *B*
7 [Duae . . . Pinariorum] *Klotz et Keil* Quae fam. . . . Potitiorum pretio corr. *Schott* fuerant destinatae *Schroeter*   10 Herculea *Cνξπσ* Herculanea, -ana, -aria *cett. codd.*   11 Ne pontificatus et auguratus cum *vel* ne sacerdotia cum *Schott*   15 lapidibus *B* (*praeter ἑη*; — ζμ)   Anienis *A* Appiam *vel* Clau-
diam *Schott* A. novam *vel* denuo *Schroeter* [Anienem] *Klotz*
dicitur— *B* dicta *vulgo*   16 introduxit *Cη*   17 tractaretur *p*
22 materno *o* paterno-materno *Schott Schroeter*   25 Aeacidem
C   26 Tarentinis *D* consilio a Tarentinis *C*

4 apud Heracleam elephantorum novitate turbavit. Cumque Romanos adversis vulneribus occisos videret: Ego, inquit, talibus militibus brevi orbem terrarum subigere
5 potuissem. Amicis gratulantibus: Quid mihi cum tali
6 victoria, inquit, ubi exercitus robur amittam? Ad 5 vicesimum ab urbe lapidem castra posuit; captivos
7 Fabricio gratis reddidit. Viso Laevini exercitu eandem sibi ait adversum Romanos, quam Herculi ad-
8 versus hydram, fuisse fortunam. A Curio et Fabricio
9 superatus Tarentum refugit, in Siciliam traiecit. Mox 10 in Italiam Locros regressus pecuniam Proserpinae
10 avehere tentavit, sed ea naufragio relata est. Tum in Graeciam regressus, dum Argos oppugnaret, ictu te-
11 gulae prostratus est. Corpus ad Antigonum regem Macedoniae relatum magnifice sepultum. 15

36 Vulsinii, Etruriae nobile oppidum, luxuria paene perierunt. Nam cum temere servos manumitterent, dein in curiam legerent, consensu eorum oppressi.
2 Cum multa indigna paterentur, clam a Roma auxilium petierunt, missusque Decius Mus libertinos omnes 20 aut in carcere necavit aut dominis in servitutem restituit.

3 viris *Schott*   7 gratus *A*   10 confugit *p* profugit ιϰϰτ inde in *Sylburg*   12 elata ζημτυρ (ell.) electa ι data π 13 reversos Marsos oppugnavit *o* regr. Marsos oppugnat *p* 15 *In A haec sequuntur ex historia miscella* II 17 *desumpta:* Pyrrhus cum secundo proelio a Romanis esset pulsus Tarentum, interiecto anno contra Pyrrhum Fabricius missus est, qui prius inter legatos sollicitari non poterat quarta regni parte promissa. Tunc cum vicina castra ipse et rex haberent, medicus Pyrrhi nocte ad eum venit promittens se Pyrrhum veneno occisurum, si sibi quidquam pollicitaretur; quem Fabricius vinctum reduci iussit ad dominum Pyrrhoque dici, quae contra caput eius medicus spopondisset. Tum rex admiratus eum dixisse fertur: ille est Fabricius, qui difficilius ab honestate, quam sol a suo cursu averti posset   16 Item Vuls. *A* 18 dein c. *A* dum in c. *D* dein in c. *Schott*   suorum *C* servorum *D*   19 clam Roma ε Romam γ Romae *D*   20 omnes superavit necavit i. c. *A* omnes superavit, in carcere necavit *Schott* omnes superatos aut in c. necavit *Klotz* superavit et *Wijga*

Appius Claudius victis Vulsiniensibus cognomento 37
Caudex dictus frater Caeci fuit. Consul ad Mamer- 2
tinos liberandos missus, quorum arcem Carthaginienses et Hiero rex Syracusanus obsidebant. Primo ad 3
5 explorandos hostes fretum piscatoria nave traiecit et
cum duce Carthaginiensium egit, ut praesidium arce
deduceret. Regium regressus quinqueremem hostium 4
copiis pedestribus cepit; ea legionem in Siciliam tra-
duxit. Carthaginienses Messana expulit. Hieronem 5
10 proelio apud Syracusas in deditionem accepit, qui eo
periculo territus Romanorum amicitiam petiit iisque
postea fidelissimus fuit.

Gnaeus Duellius primo Punico bello dux contra 38
Carthaginienses missus, cum videret eos multum mari
15 posse, classem validam fabrefecit et manus ferreas
cum irrisu hostium primus instituit; sic inter pugnandum hostium naves apprehendit, qui victi et capti
sunt. Himilco dux classis Carthaginem fugit et a 2
senatu quaesivit, quid faciendum censerent. Omnibus, 3
20 ut pugnaret, acclamantibus: Feci, inquit, et victus
sum. Sic poenam crucis effugit; nam apud Poenos
dux male re gesta puniebatur. Duellio concessum est, 4
ut praelucente funali et praecinente tibicine a cena
publice rediret.

25 Atilius Calatinus, dux adversum Carthaginienses 39
missus, ex maximis et munitissimis civitatibus Enna

---

2 Gaudex *A* audax *D*, —*C* frater dicti Caeci *A* [cogno-
mento] *Wijga* victis Carthaginiensibus *Machaneus* [victis Vul-
siniensibus] *Arntzen* 3 missus est *D* 4 primus *A* 6 in
arce (arcem *o*) duceret *A* 7 arce duceret *C* deduceret (-rent,
-retur) *D* 13 Gaius *Schott* Duellius *A λ σ cett. codd. varie*
14 in mari *A* 15 classem val. quam f. *o* cl. magis v. quam
f. *C* magis val. quam decoram f. *D* et quas corvos vocavere
manus f. *vulgo* 16 risu *A* sic quod inter *vel* qui inter *D*
quibus inter *vulgo* 17 naves triginta appr. tredecim mersit,
qui *A* 18 Hannibal *Schott* aufugit *p* 22 Duellio *A cett.
codd. varie* 24 publica *A C* 26 ex —*B* Herna *A* Ema
C Ethna Etna Aetna *D* Enna *Schott*

48 INCERTI AUCTORIS

2 Drepano Lilybaeo hostilia praesidia deiecit. Panor-
mum cepit. Totamque Siciliam pervagatus paucis navibus magnam hostium classem duce Hamilcare supe-
3 ravit. Sed cum ad Catinam ab hostibus obsessam
festinaret, a Poenis in angustiis clausus est, ubi tri- 5
bunus militum Calpurnius Flamma acceptis trecentis
sociis in superiorem locum evasit, consulem liberavit;
4 ipse cum trecentis pugnans cecidit. Postea ab Atilio
semianimis inventus et sanatus magno postea terrori
hostibus fuit. Atilius gloriose triumphavit. 10

40   Marcus Atilius Regulus consul fusis Sallentinis
triumphavit primusque Romanorum ducum in Africam classem traiecit. Ea quassata de Hamilcare naves
2 longas tres et sexaginta cepit. Oppida ducenta et
hominum ducenta milia cepit. Absente eo coniugi 15
eius et liberis ob paupertatem sumptus publice dati.
3 Mox arte Xanthippi Lacedaemonii mercenarii militis
4 captus in carcerem missus. Legatus de permutandis
captivis Romam missus dato iureiurando, ut, si impe-
trasset, ita demum non rediret, in senatu condicionem 20
dissuasit reiectisque ab amplexu coniuge et liberis
Carthaginem regressus, ubi in arcam ligneam coniectus
clavis introrsum adactis vigiliis ac dolore punitus est.

41   Quintus Lutatius Catulus primo Punico bello
trecentis navibus adversum Poenos profectus sexcentas 25
eorum naves commeatibus et aliis oneribus impeditas
duce Hannone apud Aegatas insulas inter Siciliam et

3 sub duce A [totamque...superavit] Schott   4 Cathinam o
Cathynam p Cecinam Cecinnam CD Camarinam Arntzen Ca-
merinam Wijga   6 Calpurnius P flāmā δ per flammam multi
codd. class. D   8 et postea B   13 classe B   aquassatas ζη
aquassatā̃ F aquassata cett. codd. B ea quassatas Fiedler
duce Ham. vett. edd. Klotz Keil   14 accepit B   15 vicena aut
tricena milia Schott   cepit — A   19 si non imp., ita demum
rediret D denuo Peter   21 ab amplexu ⟨suo⟩ Klotz ab eo C
a se D   23 actis A peremptus est Woelfflin   24 Gaius Schott
26 CD eorum naves Schott CVI Schroeter   et comm. A   27 Hamilcare (Amilcare Almicare) Himilcone B   Aegates D assadas d

Africam depressit aut cepit finemque bello imposuit. Pacem petentibus hac condicione concessit, ut Sicilia, 2 Sardinia et ceteris insulis inter Italiam Africamque decederent, Hispania citra Hiberum abstinerent.

5 Hannibal, Hamilcaris filius, novem annos natus, 42 a patre aris admotus odium in Romanos perenne iuravit. Exinde socius et miles in castris patri fuit. Mor- 2 tuo eo causam belli quaerens Saguntum Romanis foederatam intra sex menses evertit. Tum Alpibus 10 patefactis in Italiam traiecit. P. Scipionem apud Ti- 3 cinum, Sempronium Longum apud Trebiam, Flaminium 4 apud Trasimenum, Paullum et Varronem apud Cannas superavit. Cumque urbem capere posset, in Cam- 5 paniam devertit, cuius deliciis elanguit. Et cum ad 6 15 tertium ab urbe lapidem castra posuisset, tempestatibus repulsus, primum a Fabio Maximo frustratus, deinde a Valerio Flacco repulsus, a Graccho et Marcello fugatus, in Africam revocatus, a Scipione superatus, ad Antiochum regem Syriae confugit eumque 20 hostem Romanis fecit; quo victo ad Prusiam regem Bithyniae concessit; unde Romana legatione repetitus hausto, quod sub gemma anuli habebat, veneno absumptus est, positus apud Libyssam in arca lapidea, in qua hodieque inscriptum est: Hannibal hic si- 25 tus est.

Quintus Fabius Maximus Cunctator, Verruco- 43 sus a verruca in labris sita, Ovicula a clementia morum dictus, consul de Liguribus triumphavit. Hanni- 2

---

4 ab Hispania *A* ut abst. *A* 5 undecim annos *A ζ η ϑ λ ν* XII a. *Cv* XX a. *o* novem annos *cett. codd. D vulgo* 7 Octo post mortem eius annis mortuo Asdrubale *Schott* 9 confoederatam *C* confederatum *η* foederatum *D* novem menses *Posner* 14 divertit *A B* dev. *vulg.* 16 fractus est *A* fractus *Schott* mora fractus? *Wijga* 21 petitus per Titum Quintium (quintum *o*) Flamineum, ne Romanis traderetur *A* per T. Fl. repetitus ne R. tr. *Schott* 23 Libyssam in fine Nicomediensium *A* 24 cui *A* 26 ut Verr. a v. in labris, ita Ov. *D*, *C mutilat.* 28 dictus — *B*

3 balem mora fregit. Minucium magistrum equitum imperio sibi aequari passus est; nihilo minus pericli-
4 tanti subvenit. Hannibalem in agro Falerno inclusit.
5 Marium Statilium transfugere ad hostes volentem equo et armis donatis retinuit, et Lucano cuidam fortis- 5 simo ob amorem mulieris infrequenti eandem emptam
6 dono dedit. Tarentum ab hostibus recepit, Herculis signum inde translatum in Capitolio dedicavit. De
7 redemptione captivorum cum hostibus pepigit; quod pactum cum a senatu improbaretur, fundum suum du- 10 centis milibus vendidit et fidei satisfecit.

44 Publius Scipio Nasica, a senatu vir optimus
2 iudicatus, Matrem deum hospitio recepit. Is cum adversum auspicia consulem se a Graccho nominatum
3 comperisset, magistratu se abdicavit. Censor statuas, 1 quas sibi quisque in foro per ambitionem ponebat,
4 sustulit. Consul Delminium urbem Dalmatarum ex-
4 pugnavit. Imperatoris nomen a militibus et a senatu triumphum oblatum recusavit. Eloquentia primus, iuris scientia consultissimus, ingenio sapientissimus, 20 unde vulgo Corculum dictus.

45 Marcus Marcellus Viridomarum, Gallorum ducem,
2 singulari proelio fudit. Spolia opima Iovi Feretrio
3 tertius a Romulo consecravit. Primus docuit, quo-
4 modo milites cederent nec terga praeberent. Hanni- 2 balem apud Nolam locorum angustia adiutus vinci
5 6 docuit. Syracusas per tres annos expugnavit. Et cum per calumniam triumphus a senatu negaretur, de sua
7 sententia in Albano monte triumphavit. Quinquies consul

---

4 Manlium *Cϑμν Schott* Marsum? *Schott Klotz* hostem
A et equo *A* 5 donatus *A C* 10 quae pactio *A* repro-
baretur *C* 11 fidei suae *A* 13 dum adversus au. *C* 17 Del-
matarum *Klotz* 22 vir Romanus *C multi codd. D* vir Viridomarum *v* Viriomatum Briomatum Briomacum Biomatum *cett.*
codd. D Virdumarum *Schott* 23 Spolia . . . Hannibalem *in*
codd. class. C et D om. vel corrupt. praeberent. Spolia etiam legit
26 apud Nolam loc. ang. *Greionius* 27 post tres annos *vel*
potius inclusas per tr. a *Wijga*

insidiis Hannibalis deceptus et magnifice sepultus. Ossa 8
Romam remissa a praedonibus intercepta perierunt.

Hannibale Italiam devastante ex responso librorum 46
Sibyllinorum Mater deum a Pessinunte arcessita cum
5 adverso Tiberi veheretur, repente in alto stetit. Et
cum moveri nullis viribus posset, ex libris cognitum castissimae demum feminae manu moveri posse.
Tum Claudia virgo Vestalis falso incesti suspecta 2
deam oravit, ut, si pudicam sciret, sequeretur, et zona
10 imposita navem movit. Simulacrum Matris deum, dum 3
templum aedificatur, Nasicae, qui vir optimus iudica-
batur, quasi hospiti datum.

Marcus Porcius Cato, genere Tusculanus, a Va- 47
lerio Flacco Romam sollicitatus, tribunus militum in
15 Sicilia, quaestor sub Scipione fortissimus, praetor iu-
stissimus fuit: in praetura Sardiniam subegit, ubi ab
Ennio Graecis litteris institutus. Consul Celtiberos 2
domuit et, ne rebellare possent, litteras ad singulas
civitates misit, ut muros diruerent. Cum unaquaeque 3
20 sibi soli imperari putaret, fecerunt. Syriaco bello tribunus militum sub M. Acilio Glabrione occupatis Ther-
mopylarum iugis praesidium hostium depulit. Censor 4
L. Flaminium consularem senatu movit, quod ille in
Gallia ad cuiusdam scorti spectaculum eiectum quen-
25 dam e carcere in convivio iugulari iussisset. Basili- 5
cam suo nomine primus fecit. Matronis ornamenta 6
erepta Oppia lege repetentibus restitit. Accusator 7

1 deceptus ⟨interēptus⟩ *Wijga* 4 e Pessinunte *aliquot codd.*
B Pess. *Klotz* 5 in alveo *Gruter (Schroeter, Klotz)* in vado
Wijga 9 si ⟨se⟩ p. sc. *Freudenberg* sciret ⟨se⟩ seq. *Wijga*
10 deum tum *A* tum *in* dum *corr. Schott* deum templum . . .
datur *C* deum eduxit [adduxit advexit] *D* aedificavit Nasica *D*
quasi h. datur — *D* 16 obtinuit *vel* sortitus est *vel* rexit *vel*
delegit *Schott* [subegit] *Anna Fabri* sorte egit *Arntzen* sub-
cepit *Schroeter* 20 solum sibi *C* 21 tr. m. factus *A* M˙
Schott gloriose *γε* 23 Flamininum *vulgo* consulem *A*
24 in cuiusdam *Klotz* eductum *vulgo* 25 [in convivio]
Klotz iussit *A* 27 restitit *γι vulgo* restituit *AεD Keil*

4*

assiduus malorum Galbam octogenarius accusavit, ipse
8 quadragies quater accusatus gloriose absolutus. Car-
9 thaginem delendam censuit. Post octoginta annos filium genuit. Imago huius funeris gratia produci solet.
48 Hasdrubal, frater Hannibalis, ingentibus copiis in 5
Italiam traiecit, actumque erat de Romano imperio, si
2 iungere se Hannibali potuisset. Sed Claudius Nero,
qui in Apulia cum Hannibale castra coniunxerat, relicta in castris parte cum delectis ad Hasdrubalem
properavit et se Livio collegae apud Senam oppidum 10
et Metaurum flumen coniunxit amboque Hasdrubalem
3 vicerunt. Nero regressus pari celeritate, qua venerat,
caput Hasdrubalis ante vallum Hannibalis proiecit.
4 Quo ille viso vinci se fortuna Carthaginis confessus.
5 Ob haec Livius triumphans, Nero ovans urbem intro- 15
ierunt.
49 Publius Scipio ex virtute Africanus dictus, Iovis
filius creditus: nam antequam conciperetur, serpens in
lecto matris eius apparuit, et ipsi parvulo draco cir-
2 cumfusus nihil nocuit. In Capitolium intempesta nocte 20
3 euntem nunquam canes latraverunt. Nec hic quicquam
prius coepit, quam in cella Iovis diutissime sedisset,
4 quasi divinam mentem acciperet. Decem et octo annorum patrem apud Ticinum singulari virtute serva-
5 vit. Clade Cannensi nobilissimos iuvenes Italiam de- 25
6 serere cupientes sua auctoritate compescuit. Reliquias
incolumes per media hostium castra Canusium per-
7 duxit. Viginti quattuor annorum praetor in Hispaniam
8 missus Carthaginem, qua die venit, cepit. Virginem

4 solius *vel* unius *Schott* gratia e curia *Pighi* 5 *Cap.* 48
in C deest 7 iungere castra ι iungere copias ξ coniungere H.
copias *Schott* 9 cum electis *A Klotz* 11 Metaurumque fluvium *A* 12 qua iverat *A Schott* ierat λ 17 ex virtutibus
nominatus Afr. *B* 18 creditur *Schott* 21 eunti . . latr. *A*
Machaneus allatraverunt *Schott* eunte . . latr. *Voss* 23 accepisset *B vulgo* 24 Publium Cornelium patrem *A* 25 Clade
C. reliquias inc. p. m. h. c. C. perduxit. Nobilissimos iuv.
Schott 29 Carthaginem novam ξ *Schott*

pulcherrimam, ad cuius adspectum concurrebatur, ad
se vetuit adduci patrique eius sponsor astitit. Hasdru- 9
balem Magonemque, fratres Hannibalis, Hispania expulit. Amicitiam cum Syphace, Maurorum rege, con- 10
5 iunxit. Massinissam in societatem recepit. Victor do- 11 12
mum regressus consul ante annos factus concedente
collega in Africam classem traiecit. Hasdrubalis et 13
Syphacis castra una nocte perrupit. Revocatum ex 14
Italia Hannibalem superavit. Victis Carthaginiensibus 15
10 leges imposuit. Bello Antiochi legatus fratri fuit; 16
captum filium gratis recepit. A Petillio Actaeo tri- 17
buno plebis repetundarum accusatus librum rationum
in conspectu populi scidit: Hac die, inquit, Carthaginem vici; quare, bonum factum, in Capitolium eamus
15 et diis supplicemus! Inde in voluntarium exilium 18
concessit, ubi reliquam egit aetatem. Moriens ab uxore 1 9
petiit, ne corpus suum Romam referretur.

Livius Salinator primo consul de Illyriis trium- 50
phavit, deinde ex invidia peculatus reus ab omnibus
20 tribubus excepta Metia condemnatus. Iterum cum 2
Claudio Nerone inimico suo consul, ne respublica
discordia male administraretur, amicitiam cum eo iunxit et de Hasdrubale triumphavit. Censor cum eodem 3
collega omnes tribus excepta Metia aerarias fecit, sti-
25 pendio privavit eo crimine, quod aut prius se iniuste

1 conspectum *C* ξ   2 et sponso restituit ω ac sponso restitui iussit *Schott* ac sp. restitui *Arntzen* ac (et *Klotz*) sp. restituit *Wachler*   3 fratrem *Schroeter Keil*   7 classe *aliquot*
codd. *D*   11 Petilio Petreio *C* Aceo Actio accio atteio atreio
aceo *D* a Petilliis Naevio *Schott* Petilliis an Naevio *Anna Fabri*
Petillio ac Naevio *Schroeter* [Ateio] *Hertz*   14 quare o*C*η*v*
quoniam bonum factum *p* quam λ quasi *cett. codd.* *D* bene
factum η λ vici bonum f. *Schott* vici Quirites, b. f. *Klotz* bonum factum, quare *Opitz*   19 tamen ex inv. *A* ex invidia
tamen *C* deinde ex i. *D* tandem ex i. *Schott* Tum ex i. *Klotz*
20 Metia *vel* Mecia *codd.* Maecia *Wijga*   23 et victo H. *A*
de victo H. *Schott* devicto H. *Pitiscus Klotz*   24 stipendio-
rum *A*   25 eo nomine *Arntzen*

condemnassent aut postea tantos honores non recte
tribuissent.

51 Quintus Flaminius, Flaminii, qui apud Trasu-
menum periit, filius, consul Macedoniam sortitus, ducibus Charopae principis pastoribus provinciam ingressus 5
2 regem Philippum proelio fudit, castris exuit. Filium
eius Demetrium obsidem accepit, quem pecunia mulc-
3 tatum in regnum restituit. A Nabide quoque Lace-
4 daemonio filium obsidem accepit. †Ludos Iunonis Sa-
5 miae per praeconem pronuntiavit. Legatus etiam ad 10
Prusiam, ut Hannibalem repeteret, missus.

52 Quintus Fulvius Nobilior consul Vettonas Ore-
2 tanosque superavit, unde ovans urbem introiit. Consul
Aetolos, qui bello Macedonico Romanis affuerant, post
ad Antiochum defecerant, proeliis frequentibus victos 15
et in Ambraciam oppidum coactos in deditionem accepit, tamen signis tabulisque pictis spoliavit; de qui-
3 bus triumphavit. Quam victoriam per se magnificam
Ennius amicus eius insigni laude celebravit.

53 Scipio Asiaticus, frater Africani, infirmo corpore, 20
tamen in Africa virtutis nomine a fratre laudatus,
consul Antiochum regem Syriae legato fratre apud
Sipylum montem, cum arcus hostium pluvia hebetati

---

3 Flamininus *Schott* [Flaminii . . . . filius] *Schott* Trasimenum Transimenum *codd. praeter p* 5 Carope *B* Charopi?
Wijga Caropi *Schott* Charopis *Gryphius* 10 praenunciavit *p*
iunoni *B* (iunonis ānue *δ*) — Liberos etiam Graecos Nemeae p.
p. *vett. edd.* Liberos esse Gr. Nemeae *Schroeter* Ludos Iunoni
Samiae, liberos etiam Gr. Nemeae p. p. *amicus Schotti* Samiae ***
per pr. *Opitz* 11 Prusiam regem Bithyniae *A* peteret *A*
Idem postea proconsul Philippum bellum renovantem et cum
eo Trachas Macedonas Illyrios multasque gentes partium ipsius
bello subegit + *A* 12 Marcus *Schott et omnes edd.* praetor
Pighius ettonas suritanosque *A* ecthonas horecanosque (hir. *γ*)
C etholos oretanosque *D* Vectones Oretanosque *Pighius* Vetto-
nas O. *Schott* Praetor Hispanos sup. *Sigonius* 14 aetolas *A*
Con atheos *B* Consul Aetolos Ambraciotasque *Schott* Romanis — *B* fuerant *C* interfuerant *D* · 17 tum *p* tantum *ϑ*
Schott 19 Memius *Cη* m. ennius *ζϑλνοω* Q. E. *vulgo*

fuissent, vicit et regni parte privavit: hinc Asiaticus
dictus. Post reus pecuniae interceptae, ne in carcerem 2
duceretur, Gracchus pater tribunus plebis, inimicus
eius, intercessit. M. Cato censor equum ei ignominiae
5 causa ademit.

Antiochus, rex Syriae, nimia opum fiducia bellum 54
Romanis intulit, specie Lysimachiae repetundae, quam
a maioribus suis in Thracia conditam Romani possi-
debant, statimque Graeciam insulasque eius occupavit.
10 In Euboea luxuria elanguit. Adventu M. Acilii Gla- 2
brionis excitatus Thermopylas occupavit, unde industria Marci Catonis eiectus in Asiam refugit. Navali 3
proelio, cui Hannibalem praefecerat, a L. Aemilio Re-
gillo superatus filium Scipionis Africani, quem inter
15 navigandum ceperat, patri remisit, qui ei quasi pro
reddenda gratia suasit, ut amicitiam Romanam peteret. Antiochus spreto consilio apud Sipylum montem 4
cum L. Scipione conflixit. Victus et ultra Taurum
montem relegatus a sodalibus, quos temulentus in
20 convivio pulsarat, occisus est.

Gaius Manlius Vulso missus ad ordinandam Sci- 55
pionis Asiatici provinciam cupidine triumphi bellum
Pisidis et Gallograecis, qui Antiocho affuerant, intulit.
His facile victis inter captivos uxor regis Orgiagontis 2
25 centurioni cuidam in custodiam data; a quo vi stuprata de iniuria tacuit et post impetrata redemptione
marito adulterum interficiendum tradidit.

1 regni reiecti a patre pr. ε reiecti et patre parte γ regni
rel. parte ζηϑ reg. rel. priv. ι al. reg. rel. a patre parte vulgo
2 dictus. Hic cum Boiorum gente conflixit. In quo proelio
viginta milia hostium interemit + A   3 plebis (licet in. in
margine adscript.) eius p inimicus eius — B quamvis in.? Wijga
7 in specie o in spem p spem C spe ηϰ   repetendae codd.
praeter p   8 a maioribus eius Keil   quondam Romani A B
conditam vulgo quondam conditam? Wijga   10 marci — B
exc. η   11 exercitus C partim exercitus partim excitus D ex-
pergitus Gronovius   15 quasi — A   19 a sodal. suis A   20 pul-
saverat B   21 Gneus D

56 Lucius Aemilius Paullus, filius eius, qui apud
Cannas cecidit, primo consulatu, quem post tres re-
2 pulsas adeptus erat, de Liguribus triumphavit. Rerum
gestarum ordinem in tabula pictum publice posuit.
3 Iterum consul Persen Philippi filium regem Macedo-
num apud Samothracas deos cepit; quem victum flevit et assidere sibi iussit, tamen in triumphum duxit.
4 In hac laetitia duos filios amisit et progressus ad
populum gratias fortunae egit, quod, si quid adversi
reipublicae imminebat, sua esset calamitate decisum.
5 Ob haec omnia ei a populo et a senatu concessum
6 est, ut ludis Circensibus triumphali veste uteretur. Ob
huius continentiam et paupertatem post mortem eius
dos uxori nisi venditis possessionibus non potuit ex-
solvi.

57 Tiberius Sempronius Gracchus nobilissima familia ortus Scipionem Asiaticum quamvis inimicum
2 duci in carcerem non est passus. Praetor Galliam
domuit, consul Hispaniam, altero consulatu Sardiniam;
tantumque captivorum adduxit, ut longa venditione
3 res in proverbium veniret „Sardi venales". Censor libertinos, qui rusticas tribus occuparant, in quattuor ur-
banas divisit; ob quod a populo collega eius Claudius
(nam ipsum auctoritas tuebatur) reus factus; et cum
eum duae classes condemnassent, Tiberius iuravit se
cum illo in exilium iturum: ita reus absolutus est.
4 Cum in domo Tiberii duo angues e geniali toro erep-
sissent, responso dato eum de dominis periturum,

1 Paulus *AB*   2 ex primo c. *Oudendorp*   repulsas egerat (aegerat *o*) *A* aegre adeptus erat *Pighi*   4 proposuit
Schott   6 deos — *B vulgo*   cepit, victum flevit assidere *A*
cepit, v. fl. et ass. *Schott*   10 erat decisum *p*   13 cōtiam,
cortiā *C* licentiam *D*   18 Praetor Hisp. obtinuit et altero
consulatu Sardiniam, quam primum consul domuerat tantumque captivorum adduxerat *Schott* tantumque numerum *A*
Klotz   21 venerit λ *Helmreich*   23 a Popillio *Schott* apud
populum *Wijga*   gaius Claudius *C*   27 repsissent *B* serpsis-
sent *Klotz*

cuius sexus anguis fuisset occisus, amore Corneliae
coniugis marem iussit interfici.

Publius Scipio Aemilianus, Paulli Macedonici 58
filius, a Scipione Africano adoptatus, in Macedonia
5 cum patre agens victum Persen tam pertinaciter persecutus est, ut media nocte in castra redierit. Lucullo 2
in Hispania legatus apud Intercatiam oppidum provocatorem singulari proelio vicit. Muros hostilis civita- 3
tis primus ascendit. Tribunus in Africa sub T. Ma- 4
10 nilio imperatore octo cohortes obsidione vallatas consilio et virtute servavit, a quibus corona obsidionali
aurea donatus. Cum aedilitatem peteret, consul ante 5
annos ultro factus Carthaginem intra sex menses delevit. Numantiam in Hispania correcta prius militum 6
15 disciplina fame vicit; hinc Numantinus. Gaio Laelio 7
plurimum usus; ad reges adeundos missus duos secum
praeter eum servos duxit. Ob res gestas superbus 8
Gracchum iure caesum videri respondit; obstrepente
populo: Taceant, inquit, quibus Italia noverca, non
20 mater est; et addidit: Quos ego sub corona vendidi.
Censor Mummio collega segniore in senatu ait: Uti- 9
nam mihi collegam aut dedissetis aut non dedissetis.
Suscepta agrariorum causa domi repente exanimis in- 10
ventus obvoluto capite elatus, ne livor in ore appa-
25 reret. Huius patrimonium tam exiguum ⟨fuit⟩, ut 11
XXXII libras argenti, duas et semilibram auri reliquerit.

Aulus Hostilius Mancinus praetor adversum 59
Numantinos vetantibus avibus et nescio qua voce re-
vocante profectus, cum ad Numantiam venisset, exer-
30 citum Pompei acceptum prius corrigere decrevit et
solitudinem petiit. Eo die Numantinis forte sollemni 2

---

4 Scipionis Africani filio ιϰτχ *Klotz* Scipione Africani
filio *Keil*   9 sub Tito Mallio *A*ϰ Manlic *C*ζι*v*ξω M' Manilio
Schott   15 hinc N. dictus *Schott*   25 fuit — *A B* fuit *edd.*
27 Tullius *vel* Tullus *aliquot codd.* D Gaius *Schott*   praetor — *A* consul *Schott*   30 Popillii *Schott*   decrevit. inde *Schott*
31 Numantini *o*

nuptum filias locabant; et unam speciosam duobus
competentibus pater puellae condicionem tulit, ut ei
3 illa nuberet, qui hostis dexteram attulisset. Profecti
iuvenes abscessum Romanorum in modum fugae pro-
perantium cognoscunt, rem ad suos referunt. Illi sta- 5
tim quattuor milibus suorum viginti milia Romanorum
4 ceciderunt. Mancinus auctore Tiberio Graccho quae-
store suo in leges hostium foedus percussit; quo per
senatum improbato Mancinus Numantinis deditus nec
receptus, augurio in castra deductus, praeturam postea 10
consecutus est.

60 Lucius Mummius, devicta Achaia Achaicus dictus,
consul adversum Corinthios missus victoriam alieno
2 labore quaesitam intercepit. Nam cum illos Metellus
Macedonicus apud Heracleam fudisset et duce Critolao 15
privasset, cum lictoribus et paucis equitibus in Metelli
castra properavit et Corinthios apud Leucopetram vicit
duce Diaeo, qui domum refugit eamque incendit, coniugem interfecit et in ignem praecipitavit, ipse veneno
3 interiit. Mummius Corinthum signis tabulisque spo- 20
liavit; quibus cum totam replesset Italiam, in domum
suam nihil contulit.

61 Quintus Caecilius Metellus, domita Macedonia
Macedonicus dictus, praetor Pseudophilippum, qui
2 idem Andriscus dictus est, vicit. Achaeos bis proelio 25
3 fudit triumphandos Mummio tradidit. Invisus plebi
ob nimiam severitatem et ideo post duas repulsas con-
4 sul aegre factus Arbacos in Hispania domuit. Apud
Contrebiam oppidum cohortes loco pulsas redire et

1 nuptu *Cζϱ* nuptui *multi codd. cl. D* 3 retulisset *vulgo*
rett. *Klotz* 5 et ad suos *AζϑΛμ* 8 suo —*B* 9 redditus
nec repetitus agño (genero *p*) *A* a genero (gño *γ*) *CνξοπφχΩ*
reductus *A* ductus *ζ* 12 dictus — *C Schott* dictus consul —*D*
20 periit *aliquot codd. D Arntzen* excepto ipso nemo *μο* accepto ipse veneno interiit *Greionius* 22 intulit *ιμ Oudendorp*
23 a dom. *D* 24 dictus —*B* 28 Arbactos *A* Arevacos
Schott 29 Cantabriam *A* Cetebriam *C*; *codd. D varie corrupti;
corr. Colinaeus* V cohortes *Wijga*

locum recipere iussit. Cum omnia proprio et subito 5
consilio ageret, amico cuidam, quid acturus esset, ro-
ganti: Tunicam, inquit, meam exurerem, si eam con- 6
silium meum scire existimarem. Hic quattuor filio-
5 rum pater supremo tempore humeris eorum ad sepulcrum latus est; ex quibus tres consulares, unum etiam
triumphantem vidit.

Quintus Caecilius Metellus Numidicus, qui 62
de Iugurtha rege triumphavit, censor Quintium, qui
10 se Tiberii Gracchi filium mentiebatur, in censum non
recepit. Idem in legem Apuleiam per vim latam 2
iurare noluit, quare in exilium actus Smyrnae exulavit. Calidia deinde rogatione revocatus cum ludis 3
forte litteras in theatro accepisset, non prius eas le-
15 gere dignatus est, quam spectaculum finiretur. Metellae 4
sororis suae virum laudare noluit, quod is olim iudicium contra leges detrectarat.

Quintus Metellus Pius, Numidici filius, Pius, 63
quia patrem lacrimis et precibus assidue revocavit,
20 praetor bello sociali Q. Popedium Marsorum ducem
interfecit. Consul in Hispania Herculeios fratres op- 2
pressit, Sertorium Hispania expulit. Adolescens in 3
petitione praeturae et pontificatus consularibus viris
praelatus est.

25 Tiberius Gracchus, Africani ex filia nepos, quae- 64
stor Mancino in Hispania foedus eius flagitiosum pro-
bavit. Periculum deditionis eloquentiae gratia effugit. 2

1 propero *A*   3 exuerem *ογ*   6 elatus *Schott*   8 Quintus Fabius C. M. *A*   qui consul *ω* quia consul *Schott* quia
de J. *Wijga*   9 rege Numidiae *A*   Quintium *A.F* Quintum
B Equitium *Klotz* Quendam *vel* illum *Keil*   13 Claudia *A B*
Calidia *Schott*   15 Metellum *A B* Metellae *Olivarius*   16 eo
quod *A*   solum *D praeter* η ξ ο   solus *Schott*   18 Pius dictus
A   19 assiduis *Arntzen* assidue ab exsilio *σ*   20 Q. Pompe-
dium *Gruner*   21 Herculeos *Aϑ* herculeos (hirc. ξ) herculeyos
D herculeie *C* Hirtuleios *Klotz*   23 in praetura petitione pontificatus c. *Schroeter* in pet. pont. praetoriis et c. *Arntzen*
26 improbavit *Cηι* reprobavit *λ*   27 fugit *A B* effugit *edd.*

Tribunus plebis legem tulit, ne quis plus mille agri
4 iugera haberet. Octavio collegae intercedenti novo
5 exemplo magistratum abrogavit. Dein tulit, ut de ea
pecunia, quae ex Attali hereditate erat, ageretur et
6 populo divideretur. Deinde cum prorogare sibi pote- 5
statem vellet, adversis auspiciis in publicum processit
statimque Capitolium petiit manum ad caput referens,
7 quo salutem suam populo commendabat. Hoc nobilitas ita accepit, quasi diadema posceretur; segniterque
cessante Mucio consule Scipio Nasica sequi se iussit, 10
qui salvam rempublicam vellent, Gracchum in Capito-
8 lium persecutus oppressit. Cuius corpus Lucretii aedilis manu in Tiberim missum; unde ille Vispillo dictus.
9 Nasica ut invidiae subtraheretur, per speciem legationis
in Asiam ablegatus est. 15
65 Gaius Gracchus pestilentem Sardiniam quaestor
sortitus non veniente successore sua sponte discessit.
2 Asculanae et Fregellanae defectionis invidiam susti-
3 nuit. Tribunus plebis agrarias et frumentarias leges
tulit, colonos etiam Capuam et Tarentum mittendos 20
4 censuit. Triumviros agris dividendis se et Fulvium
5 Flaccum et C. Crassum constituit. Minucio Rufo tribuno plebis legibus suis obrogante in Capitolium ve-

1 [legem] *Schott*   quingenta *Schott*   2 collega intercedente
B vulgo collegae interdicenti *A* collegae intercedenti *Schott*
collega intercedente ⟨ei⟩ *Keil*   3 Dein (Deinde *C*) tulit, ut
ex ea pecunia (familia *D*), quae de *codd.* de (ea *Schott*) familia,
quae ex *vulgo* de fam. ageretur et pecunia *Keil* de pecunia,
quae ex *Klotz*   5 propagare *C* prorogari? *Wijga*   potestatem
sequenti anno vellet *A*   9 posceret *vulgo*   10 iussis *vulgo*
11 vellent ⟨et⟩ *Wijga*   12 prosecutus *o* secutus *C*   13 Ve-
spillo *ε vulgo*   15 Aliter cum comitiorum die Gracchus seditiones populi accenderet, auctore Nasica inflammata nobilitas
fragmentis subselliorum plebem fugavit. Gracchus per gradus,
qui sunt super Calphurnium fornicem detracto amminiculo
fugiens ictus fragmento subsellii corruit rursusque assurgens
alio ictu clavae cerebro impactae occubuit. Ducenti ea seditione interfecti, quorum corpora in Tiberim proiecta sunt + *A*
17 decessit *vulgo*   23 obroganti *A* abrogante *B corr. Schott*

nit; ubi cum Antyllius praeco Opimii consulis in turba
fuisset occisus, in forum descendit et imprudens contionem a tribuno plebis avocavit; qua re arcessitus
cum in senatum non venisset, armata familia Aventi-
5 num occupavit; ubi ab Opimio victus, dum a templo
Lunae desilit, talum intorsit et Pomponio amico apud
portam Trigeminam, P. Laetorio in ponte sublicio per-
sequentibus resistente in lucum Furinae pervenit. Ibi 6
vel sua vel servi Euphori manu interfectus; caput a
10 Septimuleio amico Gracchi ad Opimium relatum auro
expensum fertur, propter avaritiam infuso plumbo gravius effectum.

Marcus Livius Drusus, genere et eloquentia 66
magnus, sed ambitiosus et superbus, aedilis munus
15 magnificentissimum dedit. Ubi Remmio collegae quae- 2
dam de utilitate reipublicae suggerenti: Quid tibi, inquit, cum republica nostra? Quaestor in Asia nullis 3
insignibus uti voluit, ne quid ipso esset insignius.
Tribunus plebis Latinis civitatem, plebi agros, equiti- 4
20 bus curiam, senatui iudicia permisit. Nimiae libera- 5
litatis fuit: ipse etiam professus nemini se ad largiendum praeter caelum et caenum reliquisse; ideoque cum
pecunia egeret, multa contra dignitatem fecit. Magu- 6
dulsam Mauritaniae principem ob regis simultatem
25 profugum accepta pecunia Boccho prodidit, quem ille
elephanto obiecit. Adherbalem filium regis Numida- 7
rum obsidem domi suae suppressit redemptionem eius

---

1 Amtullius *o* Anicullius *p* Antulius (Antilius *F*) *C* Antullius ζη. *cett. codd. D varie corrupti* Atilius *Schott* Atilius *Arntzen*
Antyllius *Gruner* Antullius *Wijga*   3 accersitus *B*   6 desiliit *AD*   Pontino *A ϑ* Pontinio (Pomtinio) Pontio *cett. codd.*
Pomponio *Aldus* Pomponio Pontino *Arntzen*   7 ac P. L. *A*
8 in locum Furianae (Furr. *p C*) *codd.* in lucum Furinae *vulgo*
9 Eupori *vulgo*   10 Septimo (io *o*) ateio *A* Septimio actilio
vel actilo *C codd. D corrupti* Septimuleio *Aldus*   15 Et ibi
aliquot codd. D vulgo   Remio collega *C* Reminio collegae *D*
20 promisit *ε Wijga*   23 Magudalsam η Magulsam *D*
27 sumpsit *D* (exc. η) seclusit *Freudenberg*

8 occultam a patre sperans. Caepionem inimicum actionibus suis resistentem ait se de saxo Tarpeio praeci-
9 pitaturum. Philippo consuli legibus agrariis resistenti
ita collum in comitio obtorsit, ut multus sanguis ef-
flueret e naribus; quam ille luxuriam opprobrans mu-
10 riam de turdis esse dicebat. Deinde ex gratia nimia
in invidiam venit. Nam plebs acceptis agris gaude-
bat, expulsi dolebant, equites in senatum lecti laeta-
bantur, sed praeteriti querebantur; senatus permissis
iudiciis exultabat, sed societatem cum equitibus aegre
11 ferebat. Unde Livius anxius, ut Latinorum postulata
differret, qui promissam civitatem flagitabant, repente
in publico concidit sive morbo comitiali seu hausto
12 caprino sanguine, semianimis domum relatus. Vota
pro illo per Italiam publice suscepta sunt. Et cum
Latini consulem in Albano monte interfecturi essent,
Philippum admonuit, ut caveret: unde in senatu accusatus, cum domum se reciperet, immisso inter tur-
13 bam percussore corruit. Invidia caedis apud Philippum
et Caepionem fuit.

67 Gaius Marius septies consul, Arpinas, humili loco
natus, primis honoribus per ordinem functus, legatus
Metello in Numidia criminando eum consulatum ade-
2 ptus Iugurtham captum ante currum egit. In proximum annum consul ultro factus Cimbros in Gallia
apud Aquas Sextias, Teutonas in Italia in campo Rau-
3 dio vicit deque his triumphavit. Usque sextum consulatum per ordinem factus Apuleium tribunum plebis
et Glauciam praetorem seditiosos ex senatusconsulto
4 interemit. Et cum Sulpicia rogatione provinciam

---

1 accusationibus *C* 3 Philippo — *B* 5 quem *A* quae *B*
quam *Schott* opprobans *o* approbans *p corr. Schott* exprobrans
D 6 Idem ex *Schott* 9 sed praeteriti querebantur — *B*
10 iudicibus *C* 15 Et . . . caveret - - *C* 16 Albano [monte]
Klotz 21 Arpinis *ε* 26 teuthones, theutones, teutones *pleri-*
que codd. D Teutones *Schott* Teutonos *Klotz* Savidio *C* Sa-
nidio *vel* Sauidio *D*

Syllae eriperet, armis ab eo victus Minturnis in palude delituit. Inventus et in carcerem coniectus im- 5 missum percussorem Gallum vultus auctoritate deterruit acceptaque navicula in Africam traiecit, ubi diu 5 exulavit. Mox Cinnana dominatione revocatus ruptis 6 ergastulis exercitum fecit caesisque inimicis iniuriam ultus septimo consulatu, ut quidam ferunt, voluntaria morte decessit.

Gaius Marius filius viginti septem annorum con- 68 10 sulatum invasit, quem honorem tam immaturum mater flevit. Hic patri saevitia similis curiam armatus ob- 2 sedit, inimicos trucidavit, quorum corpora in Tiberim praecipitavit. In apparatu belli, quod contra Syllam 3 parabatur, apud Sacriportum vigiliis et labore defessus 15 sub divo requievit et absens victus fugae, non pugnae interfuit. Praeneste confugit, ubi per Lucretium Afel- 4 lam obsessus temptata per cuniculum fuga, cum omnia saepta intelligeret, iugulandum se Pontio Telesino praebuit.

20 Lucius Cornelius Cinna flagitiosissimus rempu- 69 blicam summa crudelitate vastavit. Primo consulatu 2 legem de exulibus revocandis ferens ab Octavio collega prohibitus et honore privatus urbe profugit vocatisque ad pilleum servis adversarios vicit, Octa- 25 vium interfecit, Ianiculum occupavit. Iterum et tertio 3 consulem se ipse fecit. Quarto consulatu cum bellum 4 contra Syllam pararet, Anconae ob nimiam crudelitatem ab exercitu lapidibus occisus est.

Flavius Fimbria saevissimus, quippe Cinnae sa- 70 30 telles, Valerio Flacco consuli legatus in Asiam profectus, per simultatem dimissus corrupto exercitu du-

2 cem interficiendum curavit. Ipse correptis imperii insignibus provinciam ingressus Mithridatem Pergamo 3 expulit. Ilium, ubi tardius portae patuerant, incendi iussit; ubi Minervae templum inviolatum stetit, quod 4 divina maiestate servatum nemo dubitavit. Ibidem Fimbria militiae principes securi percussit; mox a Sylla Pergami obsessus corrupto exercitu desertus semet occidit.

71   Viriathus genere Lusitanus, ob paupertatem primo mercennarius, deinde alacritate venator, audacia latro, 10 ad postremum dux, bellum adversum Romanos sumpsit eorumque imperatorem Claudium Unimanum, dein 2 C. Nigidium oppressit. Pacem a Popilio maluit integer petere quam victus† et cum alia dedisset et arma 3 retinerentur, bellum renovavit. Caepio cum vincere 15 aliter non posset, duos satellites pecunia corrupit, qui 4 Viriathum vino depositum peremerunt. Quae victoria, quia empta erat, a senatu non probata.

72   Marcus Aemilius Scaurus nobilis, pauper: nam pater eius quamvis patricius ob paupertatem carbo- 20 2 narium negotium exercuit. Ipse primo dubitavit, honores peteret an argentariam faceret; sed eloquentiae 3 consultus ex ea gloriam peperit. Primo in Hispania corniculum meruit; sub Oreste in Sardinia stipendia 4 fecit. Aedilis iuri reddendo magis quam muneri edendo 25 studuit. Praetor adversus Iugurtham, tamen eius pe-

2 Mithradatem *Schott*   3 patuerunt *B*   5 Idem *A*   7 oppressus *B*   10 ventor (ventor *δℱ*) *C* vector *D*   13 C. Vetilium *Schroeter*   a Popilio *εημνξϱω Klotz Keil* a Pompilio *γλσ* a populo *vel* populo *cett. codd.* a Fabio *Machaneus* a p. Romano *Schott*   14 et cum Italia dis(de *o*)cessisset et aurum peteretur bellum *A* et cum alia dedisset et arma retinerentur, bellum *B vulgo* et cum alia d. et a. r. b. ren. Caepio, qui cum *vel* sed c. a. d. et a. peterentur, bellum *Keil* et cum omnia alia concessisset et arma peterentur *Klotz Fortasse* et cum a. d. nec arma retinerentur, bellum *Wijga* cum et alia d. et arma peterentur *Opitz*   17 humi *vett. edd*, *Schott* humo *a Arntzen*   21 [Ipse] *Keil*   22 petere . . facere *D*   24 Cornelium *C* corniculo *Schott*   26 Iu-

cunia victus. Consul legem de sumptibus et libertino- 5
rum suffragiis tulit. P. Decium praetorem transeunte 6
ipso sedentem iussit assurgere eique vestem scidit,
sellam concidit; ne quis ad eum in ius iret, edixit.
5 Consul Liguras Tauriscos domuit atque de his trium- 7
phavit. Censor viam Aemiliam stravit, pontem Mul- 8
vium fecit. Tantumque auctoritate potuit, ut Opi- 9
mium contra Gracchum, Marium contra Glauciam et
Saturninum privato consilio armaret. Idem filium suum, 10
10 quia praesidium deseruerat, in conspectum suum vetuit
accedere; ille ob hoc dedecus mortem sibi conscivit.
Scaurus senex cum a Vario tribuno plebis argueretur, 11
quasi socios et Latium ad arma coegisset, apud populum ait: Varius Sucronensis Aemilium Scaurum ait
15 socios ad arma coegisse, Scaurus negat: utri potius
credendum putatis?

Lucius Apuleius Saturninus, tribunus plebis 73
seditiosus, ut gratiam Marianorum militum pararet,
legem tulit, ut veteranis centena agri iugera in Africa
20 dividerentur; intercedentem Baebium collegam facta
per populum lapidatione submovit. Glauciae praetori, 2
quod is eo die, quo ipse contionem habebat, ius di-
cendo partem populi avocasset, sellam concidit, ut
magis popularis videretur. Quendam libertini ordinis 3
25 subornavit, qui se Tiberii Gracchi filium fingeret. Ad 4
hoc testimonium Sempronia soror Gracchorum producta nec precibus nec minis adduci potuit, ut dedecus familiae agnosceret. Saturninus Aulo Nunnio com- 5
petitore interfecto tribunus plebis refectus Siciliam,

gurthae adversus A ζ Pr. adversus J. pugnavit *Colinaeus* Legatus Calpurnii Iug. adv. *Schott* tandem eius *Schott*
5 Liguros *o* Ligures *D* et Cauriscos *A* et Gauriscos *C*
et Gantiscos *D* et Tauriscos *Peter* L. Tauriscos *Mommsen*
10 qui *Klotz Schroeter* vetavit A ζ *Schroeter* 14 Varius Veronensis *A B* Sucronensis *Schott* Surius Sucronensis *vett. edd.*
19 in Gallia *Schroeter* 23 advocasset *B* 28 Nummio *p* ζ
Mumio *vel* Mumio *o B* Nonio *Schott* Nunnio *Wijga*

Achaiam, Macedoniam novis colonis destinavit; et
aurum dolo an scelere Caepionis partum ad emptio-
6 nem agrorum convertit. Aqua et igni interdixit ei,
7 qui in leges suas non iurasset. Huic legi multi nobiles obrogantes, cum tonuisset, clamarunt: Iam, inquit, 5
8 nisi quiescetis, grandinabit. Metellus Numidicus exu-
9 lare quam iurare maluit. Saturninus tertio tribunus
plebis refectus, ut satellitem suum Glauciam praetorem
faceret, Mummium competitorem eius in campo Martio
10 necandum curavit. Marius senatusconsulto armatus, 10
quo censeretur, darent operam consules, ne quid respublica detrimenti caperet, Saturninum et Glauciam in
Capitolium persecutus obsedit maximoque aestu incisis fistulis in deditionem accepit. Nec deditis fides
11 servata: Glauciae fracta cervix, Apuleius cum in cu- 15
riam fugisset, lapidibus et tegulis desuper interfectus
12 est. Caput eius Rabirius quidam senator per convivia
in ludibrium circumtulit.

74   Lucius Licinius Lucullus nobilis, disertus et di-
2 ves, munus quaestorium amplissimum dedit. Mox per 20
Murenam in Asia classem Mithridatis et Ptolomaeum
3 regem Alexandriae consuli Syllae conciliavit. Praetor
4 Africam iustissime rexit. Adversus Mithridatem missus

---

2 in scelere *p* aut sc. λμνο *aghl* ut sc. *ιω* aurum Tolosa-
num *Baiter*   4 multi nobiles obrogantes *A Klotz* multi nobiles ab (ad ζ) rogantes *Cζηϑμ* multi volentibus arrogantiam
ιx multis nobilibus ab (ar-) rogantibus *νξοωag vett. edd. Arntzen*
obrog. *Schott Keil*   5 et clamarent *A* acclamavit *C* clamavit
D vulgo reclamarunt *Klotz* clamarunt *Opitz*   6 quiescitis *B*
8 Glauciam praetorem consulem f. *Schott* Glauciam consulem
f. *Klotz*   9 Mummium *ογℱ* Nummium *p* Mumium *εD* Mem-
mium *Schott*   11 censetur dent *AC* (censeretur *γ*) *η ita Wijga*
censeretur darent (daret) *D* censebatur darent *Schott*   12 pa-
tiatur *o*   in Cap. coegit confugere. Ibi eos persecutus *A*
13 maximo quaestu *C* maximoque quaestu *D* astu *vett. edd.*
Arntzen   15 crura *A* fractum crus *ι* fracta crus *x*   20 dedit.
Ministro Murenae *A* dedit. in Asiam *C* dedit. Mox per Murenam (Murenae) *D*   21 Ptol. r. A. c. S. concil. et mox p. M.
in Asia *Schott*   23 consul missus *Schott*

collegam suum Cottam Chalcedone obsessum liberavit.
Cyzicum obsidione solvit. Mithridatis copias ferro et 5
fame afflixit eumque regno suo id est Ponto expulit.
Quem rursum cum Tigrane rege Armeniae subveniente 6
5 magna felicitate superavit. Nimius in habitu, maxime 7
signorum et tabularum amore flagravit. Post cum 8
alienata mente desipere coepisset, tutela eius M. Lucullo fratri permissa est.

Cornelius Sylla, a fortuna Felix dictus, cum par- 75
10 vulus a nutrice ferretur, mulier obvia: Salve, inquit,
puer tibi et reipublicae tuae felix; et statim quaesita,
quae haec dixisset, non potuit inveniri. Hic quaestor 2
Marii Iugurtham a Boccho in deditionem accepit. Bello 3
Cimbrico et Teutonico legatus bonam operam navavit.
15 Praetor inter cives ius dixit. Praetor Ciliciam pro- 4
vinciam habuit. Bello sociali Samnites Hirpinosque 5
superavit. Ne monumenta Bocchi tollerentur, Mario 6
restitit. Consul Asiam sortitus Mithridatem apud Or- 7
chomenum et Chaeroniam proelio fudit, Archelaum
20 praefectum eius Athenis vicit, portum Piraeum recepit, Maeodos et Dardanos in itinere superavit. Mox 8
cum rogatione Sulpicia imperium eius transferretur
ad Marium, in Italiam regressus corruptis adversario-
rum exercitibus Carbonem Italia expulit, Marium apud
25 Sacriportum, Telesinum apud portam Collinam vicit.
Mario Praeneste interfecto Felicem se edicto appella- 9
vit. Proscriptionis tabulas primus proposuit. Novem 10
milia dediticiorum in villa publica cecidit. Numerum 11
sacerdotum auxit, tribuniciam potestatem minuit. Re-

---

3 fama subegit *A* fame regit (coegit *δ*) *C* fame fregit *η*
afflixit *D*   regno ... Quem — *A*   3 id est — *ϑ* [id est Ponto]
Keil   4 venientem *B* subvenientem *Cιϰλξo* ei subvenientem?
Wijga   5 facilitate *A*   in ambitu *A*   7 coepit (cepit) *B*
9 in fortuna *B*   16 Irpinosque *Schott*   18 Orchomenam (Orth.,
orc. *etc.*) *codd.* Orchomenon *Wijga*   20 cathēis vicit *o* catenis
vinxit *p*   21 Enetos *Schott* Medos *Arntzen*   24 Marium
filium *Schott*   27 posuit *Aι*   28 deditorum (deditiorum *ϑ*) *D*
29 tribun. p. ... interiit — *δ*   29 imminuit *A*

publica ordinata dictaturam deposuit; unde sperni coeptus Puteolos concessit et morbo, qui phthiriasis vocatur, interiit.

76 Mithridates rex Ponti oriundus a septem Persis, magna vi animi et corporis, ut sexiuges equos regeret, 5
2 quinquaginta gentium ore loqueretur. Bello sociali dissidentibus Romanis Nicomedem Bithynia, Ariobar-
3 zanen Cappadocia expulit. Litteras per totam Asiam misit, ut, quicunque Romanus esset, certa die inter-
4 ficeretur; et factum est. Graeciam insulasque omnes 10
5 excepta Rhodo occupavit. Sylla eum proelio vicit, classem eius proditione Archelai intercepit, ipsum apud Dardanum oppidum fudit et oppressit, et potuit capere, nisi adversum Marium festinans qualemcumque pacem
6 componere maluisset. Deinde eum acrius resisten- 15
7 tem Lucullus fudit. Mithridates post a Pompeio nocturno proelio victus in regnum confugit, ubi per seditionem popularium a Pharnace filio in turre ob-
8 sessus venenum sumpsit. Quod cum tardius combibe- ret, quia adversum venena multis antea medicaminibus 20 corpus firmarat, immissum percussorem Gallum Bithocum auctoritate vultus territum revocavit et in caedem suam manum trepidantis adiuvit

77 Cn. Pompeius Magnus, civili bello Syllae partes secutus ita egit, ut ab eo maxime diligeretur. Sici- 25
2 liam sine bello a proscriptis recepit. Numidiam Hiarbae ereptam Massinissae restituit. Viginti sex

---

1 unde spe receptus D   2 ptyriasis A ptiriasis ξo cett. codd. corrupt. phthiriasis vett. edd.   5 rexerit C   6 quatuor et viginti λσ quinquagesimo cett. codd. D duarum et viginti vett. edd., Schott quinque et viginti Klotz Keil   7 Ariobarzanem B   12 repugnante Arch.? Schott   apud Orchomenum oppidum vulgo   13 fudit et oppressisset nisi A Schott   15 acruis ο argis B Cabiris Aldus   19 combiberet o ebiberet p cui (qui cum F) tard. biberet C cum id t. biberet D (haberet c) Cum id t. subiret Vascosanus Quod cum t. subiret Schott Q. c. in se tardius esse videret Klotz   21 Sithocum B   24 Magnus, quia Enmann   27 Iarbae B   Hiempsali Anna Fabri, Schroeter

annos natus triumphavit. Lepidum acta Syllae rescin- 3
dere volentem privatus Italia fugavit. Praetor in 4
Hispaniam pro consulibus missus Sertorium vicit. Mox 5
piratas intra quadragesimum diem subegit. Tigranem
5 ad deditionem, Mithridatem ad venenum compulit.
Deinde mira felicitate nunc in septemtrionem Albanos, 6
Colchos, Heniochos, Caspios, Iberos, nunc in orientem
Parthos, Arabas atque Iudaeos cum magno sui terrore penetravit. Primus in Hyrcanum, Rubrum et 7
10 Arabicum mare usque pervenit. Moxque diviso orbis 8
imperio, cum Crassus Syriam, Caesar Galliam, Pompeius urbem obtineret, post caedem Cr. ssi Caesarem
dimittere exercitum iussit. Cuius infesto adventu urbe 9
pulsus, in Pharsalia victus ad Ptolomaeum Alexandriae
15 regem confugit. Eius imperio ab Achilla et Potino
satellitibus occisus est.

(Huius latus sub oculis uxoris et liberorum a Septimio, Ptolomaei praefecto, mucrone confossum est.
Iamque defuncti caput gladio praecisum, quod usque
20 ad ea tempora fuerat ignoratum. Truncus Nilo iacta-
tus a Servio Codro rogo inustus humatusque est in-
scribente sepulcro: Hic positus est Magnus. Caput
ab Achilla, Ptolomaei satellite, Aegyptio velamine in-
volutum cum anulo Caesari praesentatum est; qui

1 XXIV *Tzschuck* annorum *A ι* annorum natus *B* annos natus
vulgo   2 abrogavit *B* ablegavit? *Schott*   Privatus in Hispaniam *Keil*   6 mira facilitate et celeritate nunc in s. *A* felicitate rerum in *B*   7 tunc in *Aldus Schott* tum in *Wijga*
6 septemtrione—7 oriente *aliquot codd. D*   9 Primus ad *Wijga*
Hyrcanum Caspium Rubr. *A C η Schott Klotz*   13 iubet *A*
15 fugit *B exc. λ*   Eius . . . occisus est. — *B*; *in verbis*: „ad
Ptolomaeum Alexandriae" *finem faciunt γ δ ε* ad Pt. Alexandriae
perfugit ab eoque interfectus (est *superpositum*), quem Caesar
dum eius vidit caput flevit vindictamque de ipsius morte fecit.
finis. *ℱ*   17 Huius . . . curavit + *D*, *Schott uncinis inclusit.*
20 adoratum *Aldus Schott*   21 servo Cordi *Oudendorp* [Codro]
Arntzen S. C. rogario *Unger* servo Cordo *Hildesheimer*   22 hic
situs est m. Pompeius *Schott*

non continens lacrimas illud plurimis et pretiosissimis odoribus cremandum curavit.)

78 Gaius Iulius Caesar, veneratione rerum gestarum
Divus dictus, contubernalis Thermo in Asiam profectus,
cum saepe ad Nicomedem, regem Bithyniae, commea- 5
2 ret, impudicitiae infamatus est. Mox Dolabellam iu-
8 dicio oppressit. Dum studiorum causa Rhodum petit,
a piratis captus et redemptus, eosdem et postea captos
4 punivit. Praetor Lusitaniam et post Galliam ab Alpibus usque et Oceanum bis classe transgressus Bri- 10
5 tanniam subegit. Cum ei triumphus a Pompeio negaretur, armis eum urbe pulsum in Pharsalia vicit.
6 Capite eius oblato flevit, et honorifice sepeliri fecit:
mox a satellitibus Ptolomaei obsessus eorum et regis
7 nece Pompeio parentavit. Pharnacem Mithridatis fi- 15
8 lium fama nominis fugavit. Iubam et Scipionem in
Africa, Pompeios iuvenes in Hispania apud Mundam
9 oppidum ingenti proelio vicit. Deinde ignoscendo amicis odia cum armis deposuit: nam Lentulum tantum
et Afranium et Faustum Syllae filium iussit occidi. 20
10 Dictator in perpetuum factus a senatu, in curia Cassio
et Bruto caedis auctoribus tribus et viginti vulneribus
occisus est; cuius corpore pro rostris posito sol orbem
suum celasse dicitur.

79 Caesar Octavianus ex Octavia familia in Iuliam 25
translatus in ultionem Iulii Caesaris, a quo heres fuerat institutus, Brutum et Cassium caedis auctores in
2 Macedonia vicit. Sextum Pompeium Gnaei Pompei
filium bona paterna repetentem in freto Siculo supe-
3 ravit. Marcum Antonium consulem Syriam obtinen- 30
tem amore Cleopatrae devinctum in Actiaco Ambra-
4 ciae litore debellavit. Reliquam orbis partem per

---

6 Dolobellam *A*   8 captus est. Redemptus eosdem postea
Keil   9 Lusitaniam, post Galliam *Schroeter*   10 usque ad O. *o*
usque O. *p* usque, et *Schott*   13 iussit *o*   18 inimicis *Arntzen*
19 nam L. Caesarem *Schott*   26 tralatus *Schott*   fuit inst.
Keil   31 Acarnaniae l. *Keil* [Ambraciae] *Wijga*

legatos domuit. Huic Parthi signa, quae Crasso sustulerant, ultro reddiderunt. Indi, Scythae, Sarmatae, 5
Daci, quos non domuerat, dona miserunt. Iani ge- 6
mini portas bis ante se clausas, primo sub Numa,
5 iterum post primum Punicum bellum, sua manu clau-
sit. Dictator in perpetuum factus a senatu ob res 7
gestas Divus Augustus est appellatus.

Cato praetorius Catonis censorii pronepos cum 80
in domo avunculi Drusi educaretur, nec pretio nec
10 minis potuit adduci a Q. Popedio Silone Marsorum
principe, ut favere se causae sociorum diceret. Quae- 2
stor Cyprum missus ad vehendam ex Ptolomaei hereditate pecuniam cum summa eam fide perduxit; praeterea coniuratos puniendos censuit. Bello civili Pom- 3
15 pei partes secutus est; quo victo exercitum per deserta
Africae duxit, ubi Scipioni consulari delatum ad se
imperium concessit. Victis partibus Uticam concessit, 4
ubi filium hortatus, ut clementiam Caesaris experire-
tur, ipse lecto Platonis libro, qui de bono mortis est,
20 semet occidit.

Marcus Tullius Cicero, genere Arpinas, patre 81
equite Romano natus, genus a Tito Tatio rege duxit.
Adolescens Rosciano iudicio eloquentiam et libertatem 2
suam adversus Sullanos ostendit; ex quo veritus in-
25 vidiam Athenas studiorum gratia petivit, ubi Antiochum Academicum philosophum studiose audivit. Inde
eloquentiae gratia Asiam, post Rhodum petiit, ubi
Molonem Graecum rhetorem tum disertissimum magistrum habuit; qui flesse dicitur, quod per hunc
30 Graecia eloquentiae laude privaretur. Quaestor Sici- 3
liam habuit. Aedilis Gaium Verrem repetundarum
damnavit. Praetor Ciliciam latrociniis liberavit. Con- 4

2 Inde *A* Indi *Schott*   9 nec precibus *Keil*   10 ab Pedio
Sil. *A* a Q. Popedio (Pompedio *Klotz*) Sil. *Schott*   12 in Cypr.
Schott   ad advehendam *Arntzen*   19 de bonis mortis *Schott*
22 a Tullo Attio *vulgo*   28 Milonem *A corr. Schott*   Graecorum rhetorum *Markland*

sul coniuratos capite punivit. Mox invidia P. Clodii
instinctuque Caesaris et Pompei, quos dominationis
suspectos eadem, qua quondam Sullanos, libertate per-
strinxerat, sollicitatis Pisone et Gabinio consulibus,
qui Macedoniam Asiamque provincias in stipendium 5
opera huius acceperant, in exilium actus; mox ipso
referente Pompeio rediit eumque civili bello secutus
5 est. Quo victo veniam a Caesare ultro accepit; quo
interfecto Augustum fovit, Antonium hostem iudicavit;
6 Et cum triumviros se fecissent Caesar, Lepidus An- 10
toniusque, concordia non aliter visa est inter eos iungi
posse, nisi Tullius necaretur; qui immissis ab Antonio percussoribus cum forte Formiis quiesceret, immi-
nens exitium corvi auspicio didicit et fugiens occisus
est. Caput ad Antonium relatum. 15

82   Marcus Brutus, avunculi Catonis imitator, Athe-
2 nis philosophiam, Rhodi eloquentiam didicit. Cythe-
3 ridem mimam cum Antonio et Gallo amavit. Quaestor
⟨Caesari⟩ in Galliam proficisci noluit, quod is bonis
4 omnibus displicebat. Cum Appio socero in Cilicia fuit, 20
et cum ille repetundarum accusaretur, ipse ne verbo
5 quidem infamatus est. Civili bello a Catone ex Cilicia
retractus Pompeium secutus est, quo victo veniam a
Caesare accepit et proconsul Galliam rexit; tamen
6 cum aliis coniuratis in curia Caesarem occidit. Et 25
ob invidiam veteranorum in Macedoniam missus, ab
Augusto in campis Philippiis victus Stratoni cervicem
praebuit.

83   Gaius Cassius Longinus quaestor Crassi in Syria
fuit, post cuius caedem collectis reliquiis in Syriam 30
2 rediit. Osacem, praefectum regium, apud Orontem

---

5 M. Siriamque o M. Asiamque Syriamque p M. Asiamque
vulgo M. Syriamque Schott   6 operae huius Sylburg acce-
perunt? Wijga   18 Gallo poeta Arntzen   Quaestor ⟨cum
Caesare⟩ Sylburg Quaestor ⟨Caesari⟩ Keil   20 App. Claudio
Schott Appio ⟨Claudio⟩ socero Klotz   27 Philippicis Schott
31 Arsacem o Irsacen p Osacem Schott Osacen Wijga

fluvium superavit. Dein eo quod coemptis Syriacis 3
mercibus foedissime negotiaretur, Caryota cognominatus est. Tribunus plebis Caesarem oppugnavit. Bello 4 5
civili Pompeium secutus classi praefuit. A Caesare 6
5 veniam accepit; tamen adversus eum coniurationis
auctor cum Bruto fuit et in caede dubitanti cuidam:
Vel per me, inquit, feri; magnoque exercitu comparato
in Macedonia Bruto coniunctus in campis Philippiis
ab Antonio victus, cum eandem fortunam Bruti puta-
10 ret, qui Caesarem vicerat, Pindaro liberto iugulum
praebuit. Cuius morte audita Antonius exclamasse 7
dicitur: Vici.

Sextus Pompeius, in Hispania apud Mundam 84
victus, amisso fratre, reliquiis exercitus collectis Sici-
15 liam petiit, ubi ruptis ergastulis mare obsedit. Inter- 2
ceptis commeatibus Italiam vexavit; et cum mari feliciter uteretur, Neptuni se filium professus est eumque
bobus auratis et equo placavit. Pace facta epulatus 3
in navi cum Antonio et Caesare non invenuste ait:
20 Hae sunt meae carinae; quia Romae in Carinis domum
eius Antonius tenebat. Rupto per eundem Antonium 4
foedere Sextus ab Augusto per Agrippam navali proelio victus in Asiam fugit, ubi ab Antonianis militibus
occisus est.

25 Marcus Antonius, in omnibus expeditionibus Iulio 85
Caesari comes, Lupercalibus diadema ei imponere tentavit, mortuo divinos honores decrevit. Augustum 2
perfidiose tractavit, a quo apud Mutinam victus, Pe-
rusii fame domitus in Galliam fugit. Ibi Lepidum
30 sibi collegam adiunxit; Brutum exercitu eius corrupto

---

1 Deinde *o* Dein quod *Schott* 2 Carnota *p* cămota *o* Ca-
ruota *Schott* Caryota *Arntzen* 8 Philippicis *Schott* 10 Pan-
daro *A* Pindaro *Voss* 13 *Cap.* 84 *in o post cap.* 86 *ab alia
manu additum* 17 confessus *vulgo* 18 epulaturus *Keil*
20 Romanae *A corr. Schott* 21 per eundem Pompeium *Schott*
per eundem [A.] *Arntzen* [p. e. Ant.] *Gruner* 28 [Perusii
fame domitus] *Fiedler*

occidit; reparatis viribus in Italiam regressus cum
3 Caesare in gratiam rediit. Triumvir factus proscriptio-
4 nem a Lucio Caesare avunculo suo coepit. In Syriam
missus bellum Parthis intulit; a quibus victus vix
tertiam partem de quindecim legionibus in Aegyptum 5
perduxit; ibi Cleopatrae amore devinctus in Actiaco
5 litore ab Augusto victus est. In Alexandriam regressus, cum habitu regio in solio regali sedisset, necem
sibi ipse conscivit.

86 Cleopatra Ptolomaei regis Aegyptiorum filia, a 10
fratre suo Ptolomaeo eodemque marito, quem fraudare
regno voluerat, pulsa ad Caesarem bello civili in Alexandriam venit; ab eo specie sua et concubitu regnum
2 Ptolomaei et necem impetravit. Haec tantae libidinis
fuit, ut saepe prostiterit, tantae pulchritudinis, ut 15
3 multi noctem illius morte emerint. Postea Antonio
iuncta, cum eo victa, cum se illi inferias ferre simu-
laret, in Mausoleo eius admotis aspidibus periit.

8 regis *Schroeter*   9 sibi consc. *Schott*   16 emerent *A* emerint *Schott*

SEXTI AURELII VICTORIS
LIBER DE CAESARIBUS

o Oxoniensis
p Bruxellensis (Pulmannianus)

AURELII VICTORIS
HISTORIAE ABBREVIATAE

ab Augusto Octaviano,
id est a fine Titi Livii, usque ad consulatum decimum
5 *Constantii Augusti et Iuliani Caesaris tertium.*

Anno urbis septingentesimo fere vicesimoque, duobus 1
etiam, mos Romae incessit uni prorsus parendi. Namque Octavianus, patre Octavio, atque adoptione
magni avunculi Caesaris ac mox procerum consulto
10 ob victoriam partium placide exercitam Augusti
cognomento dictus, illectis per dona militibus atque
annonae curandae specie vulgo ceteros haud difficulter
subegit. Eoque modo annis quattuor circiter et qua- 2
draginta actis morbo Nolae consumptus, adiectis im-
15 perio civium Raetis Illyricoque, ac pacata exterarum
gentium ferocia nisi Germaniae, quamquam tertius 3
post Numam victo Antonio Ianum clauserit, quod iure
Romano quiescentibus bellis accidebat. Mores viro 4
civiles lepidique flagrante haud modice luxuria ludo-
20 rumque cupidine atque ad somnum intemperantie.
Doctorum, qui abunde erant, necessariorumque percul- 5
tor, cum eloquentiae studio ac religionibus mire attineretur, pater patriae ob clementiam ac tribunicia 6

---

6 secundo *Gruter*   7 iterum *Maehly*   9 magni avunculi
Caesaris ⟨Gaius Caesar dictus *vel* Caesaris⟩ ac *Cohn*   10 patriam *p*   22 retineretur *p* det. *vel* teneretur *Gruter*   23 ob
clementiam vocatus tribuniciam potestatem perpetuo habuit
Freudenberg

potestate perpetuo habitus; hincque uti deo Romae
provinciisque omnibus per urbes celeberrimas vivo
mortuoque templa, sacerdotes et collegia sacravere.
7 Felix adeo (absque liberis tamen simulque coniugio),
ut Indi, Scythae, Garamantes ac Bactri legatos mitte- 5
rent orando foederi.

2   Dein Claudius Tiberius Nero, in Augusti liberos e privigno redactus arrogatione, ubi, quae metuebantur, satis tuta animadvertit, imperium complexus
est, cuius nomen astu abnuebat: subdolus et occultior, 10
hisque saepe simulando infensus, quae maxime cuperet, et insidiose deditus, quae odio erant; ingenio ad
repentina longe acriore; bonis initiis deinde perniciosus, quaesitissimis in omnem fere aetatem sexumque
libidinibus, atque atrocius puniens insontes noxios, 15
2 suos pariter externosque. Adhuc dum urbes et conventus exsecratur, Capreas insulam quaesiverat flagitiis
3 obtentui. Quare solutis militiae artibus direpta pleraque iuris Romani; nihilque praeter Cappadocas idque
inter exordia in provinciam subactum remoto rege 20
Archelao; compressaque Gaetulorum latrocinia, quae
4 Tacfarinate duce passim proruperant. Simul Maro-
bodus callide circumventus, Sueborum rex; neque minus contractas undique cohortes praetorias, quae dis-
persae proximis municipiis seu Romae quaeque per 25
domos habebantur, in castra apud urbem redegit, qua
tenebantur praefecturam appellans, vel augens, praetorio; nam ceteros paritorum praesidesque Augustus
instituerat.

3   Igitur Claudio febri an insidiis oppresso, cum im- 30

5 Iudei *p*   7 Deinde *o*   8 ubique *op* **corr.** *Schott*   13 i.
idem *p* in., fine *Gruter*   15 noxios —*p*   18 qua resolutis *o*
quare solitis *p* quare res. *Maehly*   19 iuris romañ *p* ruris ro-
maui *o*   20 inter exedra *op* inter exordia *Olivarius*   provincia *op* provinciam *Opitz*   22 de Farnace *op* **corr.** *Schott*
proruperant. praetorias *p* (simul—cohortes *om.*)   30 Claudio
Ferian *op* (fere iam *in margine cod. p a recenti manu ad-*

perium tres atque viginti, aevi octogesimum uno minus annos egisset, Gaius Caesar cognomento Caligula aventibus cunctis deligitur, maiorum gratiae pa-
rentisque. Namque per filiam proavus Augustus, genere 2
5 materno Agrippa, Drusus, Germanici pater, e quo is
oriebatur, avi erant. Quorum modestia atque imma- 3
turo, absque Octaviani, interitu vulgus, simul matris
fratrumque, quos vario Tiberius exitio interceperat,
permovebatur. Qua causa nitebantur omnes casum tan- 4
10 tae familiae lenire adolescentuli spe, tum quia natus
in exercitu (unde cognomentum calceamento militari
quaesiverat) legionibus carus acceptusque habebatur.
Praeterea prudentissimus quisque similem fore suis 5
credebat; quod longe secus quasi naturae lege, quae
15 crebro tamquam ex industria malos e bonis, agrestes
ex doctioribus et ceteros huiuscemodi seu contra gignit. Quo demum exemplo sapientium plures caruisse 6
liberis utilius duxere. Ceterum in Caligula haudqua- 7
quam vero plurimum aberant, quippe qui diu immania
20 animi ita pudore ac parendi specie obtexerat, uti merito vulgaretur neque meliores famulos neque atrociorem dominum. illo fuisse. Denique nactus potestatem, 8
uti talia ingenia recens solent, anni mensibus egregia
ad populum, inter patres, cum militibus gessit; dela-
25 taque coniuratione quasi minus credens praedicavit vix
convenire in eum, cuius vita nullius oneri aut incom-

scriptum) Tiberio iam Schott senio an Barth fato an Arntzen
Tiberio vi an Maehly Claudio [an Tiberio] insidiis Opitz febri
an F. P.
  2 anno o 9 permovebantur op corr. Schott 13 suis Schott
sui op 21 meliorem famulum Schott 23 recens o veteris an
recens dubium p veteris olim a. m. Schott verti Gruter deteri
solent Petr. Pithoeus victis insolentia mentibus Arntzen veros
vel veterum solent animos mentiri Klotz, Misc. crit. (a. 1763)
p. 37 verti solent, anni ⟨primi primis vel prioribus⟩ m. M. Hertz,
N. Jahrbb. 1881 p. 287 tegere (versare Gruner) solent animi
sensus Closs 24 partes op corr. Schott 25 praedicaret op
praedicavit? Schott praedicarat Petschenig 26 nullis vel nulli
usquam Sylburg

9 modo esset. Sed repente caesis primum vario facinore innocentium paucioribus tamquam beluae hausto sanguine ingenium exeruit; itaque deinceps triennium consumptum, cum senatus atque optimi cuiusque mul- 10 tiplici clade terrarum orbis foedaretur. Quin etiam 5 sororum stupro ac matrimoniis illudens nobilibus deorum habitu incedebat, cum Iovem se ob incestum, ex 11 choro autem Bacchanali Liberum assereret. Neque secus contractis ad unum legionibus spe in Germaniam transgrediendi conchas umbilicosque in ora ma- 1 12 ris Oceani legi iussit, cum ipse nunc fluxo cultu Venerioque interesset, nunc armatus spolia a se non ex hominibus, sed caelestium capi dictitaret, scilicet quod huiuscemodi pisces Graecorum dicto, quis augendi omnia studium est, Nympharum lumina accepisset. 1 13 His elatus dominum dici atque insigne regni nectere 14 capiti tentaverat. Qua causa auctore Chaerea moti, quibus Romana virtus inerat, tanta pernicie rempublicam confosso eo levare; relatumque excellens Bruti facinus eiecto Tarquinio foret, si per Quirites modo 2 15 militia exerceretur. Verum ubi cives desidia externos barbarosque in exercitum cogere libido incessit, corruptis moribus libertas oppressa atque habendi auctum 16 studium. Interim dum senatus decreto gentem Caesarum, etiam muliebri sexu, omnemque affinitatem ar- 2 mati persequuntur, forte Vimius, ortus Epiri, centurio e cohortibus, quae palatium per opportunos locos obsidebant, Titum Claudium occultantem se repperit deformi latebra protractatoque eo exclamat apud socios, 17 si sapiant, adesse principem. Et sane quia vecors erat, 3 mitissimus videbatur imprudentibus; quae res adver-

2 nocentium *o* belua *Maehly* 3 exercuit *p* 7 ex thoro *p* choro *Opitz* 9 specie *Schott* 11 venereque *o* 15 lumina 〈nominari〉 a. *Freudenberg* 17 tēptaueat *o* cherea *o* cerea *p* 19 confesso *op corr. Schott* levavere? *F. P.* praelatumque *op* relatumque *Klotz* 26 unius *p* 28 Ti. *Schott* repperit *op* reperit *Schott*

sum nefariam patrui Neronis mentem auxilio neque
apud fratris filium Caligulam invidiae fuit; quin etiam
militares plebisque animos conciliaverat, dum flagrante
suorum dominatione ipse contemptui miserabilior habe-
5 retur. Talia plerisque memorantibus repente eum nullo 18
retractante quae aderant turbae circumsistunt, simulque affluebant reliqui militum et vulgi magna vis.
Quod ubi patres accepere, mittunt ocius si valerent
ausum comprimere. Sed postquam variis tetrisque 19
10 seditionibus civitas cunctique ordines lacerabantur, tamquam ex imperio omnes dedere se. Ita Romae regia 20
potestas firmata proditumque apertius mortalium conatus vacuos a fortuna cassosque esse.

Igitur Claudius, quamquam ventri foede oboediens, 4
15 vecors iuxta atque immemor pavidusque animi et igna-
vior esset, pleraque per formidinem tamen egregie
consultabat, nobilitatis praecipue consiliis, quae metu
colebatur: quippe stolidorum ingenia proinde agunt,
uti monitores sunt. Denique bonis auctoribus com- 2
20 pressa per eum vitia ac per Galliam Drysadarum fa-
mosae superstitiones; lata iura quam commodissima;
curatum militiae officium; retenti fines seu dati imperio Romano; Mesopotamia per orientem, Rhenus
Danubiusque ad septemtrionem et a meridie Mauri ac-
25 cessere provinciis, demptis regibus post Iubam; caesa-
que Musulamiorum manus; simul ultima occasus, Britanniae partes contusae, quam solam adiit, Ostia profectus mari; nam cetera duces curavere. Adhuc annonae 3
egestas composita, quam Caligula invexerat, dum ad-
30 actis toto orbe navigiis pervium mare theatris curri-
busque damno publico efficere contendit. Neque se- 4

1 patri p prī(s) o patrui Schott   8 hoc ius si valerent a. c. o
hoc ius a. c. p in margine ocius Z statim   13 vacuos Fortuna
cassos (vel vanos absque F. cassosque) Klotz, Misc. crit. p. 38
17 consiliisque op corr. Schott   20 Drysadarum o Drysuda-
rum p Druydarum vel Druidarum Schott   26 Musul;// o Musa-
lamiorum p   27 solam adit p solum adit o   29 induxerat p

cus censu novato, cum senatu motis pluribus lascivum
adolescentem, quem sibi probatum parens asseruerat,
retinuisset, censorem et liberis patrem debere esse
5 recte adiecerat. Ast ubi Messalinae coniugis simulque
libertorum delinimentis, quibus semet dediderat, in 5
pravum abstractus, non illa modo tyrannorum admissa,
verum quae postremum genus mulierum atque servile
6 quibat facere viro amenti dominoque. Namque uxor
primo passim quasi iure adulteris utebatur; eoque exstincti cum suis plerique ingenio seu metu abstinen- 10
tes, dum pervagatis mulierum artibus peti a se petitos
7 criminatur. Dehinc atrocius accensa nobiliores quasque
nuptas et virgines scortorum modo secum prostituerat;
8 coactique mares, uti adessent. Quod si qui talia horruerat, afficto crimine in ipsum omnemque familiam 15
9 saeviebatur. Namque Claudium, uti supra docuimus,
natura performidolosum iniecto metu sui agitabant,
maxime coniurationis; quo commento liberti etiam,
10 quos vellent, perditum ibant. Qui primo sceleribus
coniventes, ubi pares patronae facti sunt, eam quoque 20
ignaro, quasi iubente tamen, domino per satellites in-
11 terfecere. Et sane in id progressa mulier erat, uti
animi ac pellicum gratia marito Ostiam profecto
Romae nuptias cum altero frequentaret; et hinc no-
tior, dum mirum videtur apud imperatorem viro quam 25
12 imperatori nuptam esse. Ita liberti potestatem nacti
summam stupris exilio caede proscriptionibus omnia
foedabant, eoque herilem stultitiam perpulere, uti senex
13 fratris filiam in nuptias concupisceret. Quae †quamvis

---

1 senatus *op*   9 passimque *p*   11 peti se a petitis *Schott*
12 nobiliore quas nobiliores quasque *op corr. Schott*   20 cohi-
bentes *op* coniventes *Mommsen* conniventes *iam Olivarius* col-
ludentes *Schott* collubentes *edd.*   23 merito hostiam *o* gratia
Ostiam (*om·sso* m.) *p* marito *Cohn*   24 cum adultero *Arntzen*
25 virum *op* viro *Opitz* dum nimirum videretur apud imp.
viro quam imp. nupta esse *Freudenberg* apud imp. virum viro
quam imp. nuptam esse *Olivarius*

superiore absurdior haberetur iccircoque paria extime-
sceret, veneno coniugem interemit. Huius anno sexto, 14
cum quattuordecim regnarit, octingentesimus urbis mire
celebratus, visusque apud Aegyptum Phoenix, quam
5 volucrem ferunt anno quingentesimo ex Arabis memoratos locos advolarc; atque in Aegaeo mari repente
insula ingens emersit nocte, qua defectus lunae acciderat. Ceterum funus, uti quondam in Prisco Tar- 15
quinio, diu occultatum, dum arte mulieris corrupti
10 custodes aegrum simulant atque ab eo mandatam interim privigno, quem paulo ante in liberos asciverat,
curam reipublicae.

Eo modo L. Domitius (nam id certe nomen Ne- 5
roni, patre Domitio, erat) imperator factus est. Qui 2
15 cum longe adolescens dominatum parem annis vitrico
gessisset, quinquennium tamen tantus fuit, augenda
urbe maxime, uti merito Traianus saepius testaretur
procul differre cunctos principes Neronis quinquennio;
quo etiam Pontum in ius provinciae Polemonis per-
20 missu redegit, cuius gratia Polemoniacus Pontus appellatur, itemque Cottias Alpes Cottio rege mortuo.
Quare satis compertum est neque aevum impedimento 3
virtuti esse; eam facile mutari corrupto per licentiam
ingenio, omissamque adolescentiae quasi legem perni-
25 ciosius repeti. Namque eo dedecore reliquum vitae 4
egit, uti pigeat pudeatque memorare huiuscemodi quem-
piam, nedum rectorem gentium, fuisse. Qui dum psal- 5
lere per coetus Graecorum invento in certamen coronae
coepisset, eo progressus est, uti neque suae neque ali-
30 orum pudicitiae parcens, ad extremum amictus nubentium virginum specie, palam senatu, dote data, cunctis
festa more celebrantibus in manum conveniret lecto

---

1 idcirco *p*   3 regnaret *o*   5 quinquagesimo *p*   8 Tetrum *p*   12 De imperio Neronis *p*   17 sepe *o*   19 permissum *o p* corr. *Schott*   22 est —*p*   neque eum *o*   26 quemquam *p*   cum *Arntzen*   31 dicta *Opitz fortasse* sollemni more
Sylburg

6*

6 ex omnibus prodigiosis. Quod sane in eo levius aesti-
7 mandum. Quippe noxiorum vinctis modo pelle tectus
ferae utrique sexui genitalia vultu contrectabat; ex-
8 sector marium maiore flagitio. Atque inter haec ma-
. trem etiam contaminavisse plures habent, dum ea quo- 5
que ardore dominandi scelere quolibet subici filium
9 cupit. Id ego quamquam scriptoribus diversa firman-
10 tibus verum puto. Namque ubi mentem invaserint
vitia, † nequaquam verecundiae externis societate huma-
nius datur; peccandi consuetudo, nova et eo dulciora 10
11 affectans, ad extremum in suos agit. Quod his proditum magis, dum quasi quodam progressu illa per
alteros ad patrui nuptias atque alienorum cruciatibus
mariti exitium, hic paulatim ad sacerdotem Vestae,
deinde se, postremo uterque in sui scelus processerint. 15
12 Neque blandimentis talibus tamen coalescere potuere,
sed eo praeceps dati, dum insidiantur invicem, mater
13 praeversa interiit. Igitur cum omne ius fasque parricidio trivisset ac magis magisque in optimos saevire-
tur, coniuravere plures varia sane tempestate ad libe- 20
14 randam rempublicam. Quis proditis caesisque imma-
nior urbem incendio, plebem feris vulgo missis, senatum pari morte tollere decreverat, nova sede regno
quaesita, maximeque incitante legato Parthorum, qui
forte inter epulas aulicis, uti mos est, canentibus, cum 25

---

2 modo ⟨lusus⟩ *Schott*   3 exactor parium *op* exsector marium *Petrus Pantinus* exactor marium *Freudenberg*   9 vitia
nequam, v. externae societate immanius *Olivarius* nequaquam
verecundiae externae satietate humanis datur *Arntzen* nec
quidquam verecundiae ⟨est⟩ externis satiata immanius exci-
tatur p. c. *Freudenberg* mentem i. v. nequam, verecundiae
e. s. i. d. *Maehly* n. verecundia externa societatis humanae
datur *Klotz, l. c. p. 38* n. inverecundiae externis satiate immanius *Friese* nequaquam verecundia externis sollicitata huma-
nius saturatur peccandi cons. *Closs*   extenis — humani *o*
11 agens *p*   hijs *o*   12 per adulteros *Arntzen*   15 in se
Schott   16 latibus *op corr. Schott*   17 dari *op corr. Schott*
18 perversa *op* praeversa *F. P.* praeventa *Freudenberg*   23 pari
more *Arntzen* pari modo *Schott*

sibi citharistam poposcisset, responso dato liberum
esse, adiecerat sumeret ipse quem vellet e suis, ostentans, qui convivio aderant, quod liber sub imperio
nullus haberetur. Ac ni Galba, qui Hispaniae prae- 15
5 sidebat, cognito mandatum sui exitium quamquam
senecta aetate imperio correpto subvenisset, tantum
facinus haud dubie patraretur. Verum eius adventu 16
desertus undique nisi ab spadone, quem quondam exsectum formare in mulierem tentaverat, semet ictu
10 transegit, cum implorans percussorem diu ne ad mortem quidem meruisset cuiusquam officium.

Hic finis Caesarum genti fuit: quem fore prodigio- 17
rum multa denuntiavere praecipueque eorum praediis
arescens lauri nemus dicatum triumphantibus atque
15 interitus gallinarum, quae adeo multae albaeque erant,
aptioresque religionibus, ut iis Romae habeatur hodie
locus.

At Galba, haud secus nobilis e gente clarissima 6
Sulpiciorum, ubi Romam ingressus est, quasi luxuriae
20 aut etiam crudelitati auxilio ventitavisset, rapere tra-
here vexare ac foedum in modum vastare cuncta et
polluere. Quis rebus intestabilior (dum gravius offen- 2
dunt, quos mollius consultaturos spes erat), simul quia
opes militum nimis pecuniae cupidus attenuaverat,
25 Othone auctore interficitur; qui praelatum adoptione
eius Pisonem impatientius dolens accensas cohortes
armatasque in forum deduxerat. Quo cum lorica 3
tectus Galba tumultum leniturus contenderet, ad lacum Curtium caesus est mense imperii ac die septimo.
30 Igitur Salvius Otho, Neroni quondam criminose 7
familiaris, haud multo fine adolescentiae grandior po-

3 convivia oderant *op corr. Schott* 9 temptaverat *o* 15 multae albaeque aptiores erant *p* quae adeo multae ⟨ibi provene-
rant ut hodieque ea villa ad gallinas vocetur⟩ *Jordan* (*Hermes 2, 87*) 16 hijs *o* his *p* iis *Schott corr.* 18 Galba *tit. p*
T Galba *op* At *Schott* 23 consulturos *p* 28 ortium *op corr.*
Schott 29 occisus *o* 30 Neroni quoque quondam *p*

2 tentiam invadit. Qua dies fere quinque et octoginta praecognitis moribus potitus, postquam a Vitellio, qui e Gallia descenderat, Veronensi proelio pulsus est, mortem sibimet conscivit.

8   Ita ad **Aulum Vitellium** potestas delata, quae progressu funestior talibus initiis foret, si Vespasianus aliquamdiu Iudaeorum bello, quod Neronis iussu sus-

2 ceperat, impensius attineretur. Is ubi gesta per Galbam ipsumque oppressum accepit, simul quoniam legati Moesiae Pannonicique exercitus hortantium vene-

3 rant, imperium capit. Namque milites praedicti, postquam Othonem praetoriis, Vitellium Germanicianis legionibus factum comperere, aemuli, ut inter se solent, ne dissimiles viderentur, Vespasianum perpulere, in quem iam Syriacae cohortes ob egregia vitae con-

4 senserant. Quippe Vespasianus nova senator familia Reatinis maioribus industria rebusque pacis ac militiae longe nobilis habebatur. Huius legatorum in Italiam

5 transgressu fusisque apud Cremonam suis Vitellius ab Sabino urbi praefecto, Vespasiani fratre, sestertium milies pepigerat arbitris militibus imperio decedere; sed postquam mox circumventum se nuntio ratus est, quasi renovato furore ipsum ceterosque adversae partis cum Capitolio, quod saluti remedium ceperant, cre-

6 mavit. Ast ubi vera esse ac propinquare hostes patefactum est, productus e tugurio, quo se abdiderat, ianitoris iniecto laqueo parricidarum more ad scalas Gemonias perque eas pertractus; simul ictibus, quantum quisque valuerat, confosso corpore in Tiberim deicitur, tyrannidis octavo mense, annos natus septuaginta et quinque amplius.

1 qui *p*   2 praecorruptis militibus *vel* cohortibus *Freudenberg*   10 hortatum *Schott*   12 Othonem prędc̅m̅ praetoriis *p* principem *Arntzen* imperatorem *Maehly* praesidem *vel* praefectum *alii*   18 in Italia *p* in Ytalia *o corr. Schott*   30 septuaginta et quinque *op* [quinquaginta septem *secundum Tacitum et Suetonium, ut monet Schott*]

Hi omnes, quos paucis attigi, praecipueque Caesa- 7
rum gens adeo litteris culti atque eloquentia fuere,
ut, ni cunctis vitiis absque Augusto nimii forent, tantae artes profecto texissent modica flagitia. Quis rebus 8
5 quamquam satis constet praestare mores, tamen bono
cuique, praesertim summo rectori, utroque, si queat,
iuxta opus: sin aliter, vitae proposito immensum regrediente elegantiae saltem atque eruditionis sumat
auctoritatem.
10 Hoc item ex genere Vespasianus, sanctus omnia, 9
facundiae haud egens promendis, quae senserat, exsanguem diu fessumque terrarum orbem brevi refecit. Namque primum satellites tyrannidis, nisi qui 2
forte atrocius longe processerant, flectere potius maluit
15 quam excruciatos delere, prudentissime ratus nefaria
ministeria a pluribus metu curari. Dein coniuratio- 3
num multas scelere inulto abscedere patiebatur, comi-
ter, uti erat, stultitiae coarguens, qui ignorarent, quanta
moles molestiaque imperio inesset. Simul divinis de- 4
20 ditus (quorum vera plerisque negotiis compererat),
successores fidebat liberos Titum ac Domitianum fore.
Praeterea legibus aequissimis monendoque, quodque 5
vehementius est, vitae specie vitiorum plura aboleverat. Infirmus tamen, uti quidam prave putant, adver- 6
25 sum pecuniam, cum satis constet aerarii inopia ac
labe urbium novas eum neque aliquamdiu postea habitas vectigalium pensiones exquisivisse. Namque Ro- 7
mae Capitolium, quod conflagravisse supra memoravimus, aedes Pacis, Claudii monumenta, amphitheatri

1 hii *o*   5 bono — *p*   6 summe rectori *p* summae ⟨rei⟩
rectori *Opitz*   7 sin autem *p*   pregrediente *o* progrediente *p*
regrediente *Mommsen*   8 satis *p*   9 auctoritatis sumat eruditionem *op* eruditionis s. auctoritatem *F. P.* el. satis atque
eruditionis sumat ad auctoritatem *Maehly* elegantiam saltim
atque auctoritatem sumat eruditione *Closs*   12 prebire fecit
op corr. Schott   16 Deinde *o*   18 arguens *p*   19 deditos *op*
22 monendo *p*   28 conflagrasse *p*

tanta vis, multaque alia ac forum coepta seu patrata.
8 Adhuc per omnes terras, qua ius Romanum est, renovatae urbes cultu egregio viaeque operibus maximis
munitae et cavati montes per Flaminiam prono trans-
9 gressui. Quae tot tantaque brevi confecta intactis cul- 5
toribus prudentiam magis quam avaritiam probavere;
simul censu more veterum exercito senatu motus pro-
brosior quisque, ac lectis undique optimis viris mille
gentes compositae, cum ducentas aegerrime repperisset
10 exstinctis saevitia tyrannorum plerisque. Ac bello rex 10
Parthorum Vologesus in pacem coactus atque in provinciam Syria, cui Palaestinae nomen, Iudaeique anni-
tente filio Tito, quem transgrediens in Italiam reliquerat externae militiae moxque victorem praefectura
11 praetorio extulerat. Unde etiam is honos, ingens a 15
principio, tumidior atque alter ab Augusto imperio
12 fuit. Verum hac tempestate dum honorum honestas
despectatur mixtique bonis indocti ac prudentibus in-
ertes sunt, fecere nomen plerique potentia vacuum
insolensque miseris, subiectum pessimo cuique et an- 20
nonae specie rapax.
10 Ceterum Titus postquam imperium adeptus est,
incredibile quantum, quem imitabatur, anteierit, prae-
2 sertim litteris clementiaque ac muneribus. Denique
cum concessa per priores principes firmari ab inse- 25
quentibus mos esset, simul imperium cepit, talia pos-
3 sidentibus edicto sponte cavit prospexitque. Neque
minus sancte facilis in tuendis, qui forte in se coniuravissent, adeo ut, cum amplissimi ordinis duo abnuere cogitatum scelus nequirent patresque censuis- 30

1 multaeque aliae *op* multaque alia *Maehly, Jordan quoque*
(*Hermes 2, 89*) aliae forum *o*   ac *p* ceu *Mommsen*   2 ad hoc
Maehly   ius romanorum *o*   4 transgressu *p*   10 at bello *o*
ac sine b. *Cohn*   11 in provincia Syrie *p* improvincia *o corr.*
Schott   20 per miseri!!! *p* insolensque misericors *o* insolensque miseris *Mommsen* insolens per iniurias *Schott*   23 incredibile est *p*   25 dum *p*   29 coniurassent *p*

sent de confessis supplicium sumendum, deductos in
spectaculum se utrimque assidere iusserit petitoque ex
industria gladiatoris, quorum pugnae visebantur, gladio, quasi ad explorandam aciem uni atque alteri com-
5 mitteret. Quis perculsis et constantiam mirantibus: 4
'Videtisne', inquit, 'potestates fato dari frustraque ten-
tari facinus potiundi spe vel amittendi metu?' Ita 5
biennio post ac menses fere novem amphitheatri per-
fecto opere lautusque veneno interiit, anno aevi qua-
10 dragesimo, cum eius pater septuagesimo obisset, imperator decennii. Huius sane mors adeo provinciis 6
luctui fuit, uti generis humani delicias appellantes
orbatum orbem deflerent.

Igitur Domitianus fratris atque imperatoris optimi 11
15 nece, privato scelere publicoque amentior, simul ma-
culosae adolescentiae praedas caedem supplicia agere
occepit. Maior libidinum flagitio ac plus quam su- 2
perbe utens patribus, quippe qui se dominum deumque dici coegerit; quod confestim ab insequentibus
20 remotum validius multo posthac deinceps retulere.
Sed Domitianus primo clementiam simulans neque 3
adeo iners domi belloque tolerantior videbatur. Id- 4
circoque Dacis et Cattorum manu devictis Septembrem
Octobremque menses Germanici superiorem, e suo no-
25 mine alterum appellaverat; multaque operum inchoata
per patrem vel fratris studio atque inprimis Capitolium absolvit. Dehinc atrox caedibus bonorum segnis- 5
que ridicule remotis procul omnibus muscarum agmina
persequebatur, postquam ad libidinem minus virium

1 deductus *op* corr. *Schott sec. epit.* 2 utrimque *vel* utrun-
que *p* utrūque *o* 3 gladiatorum *Opitz* 4 committere *p* com-
mictere *o* committeret *Opitz* 8 biennium *Schott* profecto *p*
9 lautūsque *Klebs* (*Archiv f. lat. Lexicographie VII p. 438*) lau-
tiisque *vel* lautibusque *Lipsius de Amphith. cap. 6* ludisque?
Arntzen 14 De Domitiano imperatore *p* 17 maiorum *o*
19 dicere *o* 20 multoque *o* deincipes *Gruter* 23 capto-
rum *o* 24 germanicis *op* corr. *Schott* 25 opera *p* 27 sty-
lisque *Torrentius*

erat, cuius foedum exercitium Graecorum lingua κλινο-
6 πάλην vocabat. Hincque iocorum pleraque: nam percontanti cuidam, quis iamne in palatio esset, responsum: Ne musca quidem, nisi forte apud palaestram.
7 Is ergo magis magisque saevitia nimius eoque suspec- 5
tior etiam suis libertorum consilio uxore non ignara,
quae amorem histrionis viro praetulerat, poenas luit,
quinto et quadragesimo vitae anno, dominationis cir-
8 citer quintodecimo. At senatus gladiatoris more funus
9 ferri radendumque nomen decrevit. Quo moti milites, 10
quibus privatae commoditates dispendio publico lar-
gius procedunt, auctores necis ad supplicium petere
10 more suo seditiosius coeperunt. Qui vix aegreque per
prudentes cohibiti tandem in gratiam optimatum con-
11 venere. Neque minus per se moliebantur bellum, quod 15
his conversum imperium maestitiae erat ob amissionem
praedarum per dona munifica.
12 Hactenus Romae seu per Italiam orti imperium
rexere, hinc advenae quoque; nescio an ut in Prisco
13 Tarquinio longe meliores. Ac mihi quidem audienti 20
multa legentique plane compertum urbem Romam externorum virtute atque insitivis artibus praecipue crevisse.
12 Quid enim Nerva Cretensi prudentius maximeque
2 moderatum? Qui cum extrema aetate apud Sequanos, 25
quo tyranni decessit metu, imperium arbitrio legionum cepisset, ubi perspexit nisi a superioribus robu-
stioribusque corpore animoque geri non posse, mense
sexto ac decimo semet eo abdicavit, dedicato prius
foro, quod appellatur Pervium, quo aedes Minervae 30

1 exercitum *op corr. Schott*   3 quisquamne *p*   10 efferri
Maehly   16 omissionem *p*   19 nescio quoque *p*   20 at *p*
24 De Nerva imperatore *p*   Narniensi *Schott*   25 magisque
moderatum *Schott*   26 tyrannide fecit *op* tyranni decessit
F. P. tyranni fugit *alii* desedit *Arntzen* quod tyrannidis fecit
metu *alii*   27 prospexit *p*   superioribus — *o*   30 Nervium
Nicol. Faber

eminentior consurgit et magnificentior. Id cum sem- 3
per egregium sit metiri, quantum queas, neque ambitione praeceps agi, tum in imperio, cuius adeo cupidi
mortales sunt, ut id vel ultima senectus avide petat.
5 Huc accedit, quod suffecti virtute quantus consilio 4
esset, magis magisque patefecit.

Namque Ulpium Traianum Italica, urbe Hispa- 13
niae, ortum, amplissimi ordinis tamen atque etiam
consulari loco, arrogatum accepit dedit. Hoc aegre 2
10 clarior domi seu militiae reperietur. Quippe primus 3
aut solus etiam vires Romanas trans Istrum propagavit domitis in provinciam Dacorum pileatis † satisque
nationibus, Decibalo rege ac †Sardonios; simul ad ortum solis cunctae gentes, quae inter Indum et Euphra-
15 tem amnes inclitos sunt, concussae bello, atque impe-
rati obsides Persarum regi, nomine Cosdroe, et inter
ea iter conditum per feras gentes, quo facile ab usque
Pontico mari in Galliam permeatur. Castra suspectio- 4
ribus atque opportunis locis exstructa, ponsque Danu-
20 bio impositus, ac deductae coloniarum pleraeque. Ad- 5
huc Romae a Domitiano coepta forum atque alia
multa plusquam magnifice coluit ornavitque, et annonae perpetuae mire consultum reperto firmatoque pi-
storum collegio; simul noscendis ocius, quae ubique
25 e republica gerebantur, admota media publici cursus.
Quod equidem munus satis utile in pestem orbis Ro- 6

3 agit *o p corr. Schott*   6 perfecit *p* prefecit *o corr. Schott*
7 De Traiano imperatore *p*   ytalia *o*   8 etiam —*p*   9 accepit. dedit hec *o p corr. Schott* accepit [dedit] *Opitz (alter-*
utrum superare iam Schott censuit)   10 militia *o*   12 satisque
o p capillatisque *F. P. (Blätter f. d. bayer. Gymnasialschulw.*
1888 p. 30) Sacisque *editt.* Jazygisque *Schott* aliisque *Mommsen*
Sarmatisque? *F. P.*   13 decibalo *o* de Cibalo *p*   ac Darda-
niis, Dardanis *vel* Sarmatis, Sauromatis *Schott* ac Sar ⟨mize-
getusa...⟩ donios *Mommsen* Sardonio *Irise*   15 contuse. Cui
bello *o* concusse cui bello *p*   imperanti *o p corr. Schott*
21 cepta fora *p*   24 noscendi socius *o p corr. Cl. Puteanus*
25 e repta *p* erepta *o corr. (e re pca) Schott*

mani vertit posteriorum avaritia insolentiaque, nisi
quod his annis suffectae vires Illyrico sunt praefecto
7 medente Anatolio. Adeo boni malive in republica
nihil est, quod in diversum traduci nequeat moribus
8 praesidentium. Aequus clemens patientissimus atque
in amicos perfidelis, quippe qui Surae familiari opus
9 sacraverit, quae Suranae sunt: usque eo innocentiae
fidens, uti praefectum praetorio Suburanum nomine,
cum insigne potestatis, uti mos erat, pugionem daret,
crebro monuerit: 'Tibi istum ad munimentum me icom-
mitto, si recte agam; sin aliter, in me magis': quod
10 moderatorem omnium vel errare minus fas sit. Quin
etiam vinolentiam, quo vitio uti Nerva angebatur,
prudentia molliverat, curari vetans iussa post longio-
11 res epulas. His virtutibus acto imperio annos prope
viginti, cum terrae motu gravi apud Antiochiam ceteraque Syriae extremis afficeretur, rogatu patrum Italiam repetens morbo periit grandaeva aetate ascito
12 prius ad imperium Hadriano civi propinquoque. Abhinc divisa nomina Caesarum atque Augusti inductum-
que in rempublicam, uti duo seu plures summae potentiae dissimiles cognomento ac potestate dispari sint.
13 Quamquam alii Plotinae, Traiani coniugis, favore imperium assecutum putent, quae viri testamento here-
dem regni institutum simulaverat.

14 Igitur Aelius Hadrianus eloquio togaeque studiis
accommodatior pace ad orientem composita Romam
2 regreditur. Ibi Graecorum more seu Pompilii Numae
caerimonias leges gymnasia doctoresque curare occe-

1 posterorum o   3 malique p   6 curę p sua re o corr.
Schott   7 quae ⟨aquae⟩ Suranae sunt Maehly   13 agebatur o   17 extremius Gruter Syriae ⟨bona Asiae parte con-
cussa, reliqua bellorum calamitatibus⟩ extremis afficerentur
Sylburg Antiochia cet. S. extrema afficerentur Anna extremis
⟨aerumnis⟩ afficeretur Freudenberg Antioch. c. S. extremis afficerentur Closs   militiam o p Italiam Freudenberg   24 ue
testam. o   25 simularat p   26 De Elio Hadriano p   28 modo o

pit, adeo quidem, ut etiam ludum ingenuarum artium, 3
quod Athenaeum vocant, constitueret atque initia 4
Cereris Liberaeque, quae Eleusina dicitur, Atheniensium modo Roma percoleret. Deinde, uti solet tran- 5
5 quillis rebus, remissior rus proprium Tibur secessit
permissa urbe Lucio Aelio Caesari. Ipse, uti beatis 6
locupletibus mos, palatia exstruere, curare epulas signa
tabulas pictas; postremo omnia satis anxie prospicere,
quae luxus lasciviaeque essent. Hinc orti rumores 7
10 mali iniecisse stupra puberibus atque Antinoi flagra-
visse famoso ministerio neque alia de causa urbem
conditam eius nomine aut locasse ephebo statuas.
Quae quidem alii pia volunt religiosaque: quippe Ha- 8
driano cupiente fatum producere, cum voluntarium ad
15 vicem magi poposcissent, cunctis retractantibus Anti-
noum obiecisse se referunt, hincque in eum officia
supra dicta. Nos rem in medio relinquemus quam- 9
quam in remisso ingenio suspectam aestimantes societatem aevi, longe imparilis. Interim Aelio Caesare 10
20 mortuo, cum ipse animo parum valeret idcircoque despectui haberetur, ad creandum Caesarem patres con-
vocat. Quibus propere accurrentibus forte Antoninum 11
conspexit senis soceri aut genitoris anxios gressus
levantem manu. Quo mire oblectatus adoptatum legi-
25 bus Caesarem iubet, statimque ab eo senatus, cui ludibrio fuerat, magnam partem necari. Neque multo 12
post apud Baias tabe interiit, anno imperii absque
mense vicesimo secundo, senecta viridiore. At patres 13
ne principis oratu quidem ad Divi honorem eidem
30 deferendum flectebantur; tantum amissos sui ordinis
tot viros maerebant. Sed postquam subito prodiere, 14
quorum exitium dolori erat, quique suos complexi,
censent quod abnuerant.

3 liberae quaeque *op corr. Schott* eleusiṅa *p* Eleusinia dicuntur? *Schott* 16 obiecisse referunt *op corr. Schott* 19 He-
lio Caesare *op corr. Schott* 30 admissos *op corr. Schott*
31 merebatur *o*

15 Atque Aurelio Antonino cognomentum Pii. Hunc
2 fere nulla vitiorum labes commaculavit. Vir veterrimae familiae, e Lanuvino municipio, senator urbis;
3 adeo aequalis probisque moribus, uti plane docuerit
neque iugi pace ac longo otio absoluta ingenia corrumpi, eoque demum fortunatas urbes fore, si regna
4 sapientiae sint. Denique annis, quibus publica egit,
viginti idem mansit, celebrato magnifice urbis non-
5 gentesimo. Nisi forte triumphorum expertem socordiae
videtur; quod longe secus est, cum maius haud dubie 10
sit neque quemquam turbare ausum composita neque
ipsum ostentandi sui bellum fecisse quietis gentibus.
6 Quin etiam maribus frustratus filiae viro reipublicae
consultavit.
16 Namque M. Boionium, qui Aurelius Antoninus 15
habetur, eodem oppido, pari nobilitate, philosophandi
vero eloquentiaeque studiis longe praestantem, in fami-
2 liam atque imperium ascivit. Cuius divina omnia domi
militiaeque facta consultaque; quae imprudentia regendae coniugis attaminavit, quae in tantum petulantiae 20
proruperat, ut in Campania sedens amoena litorum
obsideret ad legendos ex nauticis, quia plerumque
3 nudi agunt, flagitiis aptiores. Igitur Aurelius socero
apud Lorios anno vitae post quintum et septuagesimum mortuo confestim fratrem Lucium Verum in so- 25
4 cietatem potentiae accepit. Eius ductu Persae, cum
5 primum superavissent, ad extremum triumpho cessere,
rege Vologeso. Lucius paucis diebus moritur, hincque materies fingendi dolo consanguinei circumventum;
6 quem ferunt, cum invidia gestarum rerum angeretur, 30
7 fraudem inter coenam exercuisse. Namque lita veneno

1 Attelio *p* athelio *o* Atque Aurelio *F. P.* ⟨Unde⟩ Aur.
Opitz Anthonio *o*   2 maculavit *p*   3 lavinio *o*   7 annos *o*
9 tr. ⟨esse⟩ expertem *Sylburg*   13 filiae viri virtute *Freuden-*
berg   21 uti Campania sedens *op* ut in C. s. *Schott* ut in
Campaniam secedens? *Schott* uti Campaniam secedens *Arntzen*
27 primo *o*

cultri parte vulvae frustum, quod de industria solum
erat, eo praecidit consumptoque uno, uti mos est inter
familiares, alterum, qua virus contigerat, germano por-
rexit. Haec in tanto viro credere nisi animi ad sce- 8
5 lus proni non queunt, quippe cum Lucium satis constet Altini, Venetiae urbe, morbo consumptum, tan- 9
tumque Marco sapientiae lenitudinis innocentiae ac
litterarum fuisse, ut is Marcomannos cum filio Commodo, quem Caesarem suffecerat, petiturus philosopho-
10 rum turba obtestantium circumfunderetur, ne expedi-
tioni aut pugnae se prius committeret, quam sectarum
ardua ac perocculta explanavisset. Ita † incerta belli 10
in eius salute doctrinae studiis metuebantur; tantumque illo imperante floruere artes bonae, ut illam glo-
15 riam etiam temporum putem. Legum ambigua mire 11
distincta, vadimoniorumque sollemni remoto denuntiandae litis operiendaeque ad diem commode ius in-
troductum. Data cunctis promiscue civitas Romana, 12
multaeque urbes conditae deductae repositae ornatae-
20 que, atque inprimis Poenorum Carthago, quam ignis
foede consumpserat, Asiaeque Ephesus ac Bithyniae
Nicomedia constratae terrae motu, aeque ac nostra
aetate Nicomedia Cereali consule. Triumphi acti ex 13
nationibus, quae regi Marcomaro ab usque urbe Pan-
25 noniae, cui Carnuto nomen est, ad media Gallorum
protendebantur. Ita anno imperii octavo decimoque 14
aevi validior Vendobonae interiit, maximo gemitu mortalium omnium. Denique, qui seiuncti in aliis, patres 15
ac vulgus soli omnia decrevere, templa columnas sa-
30 cerdotes.
　　At filius saeva a principio dominatione detestabi- 17
lior habebatur, praecipue per maiorum controversam

　　6 morbo — p　　10 nisi exp. aut p. se prius p　　12 ardua
et occulta p　　incerta belli eius salute p in eius salute *etiam
amicus Gruteri* saluti et doctrinae *Anna* belli eius salute et
doctr. st. metiebantur *Freudenberg*　　18 promissi *op corr.
Schott*　　29 quae seiunctim aliis Patres ac vulgus *Nic. Faber*

memoriam; quae posteris usque eo gravis est, ut absque communi in impios odio quasi corruptores generis
2 exsecrabiliores sint. Bello plane impiger; quo in Qua-
dos prospere gesto Septembrem mensem Commodum
3 appellaverat. Moenia Romae potentia vix digna la-
4 vandi usui instituit. Immiti prorsus feroque ingenio,
adeo quidem, uti gladiatores specie depugnandi crebro
trucidaret, cum ipse ferro, obiecti mucronibus plum-
5 beis uterentur. Cumque eo modo plures confecisset,
forte eum Scaeva nomine, audacia ac robore corporis
pugnandıque arte pervigens, ab studio tali deterruit;
qui spreto gladio, quem inutilem cernebat, sufficere
6 utrique ait, quo armabatur ipse. Eo metu, ne inter
congressum, uti solet, extorto pugione conficeretur,
Scaevam removit, atque ad alios formidolosior in feras
7 beluasque ferociam convertit. Quis rebus cum insatia-
bilem sanguinis cuncti horrescerent, coniuravere in
eum maxime proximus; quippe dominationi adeo fidus
nemo, ipsique satellites, dum incestam mentem pro-
namque in saevitiam cavent, a quibus eorum potentia
sustentatur, quoquomodo subruere tutius putant, et
Commodum quidem primo occultatius veneno petivere,
8 anno regni tertio fere atque decimo. Cuius vis fru-
strata per cibum, quo se casu repleverat; cum tamen
alvi dolorem causaretur, auctore medico, principe fac-
9 tionis, in palaestram perrexit. Ibi per ministrum un-
gendi (nam forte is quoque e consilio erat) faucibus
quasi arte exercitii bracchiorum nodo validius pressis
10 exspiravit. Quo cognito senatus, qui ob festa Ianua-

　　5 Romana *p*　　8 feῑo obiecti m ueronibus p. uteretur *o*
fero obiectum veronibus p. uteretur *p corr. Maehly* (mucronibus *iam Olivarius*)　　16 Quis reus cum instabilem *op corr.*
Schott　　17 coniuravere ne in eum *op* coniuravere ire *Schott*
18 prox. quippe *op* quisque (*Machly probat*) *vel* proximi quippe
Schott　　20 in s. ...tutius — *p*　　potentiam sustentantur *o corr.*
Mommsen　　23 cuuis *op*　　24 tandem *Schott*　　26 cibi *op* ibi
vel ubi *Schott*　　28 pacchiorum *op* bracchiorum *Olivarius* Tu-
sciarum *Schott*　　modo *o*　　29 Ianuariarum *o*

riorum frequens primo luci convenerat, simul plebes
hostem deorum atque hominum radendumque nomen
sanxere; confestimque praefecto urbi ·Aulo Helvio
Pertinaci imperium defertur.

5 Hic doctrinae omnis ac moribus antiquissimis, im- 18
modice parcus, Curios aequaverat Fabriciosque. Eum 2
milites, quis exhausto iam perditoque orbe satis videtur nihil, impulsore Didio foede iugulavere octogesimo
imperii die.

10 At Didius (an Salvius?) Iulianus fretus praeto- 19
rianis, quos in societatem promissis magnificentioribus
perpulerat, ex praefectura vigilum ad insignia dominatus processit. Genus ei pernobile iurisque urbani 2
praestans scientia; quippe qui primus edictum, quod
15 varie inconditeque a praetoribus promebatur, in ordinem composuerit. Hincque satis compertum cohi- 3
bendae cupidini ingenium ni iuvet, eruditionem imbe-
cillem esse, cum praeceptor et asper quidem rectius 4
vivendi in facinus processerit, quod novo supplicio
20 plectendum ediderat. Neque cupito tamen potitus diu.
Namque eum acceptis illico, quae acciderant, Septimius Severus, qui forte Syriae legatus in extremis
terris bellum gerebat, imperator creatus pontem proxime Milvium acie devicit; missique, qui fugientem in-
25 sequerentur, apud palatium Romae obtruncavere.

Igitur Septimius, Pertinacis nece, simul flagitio- 20
rum odio, dolore atque ira commotior cohortes praetorias statim militia exemit cunctisque partium caesis
Helvium senatusconsulto inter Divos refert; Salvii no-
30 men atque eius scripta factave aboleri iubet; quod
unum effici nequivit. Tantum gratia doctarum artium 2
valet, ut scriptoribus ne saevi mores quidem ad memoriam officiant. Quin etiam mors huiuscemodi ipsis 3
gloriae, exsecrationi actoribus est, cum omnes, prae- 4

10 an salvius *o* Ansalvius *p*   13 nobile *o*   25 prome *op*
prone *vel* Romae *Schott*   27 commodior *op corr. Schott*
34 auctoribus ? *Schott*

cipueque posteri, sic habent illa ingenia nisi publico
latrocinio ac per dementiam opprimi non potuisse.
5 Quo bonis omnibus ac mihi fidendum magis, qui rure
ortus tenui atque indocto patre in haec tempora vitam
6 praestiti studiis tantis honestiorem. Quod equidem
gentis nostrae reor, quae fato quodam bonorum parce
fecunda, quos eduxerit tamen, quemque ad sua celsos
habet. Velut Severum ipsum, quo praeclarior in republica fuit nemo; quem quamquam exacta aetate
mortuum iustitio elogioque lugendum sanxere, struen-
tes illum iustum nasci aut emori minime convenisse.
7 Scilicet quod corrigendis moribus nimium, postquam
ad veterum innocentiam quasi mentium sanitatem per-
8 venerant, clementem habuere. Ita honestas, quae principio anxia habetur, ubi contigerit, voluptati luxuriae-
que est. Pescennium Nigrum apud Cyzicenos, Clo-
9 dium Albinum Lugduni victos coegit mori; quorum
prior Aegyptum dux obtinens bellum moverat spe
dominationis, alter Pertinacis auctor occidendi, cum
eo metu in Britannos, quam provinciam a Commodo
meruerat, transmittere niteretur, in Gallia invaserat
10 imperium. Horum infinita caede crudelior habitus et
cognomento Pertinax, quamquam ob vitae parsimoniam
similem ipsum magis ascivisse plures putent: nobis
11 mens ad credendum prona acerbitati impositum. Nam
cum quidam hostiam, quem tamen, uti bellis civilibus
solet, condicio loci ad Albinum detulerat, causa exposita novissime conclusisset: 'Quid, quaeso, faceres, si
12 tu esses?' ille respondit: 'Ea perferrem, quae tu.' Quo
dicto factoque durius nihil bonis: cum sanctique huius-

---

4 tenuique ind. *p*   5 tantum *Casaubonus*   6 quae facto
(quo fato *p*) quodam bonorum parte fecunda *op* parce *Woelfflin*
partu *Schott*   7 ad celsa suos *p*   9 qui quamquam *op* quem
Schott   10 struente *o* statuentes? *Schott*   11 iustum ⟨aut⟩
nasci *Anna* illum aut non nasci *Maehly* nasci. at emori *Klotz*
l. c. p. 38   15 voluptatis *o*   21 nitebatur *p*   25 metus *op*
corr. *Schott*   28 si tu ⟨hic⟩ esses *Anna*

cemodi dissensiones, quamvis studiosius coeptas, fortunae increpent magisque in protegendis quam ad
perdendos cives verum corrumpi patiantur. At iste 13
delendarum cupidus factionum, quo deinceps mitius
5 ageret, necessitudinem facti ulcisci maluit, ne paulatim spe veniae in labem publicam per coniurationes
procederetur, ad quas vitio temporum animos ⟨pro-
nos⟩ intelligebat; neque ego abnuo ea delictorum,
quae grassari immodice coeperint, plus paene quam
10 severe excidenda esse. Felix ac prudens, armis prae- 14
cipue; adeo, ut nullo congressu nisi victor discesserit
auxeritque imperium subacto Persarum rege nomine
Aggaro. Neque minus Arabas, simul adortus ut est, 15
in dicionem redegit provinciae modo. Adiabena quo- 16
15 que, ni terrarum macies despectaretur, in tributarios
concessisset. Ob haec tanta Arabicum, Adiabenicum 17
et Parthici cognomento patres dixere. His maiora 18
aggressus Britanniam, quoad ea utilis erat, pulsis hostibus muro munivit per transversam insulam ducto
20 utrimque ad finem Oceani. Quin etiam Tripoli, cuius 19
Lepti oppido oriebatur, bellicosae gentes submotae
procul. Quae factu ardua facilius eo patrabantur, quo 20
implacabilis delictis strenuum quemque praemiis ex-
tollebat. Denique ne parva latrocinia quidem impu- 21
25 nita patiebatur, in suos animadvertens magis, quod
vitio ducum aut etiam per factionem fieri vir expe-
riens intelligeret. Philosophiae, declamandi, cunctis 22
postremo liberalium deditus studiis; idemque abs se

---

1 ceptas *p* captas *o* studio susceptas *Schott* 7 animos intelligebat *op* animos ⟨proclives *vel* pronos *vel* inclinari⟩ i.
Schott intendebant? *Schott* animatos *vel* animosos *Gruter* ⟨pro-
nos⟩ *maluit Casaubonus* ⟨niti⟩ *Petschenig* 8 eadem lictorum
op corr. Schott 11 decesserit *o* 13 (Abgarus *secundum
script. hist. Aug.*) 18 quae adeo *Schott* quod ea *Salmasius*
qua adibilis erat? *Arntzen* 19 per transversa inter insulam
op corr. Schott 23 implacabilior? *Schott* 25 advertens *o*
26 perfectionem *op* per factionem *vel* praefectorum *Schott*
28 liberalium ⟨artium⟩ *Machly* abs se *o* ab se gesta *Casaubonus*

7*

23 texta ornatu et fide paribus composuit. Legum con-
ditor longe aequabilium. Huic tanto domi forisque
uxoris probra summam gloriae dempsere, quam adeo
famose complexus est, uti cognita libidine ac ream
24 coniurationis retentaverit. Quod cum infimo turpe 5
tum potentibus, et illi magis, cui non privati neque
singuli aut flagitiosi, verum imperia et exercitus at-
25 que ipsa vitia concessere. Nam cum pedibus aeger
bellum moraretur idque milites anxie ferrent eiusque
filium Bassianum, qui Caesar una aderat, Augustum 10
fecissent, in tribunal se ferri, adesse omnes, imperato-
remque ac tribunos, centuriones et cohortes, quibus
26 auctoribus acciderat, sisti reorum modo iussit. Quo
metu cum stratus humi victor tantorum exercitus veniam precaretur: 'Sentitisne,' inquit, pulsans manu, 15
27 'caput potius quam pedes imperare?' Neque multo
post in Britanniae municipio, cui Eboraci nomen, an-
28 nis regni duodeviginti morbo exstinctus est. Ortus
medie humili, primo litteris, dehinc imbutus foro; quo
parum commodante, uti rebus artis solet, dum tentat 20
aut exquirit varia melioraque, conscendit imperium.
29 Ibi graviora expertus, laborem curas metum et incerta
prorsus omnia, quasi testis vitae mortalium: 'Cuncta,'
30 inquit, 'fui; conducit nihil'. Funus, quod liberi Geta
Bassianusque Romam detulerant, mire celebratum il- 25
latumque Marci sepulcro, ⟨quem⟩ adeo percoluerat, ut
eius gratia Commodum inter Divos referri suaserit
fratrem appellans, Bassianoque Antonini vocabulum

---

4 amplexus *p*　　**5** retentavit *p* temptaverit *o* retentaverit
Schott　　**8** aut ipsa vitia *o* saevitia *Anna* vita *Casaubonus*
Iam *Casaubonus*　　**9** anxii efferrent *op corr. Schott*　　**13** eorum
p　　**14** stratus h. v. cum tantorum *c. p* factorum *Olivarius*
tantorum ⟨populorum⟩ *Freudenberg* stratis h. cunctis cum factorum *Kellerbauer* (*N. Jahrbb. f. Ph. u. P. 1877 p. 628*)　　**17** in
— *p*　　**18** ortus enim ex humili *Olivarius* familia humili *Nic.*
Faber in aede humili *Schott* medio humili *Gruter* mediocriter
humilis *Salmasius* Lepti ex humili patre *Anna*　　**19** deinde *p*
20 temptat *o*　　**26** ⟨quem⟩ *Schott*

addiderit, quod ex illo post multos dubiosque eventus auspicia honorum cepisset patrocinio fisci; deinde 31
laborantibus secundarum initia earumque auctores memoriae sunt.

5 At posteri, quasi bellum inter se mandatis accepis- 32
sent, confestim secessere. Ita Geta, cui nomen paterno ab avo erat, cum eius modestiore ingenio frater
angeretur, obsessus interiit. Quae victoria Papiniani 33
exitio foedior facta, ut sane putant memoriae curiosi,
10 quippe quem ferunt illo temporis Bassiani scrinia cu-
ravisse monitumque, uti mos est, destinanda Romam
quam celerrime componeret, dolore Getae dixisse haud-
quaquam pari facilitate velari parricidium, qua fieret,
iccircoque morte affectum. Sed haec improbe absurda 34
15 sunt, cum constet satis praefecturam praetorio ges-
sisse neque incondite illum virum tantam contume-
liam imponere potuisse, cui amori ac magisterio erat
  Ceterum Antoninus incognita munerum specie ple- 21
bem Romanam adficiens, quod indumenta in talos
20 demissa largiretur, Caracalla dictus, cum pari modo
vesti Antoninianas nomen e suo daret. Alamannos, 2
gentem populosam ex equo mirifice pugnantem, prope
Moenum amnem devicit. Patiens communis tranquil-
lusque; pari fortuna et eodem matrimonio, quo pater.
25 Namque Iuliam novercam, cuius facinora supra memo- 3
ravi, forma captus coniugem affectavit, cum illa factio-

2 proinde *Casaubonus*   3 deliberantibus ? *Schott*   secundarum ⟨rerum⟩ *Opitz*   earum quae adiutores ? *Schott*   11 de-
stinando *op* destinanda *Gruter* dictando orationem ? *Schott*
uti motum excitatum Romae qu. c. c.? *Arntzen* declinando crimini quicquam c. c. *Maehly*   14 idcirco *p* iccirco morteque *o*
iccircoque m. *F. P.*   16 neque non inc. — qui amori ac m.
Getae erat *Gruter*   17 cui memoriae magister non erat *Freudenberg*   18 urbem *p*   19 adiciens *o* adijciens *p* adiiciens
vel adiens ? *Schott* adficiens *vel* adliciens *Gruter*   20 caragalla
op   21 anthonias *o* antonianas *p* nomine *o* nomini *p* vestes
Antoninianas *Schott* vesti Antonianae *Anna* Antoninianas nomen e suo *F. P.* (nomen e suo *iam Casaubonus*)

sior aspectui adolescentis, praesentiae quasi ignara,
semet dedisset intecto corpore, asserentique: 'Vellem,
si liceret, uti', petulantius multo (quippe quae pudo-
rem velamento exuerat) respondisset: 'Libet? plane
4 licet'. Aegypti sacra per eum deportata Romam atque aucta urbs magno accessu viae novae et ad la-
5 vandum absoluta opera pulchri cultus. Quibus confectis, cum Syriam circumgrederetur, apud Edessam
6 anno potentiae sexto moritur. Corporis reliqua luctu
publico relata Romam atque inter Antoninos fune- 1
rata sunt.

22 Dehinc Opilius Macrinus, qui praefecturam praetorio gerebat, imperator eiusdemque filius Diadumenus
2 nomine Caesar a legionibus appellantur. Quibus eo
quod ingens amissi principis desiderium erat, adole- 1
3 scentem Antoninum vocavere. Horum nihil praeter
4 saevos atque inciviles animos interim reperimus. Qua
gratia mensibus ferme quattuor ac decem vix retento
imperio, per quos creati fuerant, interfecti sunt.

23 Accitusque Marcus Antoninus Bassiano genitus, 2
qui patre mortuo in solis sacerdotium, quem Helio-
gabalum Syri vocant, tamquam asylum insidiarum
metu confugerat, hincque Heliogabalus dictus; trans-
latoque Romam dei simulacro in palatii penetralibus
2 altaria constituit. Hoc impurius ne improbae quidem 2
aut petulantes mulieres fuere: quippe orbe toto ob-
scoenissimos perquirebat visendis tractandisve artibus
3 †libidinum ferendarum. Haec cum augerentur in dies
ac magis magisque Alexandri, quem comperta Opilii
nece Caesarem nobilitas nuncupaverat, amor cumula- 3

---

2 intellecto *op corr. Schott* 4 ⟨cum⟩ vel. *Opitz* 7 publici
cultus *Maehly* 13 eiusque *p* 14 [eo] *Gruner* 25 palatia
const. *p* 28 libidinum ferarum? *Schott* partibus (artibus) l.
foedarum *Pithoeus* fingendis tractandisque artibus lib. non ferendarum *Olivarius* art. l. nefandarum *Anna* partibus l. nefandarum
Arntzen visendos tractandosve artubus libidinum verendarum
Gruter silendarum *Frise* venerearum *Opitz* 29 Pompilii *p*

retur, in castris praetoriis tricesimo regni mense oppressus est.

Statimque Aurelio Alexandro Syriae orto, cui 24
duplex Caesarea et Arce nomen est, militibus quoque
5 annitentibus Augusti potentia delata. Qui quamquam 2
adolescens, ingenio supra aevum tamen confestim apparatu magno bellum adversum Xerxem, Persarum
regem, movet; quo fuso fugatoque in Galliam maturrime contendit, quae Germanorum direptionibus ten-
10 tabatur. Ibi tumultuantes legionum plerasque con- 3
stantissime abiecit; quod in praesens gloriae, mox
exitio datum est. Nam cum tantae severitatis vim 4
milites inhorrescunt (unde etiam Severi cognomentum
accesserat), agentem casu cum paucis vico Britanniae,
15 cui vocabulum Sicilia, trucidavere. Opus urbi floren- 5
tissimum celebrio fabricatus est, matrisque cultu, quae
nomine Mammaea erat, plus quam pius. Adhuc Do- 6
mitium Ulpianum, quem Heliogabalus praetorianis
praefecerat, eodem honore retinens Paulloque inter
20 exordia patriae reddito, iuris auctoribus, quantus erga
optimos atque aequi studio esset, edocuit. Neque 7
ultra annos tredecim imperio functus rempublicam reliquit firmatam undique. Quae iam tum a Romulo 8
ad Septimium certatim evolans Bassiani consiliis tam-
25 quam in summo constitit. Quo ne confestim labere- 9
tur, Alexandri fuit. Abhinc dum dominandi suis quam
subigendi externos cupientiores sunt atque inter se
armantur magis, Romanum statum quasi abrupto prae-
cipitavere, immissique in imperium promiscue boni
30 malique, nobiles atque ignobiles, ac barbariae multi.

3 DE·ALEXANDRO·MAMMEE *p*   4 archę *p* arthe *o* Arce
Mommsen Caesareae et Arcae *Opitz*   6 eum *o*   15 in vocab.
p   16 Serapium (*vel* Isium et Serapium) *Olivarius* et celeber-
rimum *Anna* celebreque *Arntzen*   fabr. est, matris cultu, quae
M. erat, pl. q. p. *Anna*   19 pauloque *o p corr. Schott*   20 pariter reddito *Anna*   21 studiosos? *Schott* [atque] aequi studio
Sylburg   docuit *o*

10 Quippe ubi passim confusaque omnia neque suo fe-
runtur modo, quique fas putant, uti per turbam, rapere
aliena officia, quae regere nequeunt, et scientiam bo-
11 narum artium foede corrumpunt. Ita fortunae vis
licentiam nacta perniciosa libidine mortales agit; quae
diu quidem virtute uti muro prohibita, postquam
paene omnes flagitiis subacti sunt, etiam infimis genere institutoque publica permisit.

25 .Namque Gaius Iulius Maximinus, praesidens
Trebellicae, primus e militaribus, litterarum fere rudis
2 potentiam cepit suffragiis legionum. Quod tamen etiam
patres, dum periculosum existimant inermes armato
resistere, approbaverunt; filiusque eius pari nomine
Gaius Iulius Maximinus Caesar factus est.

26 Quis biennium summae potitis, haud incommode
proelio gesto contra Germanos, repente Antonius
Gordianus Africae proconsul ab exercitu princeps
2 apud Thydri oppidum absens fit. Quo ut accitus pervenit, tamquam ea re creatus foret, seditione excipi-
3 tur; qua lenita facile Carthaginem petit. Ibi cum
avertendis prodigiis, quorum metu haud inaniter angebatur, rem divinam solitis ageret, repente hostia
4 partum edidit. Id haruspices atque ipse maxime (nam
huius scientiae usu immodice prudens erat) ita accepere illum quidem destinatum neci, verum liberis pariturum imperium; progressique coniectu longius liberi
quoque exitum denuntiavere, mitem atque innoxium
praefantes fore ut illud pecus, nec diuturnum tamen
5 subiectumque insidiis. Interim Romae comperto Gor-

1 sparsa *Sylburg* 3 scientia *op* inscientia *Gruter* 7 in-
firmis *op* infimis *Arntzen* 8 institutioneque *Freudenberg*
10 rei bellicae *Nic. Faber* Triballicae *alii* ·Triballis Isauriae?
Schott 12 extimant *op* 15 potitus *o* summis *Schott* summae
⟨potestatis⟩ potitis *Opitz* 16 Anthonius *o* Antoninus *p*
18 (*Nomen verum est* Thysdrus) 21 inane *p* 22 solitus
Anna sollicitus *Bulengerus* 24 accipere *o* 25 quoque *p*
libero *vel* liberi *Anna* 26 filii *o*

diani interitu hortante Domitio urbi praefectus reli-
quique iudices vulgo caeduntur per praetorias cohortes. Quippe Gordianus, postquam delatum sibi impe- 6
rium cognovit, praemia amplum in modum ostentans
5 Romam legatos ac litteras destinaverat; quibus necato
eo frustratos se milites angebantur, genus hominum
pecuniae cupidius fidumque ac bonum solo quaestu.
At senatus metuens, ne nullis rectoribus specie captae 7
urbis atrociora acciderent, primo potestatum vices,
10 mox conscriptis iunioribus Clodium Pupienum Caecilium Balbinum Caesares constituit.

Iisdemque per Africam diebus milites Gordianum, 27
Gordiani filium, qui forte contubernio patris praetex-
tatus ac deinceps praefectus praetorio intererat, Augu-
15 stum creavere; neque sane factum nobilitas asper-
nata. Denique accito eo inter implana urbis atque 2
ipso sinu praetoriae manus acie deletae per gladiatorum familias tironumque exercitum. Dum haec Ro- 3
mae geruntur, Iulii Maximini, quos forte ea tempe-
20 state Thracia retinebat, acceptis quae evenerant, Italiam propere petunt. Eos Pupienus Aquileiae obsidione 4
confecit, postquam proelio victos reliqui paulatim de-
seruerant. Horum imperio ad biennium per huiusce- 5
modi moras annus quaesitus. Neque multo post tu- 6
25 multu militarium Clodio Caecilioque Romae intra
Palatium caesis Gordianus solus regnum obtinuit.
Eoque anno lustri certamine, quod Nero Romam in- 7
duxerat, aucto firmatoque in Persas profectus est, cum
prius Iani aedes, quas Marcus clauserat, patentes more
30 veterum fecisset. Ibi gesto insigniter bello Marci 8
Philippi praefecti praetorio insidiis periit sexennio imperii.

2 reliqui per iudices *o*   10 Cupienum *op*; (*infra* 27, 4
Pupienus; *vd. Schotti adnotat.*)   Caecilium (Caecilio 27, 6) *op*
(Caelius *secundum nummos et inscriptiones*)   12 Hisdemque
op corr. Schott   20 trachia *op*   21 Aquilae *op corr. Schott*
27 invexerat *p*

28 Igitur Marcus Iulius Philippus Arabs Thraco-
nites, sumpto in consortium Philippo filio, rebus ad
Orientem compositis conditoque apud Arabiam Philip-
popoli oppido Romam venere; exstructoque trans Tiberim lacu, quod eam partem aquae penuria fatigabat,
annum urbis millesimum ludis omnium generum cele-
2 brant. Et quoniam nomen admonuit, mea quoque
aetate post mille centesimus consule Philippo excessit
nullis, ut solet, sollemnibus frequentatus: adeo in dies
3 cura minima Romanae urbis. Quod equidem denun-
tiatum ferunt illo tempore prodigiis portentisque; ex
4 quis unum memorare brevi libet. Nam cum pontificum lege hostiae mactarentur, suis utero maris femi-
5 narum genitalia apparuere. Id haruspices solutionem
posterorum portendere vitiaque fore potiora interpre-
6 tati. Quod frustratum iri aestimans imperator Philippus, tum quia forte praeteriens filii similem pro meritorio ephebum conspexerat, usum virilis scorti remo-
7 vendum honestissime consultavit. Verumtamen manet:
quippe condicione loci mutata peioribus flagitiis agitatur, dum avidius periculosa quibusque prohibentur
8 mortales petunt. Huc accedit, quod longe aliud Etruscorum artes cecinerant, quae bonis parte plurima
iacentibus mollissimum quemque beatum fore assere-
9 bant. Eos ego ignorasse verum plane puto. Etenim
quamvis rerum omnium prospero successu, pudore
amisso tamen fortunatus esse quis potest? cum eodem
10 retento cetera tolerabilia sint. His actis filio urbi
relicto ipse quamquam debili per aetatem corpore adversum Decium profectus Veronae cadit pulso amis-
11 soque exercitu. Quis Romae compertis apud castra
praetoria filius interficitur. Annos potentiae quinque
egere.

1 DE·PHILIPPO·AVGVSTO *p*   7 nostra *p*   8 centesimo *o p*
corr. Schott   11 ex quibus *o*   16 existimans *o*   17 pro meri-
thorio *o* merito *p* (meritorio *iam Casaubonus*) meritorium ephebum
vel stupro merentem ephebum *Tollius, Add. ad Ausonium p.* 776

At Decius, Sirmiensium vico ortus, militiae gradu 29
ad imperium conspiraverat, laetiorque hostium nece
filium Etruscum nomine Caesarem facit; statimque eo
in Illyrios praemisso Romae aliquantum moratur moe-
5 nium gratia, quae instituit, dedicandorum. Et interea 2
ad eum Iotapiani, qui Alexandri tumens stirpe per
Syriam tentans nova militum arbitrio occubuerat, ora,
uti mos est, inopinato deferuntur, simulque per eos
dies Lucio Prisco, qui Macedonas praesidatu regebat,
10 delata dominatio, Gothorum concursu, postquam direptis Thraciae plerisque illo pervenerant. Qua causa 3
Decio quam potuit maturrime Roma digresso Iulius
Valens cupientissimo vulgo imperium capit. Verum
utrique mox caesi, cum Priscum nobilitas hostem
15 patriae censuisset. Decii barbaros trans Danubium 4
persectantes Bruti fraude cecidere exacto regni biennio. Sed Deciorum mortem plerique illustrem ferunt; 5
namque filium audacius congredientem cecidisse in
acie; patrem autem, cum perculsi milites ad solandum
20 imperatorem multa praefarentur, strenue dixisse detri-
mentum unius militis parum videri sibi. Ita refecto
bello, cum impigre decertaret, interisse pari modo.

Haec ubi patres comperere, Gallo Hostilianoque 30
Augusta imperia, Volusianum Gallo editum Caesa-
25 rem decernunt. Dein pestilentia oritur; qua atrocius 2
saeviente Hostilianus interiit, Gallo Volusianoque favor
quaesitus, quod anxie studioseque tenuissimi cuiusque
exsequias curarent.

Igitur his Romae morantibus Aemilius Aemilia- 31
30 nus summam potestatem corruptis militibus arripuit.
Ad quem expugnandum profecti Interamnae ab suis 2

1 DE DECIO: At decius *in fine folii p*   T Decius *p*
Syrm. *op*   3 etruscium *o* Hetruscium *p*   eo Ill. *o*   6 Iopa-
tiani, *in margine:* vel Iothapinni *o*   7 temptans *o*   11 trachie
o p   12 rome *o*   16 Abruti? *Gruter* in Abruto fr. c. *Anna*
Abruti *Arntzen*   19 aciem *o*   21 parvum *Schott*   24 volusiano *o*   25 deinde *o*   30 potestatum *o p corr. Schott*

caeduntur spe praemii maioris ab Aemilio, cui nullo
labore seu detrimento victoria obveniebat, simul quia
3 immodici per luxum lasciviamque officia benevolentiae
corruperant. His sane omnibus biennium processit.
Nam Aemilianus quoque tres menses usus modesto
imperio morbo absumptus est, cum proceres primo
hostem, dein exstinctis superioribus pro fortuna, uti
solet, Augustum appellavissent.

32 At milites, qui contracti undique apud Raetias ob
instans bellum morabantur, Licinio Valeriano im- 10
2 perium deferunt. Qui quamquam genere satis claro,
tamen, uti mos etiam tum erat, militiam sequebatur.
3 Eius filium Gallienum senatus Caesarem creat, statimque Tiberis adulta aestate diluvii facie inundavit.
4 Prudentes perniciosum reipublicae cecinere adolescen- 15
tis fluxo ingenio, quia Etruria accitus venerat, unde
amnis praedictus. Quod equidem confestim evenit.
5 Nam cum eius pater bellum per Mesopotamiam an-
ceps diuturnumque instruit, Persarum regis, cui nomen
Sapor erat, dolo circumventus foede laniatus interiit 20
imperii sexto anno, senecta robustiore.

33 Sub idem tempus Licinius Gallienus cum a
Gallia Germanos strenue arceret, in Illyricum prope-
2 rans descendit. Ibi Ingebum, quem curantem Pannonios comperta Valeriani clade imperandi cupido inces- 25
serat, Mursiae devicit moxque Regalianum, qui receptis militibus, quos Mursina labes reliquos fecerat,
3 bellum duplicaverat. His prospere ac supra vota ce-
dentibus more hominum secundis solutior rem Romanam quasi naufragio dedit cum Salonino filio, cui 30
honorem Caesaris contulerat, adeo uti Thraciam Gothi

4 b. profecit o biennio profecit p biennium processit F. P.
biennium praefuit? Schott biennium suffecit Sylburg biennio
praefuit Opitz 6 assumptus o eum o 7 deinde e ut
s. p 9 contractu op 10 Illicinio p ilico Licinio Opitz
18 pater dolo erat circumventus bellum p 21 aetate p
24 Pannonos p 26 musie o regall. p

libere pergressi Macedonas Achaeosque et Asiae fini-
tima occuparent, Mesopotamiam Parthi, Orienti latro-
nes seu mulier dominarètur, Alemannorum vis tunc
aeque Italiam, Francorum gentes direpta Gallia Hispa-
5 niam possiderent vastato ac paene direpto Tarraconen-
sium oppido, nactisque in tempore navigiis pars in
usque Africam permearet; et amissa trans Istrum,
quae Traianus quaesiverat. Ita quasi ventis undique 4
saevientibus parvis maxima ima summis orbe toto
10 miscebantur. Simulque Romam pestilentia grassabatur, 5
quae saepe curis gravioribus atque animi desperatione
oritur. Inter haec ipse popinas ganeasque obiens leno- 6
num ac vinariorum amicitiis haerebat, expositus Saloninae coniugi atque amori flagitioso filiae Attali Ger-
15 manorum regis, Pipae nomine; qua causa etiam civiles 7
motus longe atrociores orti. Namque primus omnium 8
Postumus, qui forte barbaris per Galliam praesidebat,
imperium ereptum ierat; explosaque Germanorum multitudine Laeliani bello excipitur; quo non minus feli-
20 citer fuso suorum tumultu periit, quod flagitantibus
Mogontiacorum direptiones, quia Laelianum iuverant,
abnuisset. Igitur eo occiso Marius, ferri quondam 9
opifex neque etiam tum militiae satis clarus, regnum
capit. Proinde cuncta ad extremum reciderant, uti 10
25 talibus imperia ac virtutum omnium decus ludibrio
essent. Hinc denique iocula riter dictum nequaquam 11
mirum videri, si rem Romanam Marius reficere contenderet, quam Marius eiusdem artis auctor stirpisque

3 alemannorum vi tunc eque *op* vis *Sylburg* Alem. tunc equi
Olivarius vis turmaeque *Machly* Alemanni Rhaetiam atque Ita-
liam *Arntzen* Rhaetiam *vel* Vindeliciam atque Italiam *Freu-
denberg* 5 possiderunt *p* 6 näctisque *o* Parsin usque *p*
psin usque *o* pars in usque A. permearent *Puteanus et Nic.*
Faber per sinus usque A. *Olivarius* 8 quaesierat *p* venti
sunt undique saevientibus *op corr.Schott* 10 Romae .... gr. *vel*
Romam .... populabatur, vastabat *Sylburg* 13 mimorum *Schott*
Ninnariorum *Lindenbrog* mimariorum *Heraeus* 19 Leliani *op*
Lolliani *Schott* L. Aeliani *Arntzen* 21 Maguntiacorum *p*

12 ac nominis solidavisset. Hoc iugulato post biduum Victorinus deligitur, belli scientia Postumo par, verum libidine praecipiti; qua cohibita in exordio post biennii imperium constupratis vi plerisque, ubi Attitiani coniugem concupivit facinusque ab ea viro patefactum est, accensis furtim militibus per seditionem Agrip-
13 pinae occiditur. Tantum actuariorum, quorum loco Attitianus habebatur, in exercitu factiones vigent, ut arduum petentibus malitia patraretur: genus hominum, praesertim hac tempestate, nequam venale callidum seditiosum habendi cupidum atque ad patrandas fraudes velandasque quasi ab natura factum, annonae dominans eoque utilia curantibus et fortunis aratorum infestum, prudens in tempore his largiendi, quorum
14 vecordia damnoque opes contraxerit. Interim Victoria amisso Victorino filio, legionibus grandi pecunia comprobantibus Tetricum imperatorem facit, qui familia nobili praesidatu Aquitanos tuebatur, filioque eius
15 Tetrico Caesarea insignia impartiuntur. At Romae Gallienus pacata omnia ignaris publici mali improbe suadebat, crebro etiam, uti rebus ex voluntate gestis solet, ludos ac festa triumphorum, quo promptius simu-
16 lata confirmarentur, exercens. Sed postquam pericu-
17 lum propinquabat, tandem urbe egreditur. Namque Aureolus, cum per Raetias legionibus praeesset, exci- tus, uti mos est, socordia tam ignavi ducis sumpto
18 imperio Romam contendebat. Eum Gallienus apud pontem, cui ex eo Aureoli nomen est, fusum acie Me-
19 diolanum coegit. Quam urbem dum machinationibus
20 omnis generis oppugnat, ab suis interiit. Quippe Aureolus, ubi solvendi obsidii spem inanem videt, ducum Gallieni tribunorumque nomina quasi destinata

4 atticiani o   9 potentibus o ut a. petentibus militia (= milites) patrocinaretur *Freudenberg*   13 vilia *Valesius*   20 publici mali ignarus o   21 persuadebat ? *Schott*   25 hauriolus o p   26 secordiam o   28 Aureli p aurili noīe o corr. *Schott*   29 cogit ? *Schott*   cum p   31 Aurelius p Aurilius o

ab eo ad necem astu composuit litterasque e muro,
quam occultissime potuit, abiecit; quae forte a memoratis repertae metum suspicionemque iniecere mandati
exitii, verum eas effluxisse incuria ministrorum. Qua 21
5 causa Aureliani consilio, cuius gratia in exercitu atque honos praestabant, simulata proruptione hostium
nullis, uti re trepida ac repentina solet, tectum stipatoribus tabernaculo educunt nocte intempesta; teloque
traicitur, cuiusnam per tenebras incertum. Ita aucto- 22
10 ris necis errore an quia bono publico acciderat, inulta
caedes fuit. Quamquam eo prolapsi mores sunt, uti 23
suo quam reipublicae magisque potentiae quam gloriae studio plures agant. Hinc quoque rerum vis ac 24
nominum corrupta, dum plerumque potior flagitio, ubi
15 armis superaverit, tyrannidem amotam vocat damno
publico oppressos. Quin etiam aliquanti pari libidine 25
in caelestium numerum referuntur aegre exsequiis
digni. Quis ni fides gestarum rerum obstitisset, quae 26
neque honestos praemiis memoriae frustrari sinit ne-
20 que improbis aeternam illustremque famam procedere,
nequiquam peteretur virtus, cum verum illud atque
unicum decus pessimo cuique gratia tribueretur demp-
tum impie bonis. Denique Gallienum subacti a Clau- 27
dio patres, quod eius arbitrio imperium cepisset, Di-
25 vum dixere. Nam cum profluvio sanguinis vulnere 28
tam gravi mortem sibi adesse intelligeret, insignia imperii ad Claudium destinaverat honore tribunatus Ticini retinentem praesidiariam manum. Quod sane ex- 29
tortum, cum neque Gallieni flagitia, dum urbes erunt,

1 litterasque .... abiecit *a manu altera in margine cod.* o
4 quo că o quo casu *Schott*   5 Heracliani *Anna*   8 intem-
pata *p*   10 necis nec rore *o p corr. Gruter* auctoris necisne
errore *Schott* a. necis errore ne an quia *Olivarius*   15 voca-
verit *p*   16 oppressis *Maehly*   21 nequamquam pateretur *o*
ne cuiquam păteretur (a *corr.*) *p* nequiquam *vel* nae cuiquam
Schott nequaquam pateretur *Mommsen* poteretur *edit. Bipont.*
29 G. exitia al' flagitia *p*

occultari queant, et, quisque pessimus erit, par similis-
30 que semper ipsi habebitur. Adeo principes atque
optimi mortalium vitae decore quam quaesitis nominibus atque compositis, quantum coniciatur, caelum
31 adeunt seu fama hominum dei celebrantur modo. At
senatus comperto tali exitio satellites propinquosque
per scalas Gemonias praeceps agendos decrevit, patro-
noque fisci in curiam †perduci effossos oculos pepen-
disse satis constat, cum irruens vulgus pari clamore
Terram matrem, deos quoque inferos precaretur, sedes
32 impias uti Gallieno darent. Ac ni Claudius confestim
recepta Mediolani urbe tamquam postulato exercitus
parcendum, qui forte eorum supererant, praecepisset,
33 nobilitas plebesque atrocius grassarentur. Et patres
quidem praeter commune Romani malum orbis stimu-
34 labat proprii ordinis contumelia, quia primus ipse
metu socordiae suae, ne imperium ad optimos nobilium transferretur, senatum militia vetuit et adire exer-
35 citum. Huic novem annorum potentia fuit.

34   Sed Claudii imperium milites, quos fere contra
ingenium perditae res subigunt recta consulere, ubi
afflicta omnia perspexere, avide approbant extollunt-
que, viri laborum patientis aequique ac prorsus dediti
2 reipublicae, quippe ut longo intervallo Deciorum mo-
3 rem renovaverit. Nam cum pellere Gothos cuperet,
quos diuturnitas nimis validos ac prope incolas effe-
cerat, proditum ex libris Sibyllinis est primum ordinis
4 amplissimi victoriae vovendum. Cumque is, qui esse
videbatur, semet obtulisset, sibi potius id muneris
competere ostendit, qui revera senatus atque omnium
5 princeps erat. Ita nullo exercitus detrimento fusi
barbari summotique, postquam imperator vita reipu-

2 aut *o*   4 conicitur *Schott* conici datur *Heraeus*   5 se *o*
8 perduci. ef. *op* perducto *Olivarius* patronique perducti *Anna*
per duces *Arntzen*   10 deosq̊ *p*   11 nisi *o p* ni *F. P.*
15 stimulabant *op corr. Schott*   18 etiam *p*   21 subiungunt *op*
subigunt *Schott*

blicae dono dedit. Adeo bonis salus civium ac longa 6
sui memoria cariora sunt; quae non gloriae modo,
verum etiam ratione quadam posterorum felicitati
proficiunt. Hoc siquidem Constantius et Constantinus 7
5 atque imperatores nostri***
    corporisque acceptior militibus praemiorum spe seu
lasciviae. Quo aegra asperiorque victoria fuit, dum, 8
uti mos subditis est, studio impune peccandi remissa
imperia promptius quam utilia defendunt.
10   Ceterum Aurelianus successu tanto vehementior 35
confestim, quasi belli reliquiae superessent, in Persas
progressus est. Quis deletis Italiam repetivit, cuius 2
urbes Alamannorum vexationibus affligebantur. Simul 3
Germanis Gallia dimotis Tetrici, de quo supra memo-
15 ravimus, caesae legiones proditore ipso duce. Namque 4
Tetricus, cum Faustini praesidis dolo corruptis militibus plerumque peteretur, Aureliani per litteras praesidium imploraverat eique adventanti producta ad speciem acie inter pugnam se dedit. Ita, uti rectore 5
20 nullo solet, turbati ordines oppressi sunt; ipse post
celsum biennii imperium in triumphum ductus Lucaniae correcturam filioque veniam atque honorem sena-
torum cooptavit. Neque secus intra urbem monetae 6
opifices deleti, qui, cum auctore Felicissimo rationali
25 nummariam notam corrosissent, poenae metu bellum
fecerant usque eo grave, uti per Coelium montem congressi septem fere bellatorum milia confecerint. His 7
tot tantisque prospere gestis fanum Romae Soli magni-
ficum constituit donariis ornans opulentis, ac ne un-
30 quam, quae per Gallienum evenerant, acciderent, muris
urbem quam validissimis laxiore ambitu circumsaepsit;
simulque usus porcinae carnis quo plebi Romanae

    5 nostri* corp. *p*, *in extremo margine cod. o:* h' v̊ defect7
ī exēplāj. *Lacunam iam Schott statuit.*   8 erat *p*   14 demo-
tis *p*   15 prodite *o* prodito *p corr. Schott*   nam *p*   19 ut *o*
23 eo (?) optavit *p* ab eo obtinuit *Opitz*   inter urbem *o*
26 percelum *o*   28 propere *o*   magnif. rome *o*
    Sextus Aurelius ed. Pichlmayr.   8

affatim cederet, prudenter munificeque prospectavit,
deletaeque fiscales et quadruplatorum, quae urbem
miserabiliter affecerant, calumniae consumptis igni tabulis monumentisque huiuscemodi negotiorum atque
ad Graeciae morem decreta abolitione, inter quae ava- 5
ritiam peculatum provinciarumque praedatores contra
morem militarium, quorum e numero erat, immane
8 quantum sectabatur. Qua causa ministri scelere, cui
secretorum officium crediderat, circumventus apud
Coenofrurium interiit, cum ille praedae conscientia de- 10
lictique scripta callide composita tribunis quasi per
gratiam prodidisset, quibus interfici iubebantur; illique
9 eo metu accensi facinus patravere. Interea milites
amisso principe legatos statim Romam destinant, uti
10 suopte arbitratu patres imperatorem deligerent. Qui- 15
bus hoc ipsorum potissimum convenire munus respon-
11 dentibus rursum legiones ad eos reiciunt. Ita utrimque pudore ac modestia certabatur, rara in hominibus
virtute, rebus praesertim huiuscemodi, ac prope ignota
12 militibus. Tantum ille vir severitate atque incorruptis 20
artibus potuit, ut eius necis ⟨nuntius⟩ auctoribus exitio, pravis metui, †simulata dubiis, optimo cuique de-
siderio, nemini insolentiae aut ostentationi esset; atque
etiam soli quasi Romulo interregni species obvenit,
13 longe vero gloriosior. Quod factum praecipue edocuit 25
cuncta in se orbis modo verti nihilque accidere, quod
14 rursum naturae vis ferre nequeat aevi spatio; adhuc

2 delecteque *o*   4 hui modi *o*   6 provinciarum *p*   8 fpecta-
batur *p* sectabatur (*vel* insectabatur) *iam Schott* suspectabatur
Gruter persectabatur *Opitz*   Mnesthei *Olivarius*   9 ad c. *o*
10 pretii *vel* praemii *Klotz, l. c. p. 39*   14 omisso *p*   15 de-
legerent *o* dilegerent *Schott*   18 decertabatur *p*   19 hmoi *p*
21 neces *p* necis (i *corr. in* e *ab altera manu*) *o* necis ⟨nun-
cius⟩ *Freudenberg* ejus — necis a. *Casaubonus*   autoribus *o*
22 simulata *o p* simul et d.? *Schott* stimulo d. *Arntzen* firmi-
tati *Maehly* simulationi *Freudenberg; fortasse* simulatu = si-
mulatui   25 docuit *Schott*   26 in orb. modo *p*   27 neq; *o p
corr. Schott*

virtutibus principum res attolli facile vel afflictas,
easque firmiores praeceps vitiis dari.

Igitur tandem senatus mense circiter post Aureliani 36
interitum sexto Tacitum e consularibus, mitem sane
5 virum, imperatorem creat, cunctis fere laetioribus, quod
militari ferocia legendi ius principis proceres rece-
pissent. Quae tamen laetitia brevis neque exitu tole- 2
rabili fuit. Namque Tacito confestim a ducentesima
regni luce Tyanae mortuo, cum tamen prius auctores
10 Aureliani necis maximeque Mucaporem ducem, quod
ipsius ictu occiderat, excruciavisset, Florianus, eiusdem
frater, nullo senatus seu militum consulto imperium
invaserat.

Qui uno mense aut altero vix retentata dominatione 37
15 apud Tarsum ab suis interficitur, postquam Probum 2
in Illyrico factum accepere, ingenti belli scientia exer-
citandisque varie militibus ac duranda iuventute prope
Hannibalem alterum. Namque ut ille oleis Africae 3
pleraque per legiones, quarum otium reipublicae atque
20 ductoribus suspectum rebatur, eodem modo hic Galliam Pannoniasque et Moesorum colles vinetis reple-
vit, postea sane quam barbarorum attritae gentes sunt,
quae nostris principibus suorum scelere interfectis ir-
ruperant, simul caesis Saturnino per Orientem, Agrip-
25 pinae Bonoso exercitu; nam utrique dominatum ten-
taverant sumpta, cui duces praeerant, manu. Qua
causa receptis omnibus pacatisque dixisse proditur
brevi milites frustra fore. Hinc denique magis irritati 4
paulo cis sextum annum apud Sirmium trucidavere,
30 cum ad siccandam lacunis ac fossa urbem ipsi patriam
adigerentur, quae palustri solo hiemalibus aquis cor-
rumpitur. Abhinc militaris potentia convaluit ac se- 5
natui imperium creandique ius principis ereptum ad

ut ille
6 a. mil. f. *Arntzen*   11 iptu *o*   16 ingentem *o*   18 utile
olei *p* utile olei *o corr. Schott*   20 doctoribus *op* duct. *Schott*
28 frustra fieri al' fore *p*   33 eius *o*

nostram memoriam, incertum, an ipso cupiente per
6 desidiam an metu seu dissensionum odio. Quippe
amissa Gallieni edicto refici militia potuit conceden-
tibus modeste legionibus Tacito regnante, neque Florianus temere invasisset, aut iudicio manipularium
cuiquam, bono licet, imperium daretur amplissimo ac
7 tanto ordine in castris degente. Verum dum oblectan-
tur otio simulque divitiis pavent, quarum usum afflu-
entiamque aeternitate maius putant, munivere militaribus et paene barbaris viam in se ac posteros dominandi.
38   Igitur Carus praefectura pollens praetorii augusto
habitu induitur, liberis Caesaribus Carino Numeriano-
2 que. Et quoniam cognita Probi morte barbarorum
quique opportune invaserant, misso ad munimentum
Galliae maiore filio Numeriani comitatu in Mesopotamiam pergit protinus, quod ea Persarum quasi sol-
3 lemni bello subest. Ubi fusis hostibus, dum gloriae
inconsulte avidior Thesiphonta urbem Parthiae incli-
4 tam transgreditur, fulminis tactu conflagravit. Id quidam iure ei accidisse referunt; nam cum oracula do-
cuissent adusque oppidum memoratum perveniri victo-
5 ria licere, longius delatus poenas luit. Proinde arduum
6 fatalia devertere, eoque futuri notio superflua. At
Numerianus amisso patre simul confectum aestimans
bellum, cum exercitum reductaret, Apri praefecti prae-
7 torio soceri insidiis exstinguitur. Quis casum detulit
8 adolescentis oculorum dolor. Denique diu facinus occultatum, dum clausum lectica cadaver specie aegri,
ne vento obtunderetur acies, gestabatur.
39   Sed postquam odore tabescentium membrorum scelus proditum est, ducum consilio tribunorumque Va-

3 amisso *p*   9 magis *Schott*   12 praetorio *Opitz*   15 op-
portuna *Schott*   16 comitatus *o p* Numeriani comitatu *vel*
Numeriano comitatus *Schott* Numeriano comitante *Arntzen*
17 protenus ? *Schott*   19 inconsultae *p*   Ctesiphonta *Schott*
24 diuter *o*   pflua *o*   29 egre vento *o p corr. Schott*

lerius Diocletianus domesticos regens ob sapien-
tiam deligitur, magnus vir, his moribus tamen: quippe 2
qui primus ex auro veste quaesita serici ac purpurae
gemmarumque vim plantis concupiverit. Quae quam- 3
5 quam plus quam civilia tumidique et affluentis animi, 4
levia tamen prae ceteris. Namque se primus omnium
Caligulam post Domitianumque dominum palam dici
passus et adorari se appellarique uti deum. Quis re- 5
bus, quantum ingenium est, compertum habeo humil-
10 limos quosque, maxime ubi alta accesserint, superbia
atque ambitione immodicos esse. Hinc Marius patrum 6
memoria, hinc iste nostra communem habitum super-
gressi, dum animus potentiae expers tamquam inedia
refecti insatiabilis est. Quo mihi mirum videtur nobi- 7
15 litati plerosque superbiam dare, quae gentis patriciae
memor molestiarum, quis agitatur, remedio eminere
paululum iuris habet. Verum haec in Valerio obducta 8
ceteris bonis; eoque ipso, quod dominum dici passus,
parentem egit; satisque constat prudentem virum edo-
20 cere voluisse atrocitatem rerum magis quam nominum
officere. Interim Carinus eorum, quae acciderant, cer- 9
tior spe facilius erumpentes motus sedatum iri Illyricum propere Italiae circuitu petit. Ibi Iulianum pulsa 10
eius acie obtruncat. Namque is cum Venetos cor-
25 rectura ageret, Cari morte cognita imperium avens
eripere adventanti hosti obviam processerat. At Cari- 11
nus ubi Moesiam contigit, illico Marcum iuxta Dio-
cletiano congressus, dum victos avide premeret, suorum ictu interiit, quod libidine impatiens militarium
30 multas affectabat, quarum infestiores viri iram tamen

2 hiis *o*   15 qua egentis *o p corr. Schott*   17 pluris *o p*
iuris *Maehly*   19 docere *o*   21 efficere *p*   22 erumpentis
motus *o* erumpentis metus *p*   24 correptura *o p*   25 regeret
Freudenberg   26 processit *p*   27 mesam *o p corr. Schott*
Murgum *Schott* Margum *alii*   29 libidinis ? *Schott*   30 mul-
ctas *p* ml'tas *o*   affectabant *o p* nuptias affectabat *vel* mulieres assectabatur *Schott* nuptas affectabat *Arntzen*   quare *vel*
qua re *Schott*

12 doloremque in eventum belli distulerant. Quo pro-
sperius cedente metu, ne huiuscemodi ingenium magis
magisque victoria insolesceret, sese ulti sunt. Is finis
Caro liberisque; Narbone patria, imperio biennii fuere.
13 Igitur Valerius prima ad exercitum contione cum
educto gladio solem intuens obtestaretur ignarum cla-
dis Numeriani neque imperii cupientem se fuisse,
Aprum proxime astantem ictu transegit; cuius dolo,
uti supra docuimus, adolescens bonus facundusque et
14 gener occiderat. Ceteris venia data retentique hostium 1
fere omnes ac maxime vir insignis nomine Aristobolus
15 praefectus praetorio per officia sua. Quae res post
memoriam humani nova atque inopinabilis fuit civili
bello fortunis fama dignitate spoliatum neminem, cum
pie admodum mansueteque geri laetemur exilio pro- 1
scriptioni atque etiam suppliciis et caedibus modum
16 fieri. Quid ea memorem ascivisse consortio multos
externosque tuendi prolatandive gratia iuris Romani?
17 Namque ubi comperit Carini discessu Helianum Aman-
dumque per Galliam excita manu agrestium ac latro- 2
num, quos Bagaudas incolae vocant, populatis late
agris plerasque urbium tentare, Maximianum statim
fidum amicitia quamquam semiagrestem, militiae tamen
18 atque ingenio bonum imperatorem, iubet. Huic postea
cultu numinis Herculio cognomentum accessit, uti Va- 2
lerio Iovium; unde etiam militaribus auxiliis longe in
19 exercitum praestantibus nomen impositum. Sed Herculius in Galliam profectus fusis hostibus aut acceptis
20 quieta omnia brevi patraverat. Quo bello Carausius,
Menapiae civis, factis promptioribus enituit; eoque eum, 3
simul quia gubernandi (quo officio adolescentiam mer-
cede exercuerat) gnarus habebatur, parandae classi ac

---

4 imperium *op* imperio *F. P.*   11 aristobolus *op corr.*
Schott   13 humanam *Schott* ⟨generis⟩ humani *Opitz*   19 Helianum *op* (Aelianus *secundum alios scriptores et nummos.*)
21 bagauda *op corr. Schott*   26 inter exercitum *Opitz*   30 Menapiae civitatis *Freudenberg*

propulsandis Germanis maria infestantibus praefecere.
Hoc elatior, cum barbarum multos opprimeret neque 21
praedae omnia in aerarium referret, Herculii metu, a
quo se caedi iussum compererat, Britanniam hausto
5 imperio capessivit. Eodem tempore Orientem Persae, 22
Africam Iulianus ac nationes Quinquegentanae graviter
quatiebant. Adhuc apud Aegypti Alexandriam Achil- 23
leus nomine dominationis insignia induerat. His de 24
causis Iulium Constantium, Galerium Maximianum, cui
10 cognomen Armentario erat, creatos Caesares in affinitatem vocant. Prior Herculii privignam, alter Diocle- 25
tiano editam sortiuntur diremptis prioribus coniugiis,
ut in Nerone Tiberio ac Iulia filia Augustus quondam
fecerat. His sane omnibus Illyricum patria fuit: qui, 26
15 quamquam humanitatis parum, ruris tamen ac militiae miseriis imbuti satis optimi reipublicae fuere.
Quare constat sanctos prudentesque sensu mali promp- 27
tius fieri, contraque expertes aerumnarum, dum opibus
suis cunctos aestimant, minus consulere. Sed horum 28
20 concordia maxime edocuit virtuti ingenium usumque
bonae militiae, quanta his Aureliani Probique instituto
fuit, paene sat esse. Denique Valerium ut parentem 29
seu dei magni suspiciebant modo; quod quale quan-
tumque sit, ab urbis conditione ad nostram aetatem
25 propinquorum facinoribus patefactum est. Et quoniam 30
bellorum moles, de qua supra memoravimus, acrius
urgebat, quadripartito imperio cuncta, quae trans Alpes Galliae sunt, Constantio commissa, Africa Italia-
que Herculio, Illyrici ora adusque Ponti fretum Gale-

2 barum *op* barbarûm *F. P.* non parum multos *vel* barbarorum multos *Schott* quia barbarum parum multos *Gruter* pa-
ronum *Arntzen* 12 direptis *o* 15 humanitate *Freudenberg*
humanitatis ⟨artibus⟩ *Opitz* iuris *Sylburg* 16 ministeriis
Sylburg infulis? *Gruter* 21 institutio *op* instituto *vel* institutione *Schott* institutione·*malit Freudenberg* 27 q̈i partito *p* qī pãtito *o* quadripartito *Freudenberg* quasi partito
Schott quadrifariam *Muehly*

31 rio; cetera Valerius retentavit. Hinc denique parti Italiae invectum tributorum ingens malum. Nam cum omnis eadem functione moderateque ageret, quo exercitus atque imperator, qui semper aut maxima parte aderant, ali possent, pensionibus inducta lex nova. 5
32 Quae sane illorum temporum modestia tolerabilis in
33 perniciem processit his tempestatibus. Interim Iovio Alexandriam profecto provincia credita Maximiano Caesari, uti relictis finibus in Mesopotamiam progredere-
34 tur ad arcendos Persarum impetus. A quis primo 10 graviter vexatus contracto confestim exercitu e veteranis ac tironibus per Armeniam in hostes contendit;
35 quae ferme sola seu facilior vincendi via est. Denique ibidem Narseum regem in dicionem subegit, simul
36 liberos coniugesque et aulam regiam. Adeo victor, 15 ut, ni Valerius, cuius nutu omnia gerebantur, incertum qua causa abnuisset, Romani fasces in provinciam
37 novam ferrentur. Verum pars terrarum tamen nobis utilior quaesita; quae cum acrius reposcuntur, bellum recens susceptum est grave admodum perniciosumque. 20
38 At in Aegypto Achilleus facili negotio pulsus poenas
39 luit. Per Africam gestae res pari modo, solique Carausio remissum insulae imperium, postquam iussis ac munimento incolarum contra gentes bellicosas oppor-
40 tunior habitus. Quem sane sexennio post Allectus 25
41 nomine dolo circumvenit. Qui cum eius permissu summae rei praeesset, flagitiorum et ob ea mortis for-
42 midine per scelus imperium extorserat. Quo usum brevi Constantius Asclepiodoto, qui praetorianis praefectus praeerat, cum parte classis ac legionum prae- 30
43 misso delevit. Et interea caesi Marcomanni Carporumque natio translata omnis in nostrum solum, cuius
44 fere pars iam tum ab Aureliano erat. Neque minore

3 moderataque *p* adigeret *Freudenberg* 7 processit. His tempestat. *p corr. Schott* 22 lugit *o* 32 cuius fere pars media (*vel* altera) *Gruter* (*Casaubonus*) cuius fusa (*vel* caesa) pars *Arntzen*

.studio pacis officia vincta legibus aequissimis ac remoto pestilenti frumentariorum genere, quorum nunc
agentes rerum simillimi sunt. Qui cum ad exploran- 45
dum annuntiandumque, ecqui forte in provinciis mo-
5 tus exsisterent, instituti viderentur, compositis nefarie
criminationibus, iniecto passim metu, praecipue remo-
tissimo cuique, cuncta foede diripiebant. Simul annona
urbis ac stipendiariorum salus anxie solliciteque habita,
honestiorumque provectu et e contra suppliciis flagi-
10 tiosi cuiusque virtutum studia augebantur. Veterrimae
religiones castissime curatae, ac mirum in modum
novis adhuc cultisque pulchre moenibus Romana culmina et ceterae urbes ornatae, maxime Carthago, Mediolanum, Nicomedia. Neque tamen, cum haec age- 46
15 rent, extra vitia fuere. Quippe Herculius libidine tanta
agebatur, ut ne ab obsidum corporibus quidem animi
labem comprimeret; Valerio parum honesta in amicos
fides erat discordiarum sane metu, dum enuntiationi-
bus posse agitari quietem consortii putat. Hinc etiam 47
20 quasi truncatae vires urbis imminuto praetoriarum co-
hortium atque in armis vulgi numero; quo quidem
plures volunt imperium posuisse. Namque imminen- 48
tium scrutator, ubi fato intestinas clades et quasi fra-
gorem quendam impendere comperit status Romani,
25 celebrato regni vicesimo anno valentior curam reipublicae abiecit, cum in sententiam Herculium aegerrime
traduxisset, cui anno minus potentia fuerat. Et quamquam aliis alia aestimantibus veri gratia corrupta sit,
nobis tamen excellenti natura videtur ad communem
30 vitam spreto ambitu descendisse.

Igitur Constantio atque Armentario his succedenti- 40
bus Severus Maximinusque Illyricorum indigenae Cae-

---

4 hecqui *o* hẹc qui *p corr. Schott*   9 et contra *o*   21 in-
ermis *Schott*   25 celebrator *o p corr. Schott*   *aut* regni
anno vicesimo *aut* vicesimo regni anno *Opitz*   27 minor *vel*
minus aeque *Anna*   29 excellentis naturae *Schott*   32 illi-
riorum *o*

sares, prior Italiam posteriorque, in quae Iovius obti-
2 nuerat, destinantur. Quod tolerare nequiens Constantinus, cuius iam tum a puero ingens potensque animus
ardore imperitandi agitabatur, fugae commento, cum
ad frustrandos insequentes publica iumenta, quaqua
iter egerat, interficeret, in Britanniam pervenit; nam
is a Galerio religionis specie ad vicem obsidis tene-
3 batur. Et forte iisdem diebus ibidem Constantium
4 patrem vel parentem vitae ultima urgebant. Quo mortuo cunctis, qui aderant, annitentibus imperium capit.
5 Interim Romae vulgus turmaeque praetoriae Maxentium retractante diu patre Herculio imperatorem con-
6 firmant. Quod ubi Armentarius accepit, Severum Caesarem, qui casu ad urbem erat, arma in hostem ferre
7 propere iubet. Is circum muros cum ageret, desertus
a suis, quos praemiorum illecebris Maxentius traduxe-
8 rat, fugiens obsessusque Ravennae obiit. Hoc acrior
Galerius ascito in consilium Iovio Licinium vetere cognitum amicitia Augustum creat; eoque ad munimen-
9 tum Illyrici ac Thraciae relicto Romam contendit. Ibi
cum obsidione distineretur, militibus eadem, qua superiores, via attentatis, metu ne desereretur, Italia decessit; pauloque post vulnere pestilenti consumptus est,
cum agrum satis reipublicae commodantem caesis im-
manibus silvis atque emisso in Danubium lacu Pel-
10 sone apud Pannonios fecisset. Cuius gratia provin-
11 ciam uxoris nomine Valeriam appellavit. Huic quinquennii imperium, Constantio annuum fuit, cum sane
uterque potentiam Caesarum annos tredecim gessissent.
12 Adeo miri naturae beneficiis, ut ea si a doctis pecto-
ribus proficiscerentur neque insulsitate offenderent, haud
13 dubie praecipua haberentur. Quare compertum est

1 posterior *o* priori Italia, posteriori quae I. o.? *Schott*
2 Constantius *p* corr. *Schott*   7 adducem *op* corr. *Schott*
9 ^ur^agebant *p*   18 lucinium *o*   19 am. caesarem creat augustum *p*   20 trachiae *op*   25 Pelsonis *Mommsen*   26 pen-
nonis *o*   28 annum *op* corr. *Schott*   30 officiis vel beneficiis *p*

eruditionem elegantiam comitatem praesertim principibus necessarias esse, cum sine his naturae bona
quasi incompta aut etiam horrida despectui sint, contraque ea Persarum regi Cyro aeternam gloriam parave-
5 rint. At memoria mea Constantinum, quamquam ce- 14
teris promptum virtutibus, adusque astra votis omnium
subvexere. Qui profecto si munificentiae atque ambi- 15
tioni modum hisque artibus statuisset, quis praecipue
adulta ingenia gloriae studio progressa longius in
10 contrarium labuntur, haud multum abesset deo. Is 16
ubi vastari urbem atque Italiam comperit pulsosque
seu redemptos exercitus et imperatores duos, composita pace per Gallias Maxentium petit. Ea tempestate 17
apud Poenos Alexander pro praefecto gerens dominatui
15 stolide incubuerat, cum ipse debili aetate, agrestibus
ac Pannonicis parentibus vecordior, milites tumultuarie
quaesiti, armorum vix medium haberetur. Denique 18
eum a tyranno missi paucissimis cohortibus Rufius
Volusianus praefectus praetorio ac militares duces levi
20 certamine confecere. Quo victo Maxentius Carthagi- 19
nem, terrarum decus, simul Africae pulchriora vastari
diripi incendique iusserat, ferus inhumanusque ac libidine multa tetrior. Adhuc pavidus et imbellis atque 20
in desidiam foede pronus, usque eo, ut flagrante per
25 Italiam bello fusisque apud Veronam suis nihilo seg-
nius solita curaret neque patris exitio moveretur.
Namque Herculius natura impotentior, simul filii seg- 21
nitiem metuens inconsulte imperium repetiverat. Cum- 22
que specie officii dolis compositis Constantinum gene-
30 rum tentaret acerbe, iure tandem interierat. Sed 23

3 sunt *o*   4 tiro *o*   patuerint *o*   5 Constantium *Faber*
6 comtum *Arntzen*   9 gloriam *op* gloriae *vel* gloriarum *Schott*
15 debili aetate ⟨esset⟩ *Freudenberg*   16 tumultarieque *p* milites tirones tumultarieque quaesiti a. vix medium haberent
Freudenberg   25 sequius *Schott*   27 segnitie *op* segnitiae
Schott segnitiem *Mommsen*   30 tamen *Schott* tentaret, acerbe,
tamen interierat *Anna*

Maxentius atrocior in dies tandem urbe in Saxa rubra
milia ferme novem aegerrime progressus, cum caesa
acie fugiens semet Romam reciperet, insidiis, quas
hosti apud pontem Milvium locaverat, in transgressu
24 Tiberis interceptus est tyrannidis anno sexto. Huius
nece incredibile quantum laetitia gaudioque senatus ac
plebes exsultaverint; quos in tantum afflictaverat, uti
praetorianis caedem vulgi quondam annuerit primusque instituto pessimo munerum specie patres aratores-
25 que pecuniam conferre prodigenti sibi cogeret. Quorum
odio praetoriae legiones ac subsidia factionibus aptiora
quam urbi Romae sublata penitus, simul arma atque
26 usus indumenti militaris. Adhuc cuncta opera, quae
magnifice construxerat, urbis fanum atque basilicam
27 Flavii meritis patres sacravere. A quo etiam post
Circus maximus excultus mirifice atque ad lavandum
28 institutum opus ceteris haud multo dispar. Statuae
locis quam celeberrimis, quarum plures ex auro aut
argenteae sunt; tum per Africam sacerdotium decretum Flaviae genti, Cirtaeque oppido, quod obsidione
Alexandri conciderat, reposito exornatoque nomen Con-
29 stantina inditum. Adeo acceptius praestantiusque tyrannorum depulsoribus nihil est, quorum gratia eo
demum auctior erit, si modesti atque abstinentes sint.
30 Quippe humanae mentes frustratae boni spe asperius
offenduntur, cum mutato rectore flagitioso aerumnarum vis manet.
41 Dum haec in Italia geruntur, Maximinus ad Orientem post biennii augustum imperium fusus fugatusque
2 a Licinio apud Tarsum perit. Ita potestas orbis Romani duobus quaesita, qui quamvis per Flavii sororem nuptam Licinio conexi inter se erant, ob diver-
sos mores tamen anxie triennium congruere quivere.

5 Tiberi *op* Tiberis *Sylburg*　9 oratoresque *o*　11 optiora
o p aptiora *Schott*　17 stat. ⟨locatae⟩ locis *Freudenberg* salu-
berrimis *corr. a manu posteriore in* celeb. *p*　21 ceciderat *p*
25 frustrati *o*　27 vi manet *o p corr. Schott*　28 Italiam *p*

Namque illi praeter †admodum magna cetera, huic 3
parsimonia et ea quidem agrestis tantummodo inerat.
Denique Constantinus cunctos hostes honore ac fortu- 4
nis manentibus texit recepitque, eo pius, ut etiam
5 vetus teterrimumque supplicium patibulorum et cruri-
bus suffringendis primus removerit. Hinc pro condi- 5
tore seu deo habitus. Licinio ne insontium quidem
ac nobilium philosophorum servili more cruciatus adhibiti modum fecere. Quo sane variis proeliis pulso, 6
10 cum eum prorsus opprimere arduum videretur, simul
affinitatis gratia refectum consortium ascitique imperio Caesarum communes liberi Crispus Constantinus-
que Flavio geniti, Licinianus Licinio. Quod equidem 7
vix diuturnum neque his, qui assumebantur, felix fore
15 defectu solis foedato iisdem mensibus die patefactum.
Itaque sexennio post rupta pace apud Thracas Licinius 8
pulsus Chalcedona concessit. Ibi ad auxilium sui Mar- 9
tiniano in imperium cooptato una oppressus est. Eo 10
modo respublica unius arbitrio geri coepit, liberis
20 Caesarum nomina diversa retentantibus: namque ea
tempestate imperatori nostro Constantio insigne Caesaris datum. Quorum cum natu grandior, incertum 11
qua causa, patris iudicio occidisset, repente Calocerus
magister pecoris camelorum Cyprum insulam specie
25 regni demens capessiverat. Quo excruciato, ut fas 12
erat, servili aut latronum more, condenda urbe forman-
disque religionibus ingentem animum avocavit, simul
novando militiae ordine. Et interea Gothorum Sar- 13
matarumque stratae gentes, filiusque cunctorum minor,

1 magna cetera *p* mag̃ cetera *o* praetermodum magna cetera *vel* magnificentia *Schott* praeter admodum pauca magna
cetera? *Sylburg* praeter admodum magna cetera magnificentia
Maehly 5 veterrimumque *p* 11 refecti consortium *p* (refecti consortio *Schott*) 15 defectus *o p corr. Schott* 16 trachas *o p* 18 imp. (in *om.*) *o* coaptato *p* coactato *o corr.*
Schott 20 diverse *Anna* 26 condendae urbi *Anna* for-
midandis *p* 28 novandae m. ordine *o p* novando *Anna* (novando m. ordini *Anna*)

14 Constans nomine, Caesar fit. Cuius gratia reipublicae permixtionem fore ostentorum mira prodidere; quippe ea nocte, quae commissi imperii diem sequebatur, igni
15 continuo caeli facies conflagravit. Abhinc consumpto fere biennio fratris filium, cui ex patre Dalmatio nomen fuit, Caesarem iussit obsistentibus valide mili-
16 taribus. Ita anno imperii tricesimo secundoque, cum totum orbem tredecim tenuisset, sexaginta natus atque amplius duo, in Persas tendens, a quis bellum erumpere occeperat, rure proximo Nicomediae — Achyronam vocant — excessit, cum id tetrum sidus regnis, quod
17 crinitum vocant, portendisset. Funus relatum in urbem sui nominis. Quod sane populus Romanus aegerrime tulit, quippe cuius armis legibus clementi im-
18 perio quasi novatam urbem Romam arbitraretur. Pons per Danubium ductus; castra castellaque pluribus locis
19 commode posita. Remotae olei frumentique adventiciae praebitiones, quibus Tripolis ac Nicaea acerbius
20 angebantur. Quorum superiores Severi imperio gratantes civi obtulerant, verteratque gratiam muneribus in perniciem posterorum dissimulatio. Alteros Marcus Boionius afflixerat mulcta, quod Hipparchum praestanti ingenio indigenam fuisse ignoravissent. Fiscales molestiae severius pressae, cunctaque divino ritui paria viderentur, ni parum dignis ad publica aditum con-
21 cessisset. Quae quamquam saepius accidere, tamen in summo ingenio atque optimis reipublicae moribus, quamvis parva vitia, elucent magis eoque notantur facile; quin etiam acrius saepe officiunt, cum ob auctoris decus in virtutes potissimum accipiuntur atque ad

6 absistentibus *o* assistentibus *p* obs. *Mommsen* ads. *editt.*
9 irrump. accep. *p*   15 arbitrarentur *o*   17 composita *o*   18 probitiones *o*   20 muneris *Schott* muneris huius *Casaubonus*
22 .Ceionius *quidam*   multa *o*   23 indignum? *Arntzen*
fustibus *vel* fustigatum necavissent *Casaubonus* fuste ignominiavissent *Gruter*   24 repressae *Schott*   24 ritu *Opitz*
26 ⟨haud⟩ saepius *Anna*

imitandum invitamento sunt. Igitur confestim Dalma- 22
tius, incertum quo suasore, interficitur; statimque triennio post minimum maximumque fatali bello Constantinus cadit. Qua Constans victoria tumidior, simul 23
5 per aetatem cautus parum atque animi vehemens, adhuc ministrorum pravitate exsecrabilis atque praeceps
in avaritiam despectumque militarium anno post triumphum decimo Magnentii scelere circumventus est ex-
ternarum sane gentium compressis motibus. Quarum 24
10 obsides pretio quaesitos pueros venustiores quod cul-
tius habuerat, libidine huiuscemodi arsisse pro certo
habetur. Quae tamen vitia utinam mansissent! Nam- 25
que Magnentii, utpote gentis barbarae, diro atrocique
ingenio, simul his, quae post accidere, adeo exstincta
15 omnia sunt, ut illud imperium haud iniuria desidera-
retur; tum quia Vetranio litterarum prorsus expers et 26
ingenio stolidior idcircoque agresti vecordia pessimus,
cum per Illyrios peditum magisterio milites curaret,
dominationem ortus Moesiae superioris locis squalidio-
20 ribus improbe occupaverat.

Eum Constantius cis mensem decimum facundiae vi 42
deiectum imperio in privatum otium removit. Quae 2
gloria post natum imperium soli processit eloquio clementiaque. Nam cum magna parte utrimque exerci- 3
25 tus convenissent, habita ad speciem iudicii contione,
quod fere vix aut multo sanguine obtinendum erat,
eloquentia patravit. Quae res satis edocuit non modo 4
domi, verum militiae quoque dicendi copiam praestare; qua demum vel ardua proclivius eo conficiun-
30 tur, si modestia atque integritate superet. Quod ma- 5
xime cognitum e nostro principe; quem tamen, quo
minus statim in hostes alios ad Italiam contenderet,
hiems aspera clausaeque Alpes tardavere. Interim 6
Romae corrupto vulgo, simul Magnentii odio Nepotia-

---

11 huiusmodi *p*   13 atroque *p*   26 vi? *Arntzen*   27 pa-
ravit? *Arntzen*   28 restare *op* praest. *Arntzen*   34 Poten-
tianus *p*

nus, materna stirpe Flavio propinquus, caeso urbi
7 praefecto armataque gladiatorum manu imperator fit.
Cuius stolidum ingenium adeo plebi Romanae patri-
busque exitio fuit, uti passim domus fora viae templa-
que cruore atque cadaveribus opplerentur bustorum
8 modo. Neque per eum tantum, verum etiam advolan-
tibus Magnentianis, qui tricesimo die triduo minus
9 hostem perculerant. Sed iam antea cum externi motus suspectarentur, Magnentius fratri Decentio Gallias,
Constantius Gallo, cuius nomen suo mutaverat, Orien- 10
10 tem Caesaribus commiserant. Ipsi inter se acrioribus
proeliis per triennium congressi; ad extremum Constantius fugientem in Galliam persecutus vario ambos
11 supplicio semet adegit interficere. Et interea Iudaeorum seditio, qui Patricium nefarie in regni speciem 15
12 sustulerant, oppressa. Neque multo post ob saevitiam
atque animum trucem Gallus Augusti iussu interiit.
13 Ita longo intervallo annum fere post septuagesimum
14 relata ad unum cura reipublicae. Quae recens quieta
a civili trepidatione Silvano in imperium coacto ten- 20
15 tari rursus occeperat. Is namque Silvanus in Gallia
ortus barbaris parentibus ordine militiae, simul a Magnentio ad Constantium transgressu pedestre ad magi-
16 sterium adolescentior meruerat. E quo cum altius
per metum seu dementiam conscendisset, legionum, a 25
quis praesidium speraverat, tumultu octavum circa ac
17 vicesimum diem trucidatus est. Qua causa ne quid
apud Gallos natura praecipites novaretur, praesertim
Germanis pleraque earum partium populantibus Iulianum Caesarem cognatione acceptum sibi Transalpinis 30
praefecit, isque nationes feras brevi subegit captis fa-
18 mosis regibus. Quae quamquam vi eius, fortuna prin-

---

5 aut *op* atque (*vel* et) *Opitz*   7 Magnianis *op corr. Schott*
15 specie *op* speciem *Anna*   20 in — *o*   23 transgressus
Anna   aut [ad] *aut* ad mag. pervenerat *Sylburg*   32 in ejus
fort. *op* vi eius *Freinshemius* (*ad Curtium 5, 9, 4*) [in] ejus

cipis tamen et consilio accidere. Quod adeo praestat, 19
ut Tiberius Galeriusque subiecti aliis egregia pleraque,
suo autem ductu atque auspicio minus paria experti
sint. At Iulius Constantius, annos tres atque viginti 20
5 augustum imperium regens, cum externis motibus,
modo civilibus exercetur, aegre ab armis abest. Quis 21
tyrannide tantorum depulsa sustentatoque interim Persarum impetu genti Sarmatarum magno decore considens apud eos regem dedit. Quod Gnaeum Pompeium 22
10 in Tigrane restituendo vixque paucos maiorum fecisse
comperimus. Placidus clemensque pro negotio, lit- 23
terarum ad elegantiam prudens atque orandi genere
leni iocundoque; laboris patiens ac destinandi sagittas
mire promptus; cibi omnis libidinis atque omnium cu-
15 pidinum victor; cultu genitoris satis pius suique nimis
custos; gnarus vita bonorum principum reipublicae
quietem regi. Haec tanta tamque inclita ' tenue stu- 24
dium probandis provinciarum ac militiae rectoribus,
simul ministrorum parte maxima absurdi mores, adhuc
20 neglectus boni cuiusque foedavere. Atque uti verum 25
absolvam brevi: ut imperatore ipso praeclarius, ita
apparitorum plerisque magis atrox nihil.

fort. *Gruter* (*Maehly*) eius f. principis, tamen et cons. acc.
Maehly ⟨auspicie⟩ et consilio *Sylburg*
    4 sunt *op*   5 dum *Arntzen*   motibus modo, m. c. *Gruter*
10 restituisse *p*   11 litterarumque *o*   12 ornandi *p*

INCERTI AUCTORIS
EPITOME DE CAESARIBUS

A $\begin{cases} \alpha & \text{Gudianus 84} \\ \beta & \text{Gudianus 131} \end{cases}$

B $\begin{cases} \gamma & \text{Mediceus plut. 66, 39} \\ \delta & \text{Bernensis 104} \end{cases}$

C $\begin{cases} \varepsilon & \text{Parisinus Reg. 4955} \\ \zeta & \text{Bernensis 120} \\ \eta & \text{Vossianus 96} \end{cases}$

D $\begin{cases} \vartheta & \text{Neapolitanus IV C 36} \\ \iota & \text{Vaticanus 3343} \\ \varkappa & \text{Mediceus plut. 64, 36} \\ \lambda & \text{Urbinas 411} \\ \mu & \text{Ottobonianus 1223} \\ \nu & \text{Venetus Marc. 332} \end{cases}$

Hm. Historia miscella

Bamb. cod. Bambergensis H. E. III. 14

LIBELLUS
DE VITA ET MORIBUS IMPERATORUM
BREVIATUS EX LIBRIS
SEXTI AURELII VICTORIS

5 *a Caesare Augusto usque ad Theodosium*

Anno urbis conditae septingentesimo vicesimo se- 1
cundo, ab exactis vero regibus quadringentesimo octo-
gesimoque, mos Romae repetitus uni prorsus parendi,
pro rege imperatori vel sanctiori nomine Augusto ap-
10 pellato. Octavianus igitur, patre Octavio senatore 2
genitus, maternum genus ab Aenea per Iuliam familiam sortitus, adoptione vero Gai Caesaris maioris
avunculi Gaius Caesar dictus, deinde ob victoriam
Augustus cognominatus est. Iste in imperio positus 3
15 tribuniciam potestatem per se exercuit. Regionem 4
Aegypti inundatione Nili accessu difficilem inviamque
paludibus in provinciae formam redegit. Quam ut 5
annonae urbis copiosam efficeret, fossas incuria vetu-
statis limo clausas labore militum patefecit. Huius 6
20 tempore ex Aegypto urbi annua ducenties centena
milia frumenti inferebantur. Iste Cantabros et Aqui- 7
tanos, Rhaetos, Vindelicos, Dalmatas provinciarum numero populo Romano coniunxit. Suevos Cattosque
delevit, Sigambros in Galliam transtulit. Pannonios

3 excerptus ex libr. λv excerptus et breviatus ϑx 14 in
— C 22 delmatas $\beta\lambda\mu$ 24 pannonias β

1 = Caes. 1, 1; 2 = Caes. 1, 1

stipendiarios adiecit. Getarum populos Basternasque
8 lacessitos bellis ad concordiam compulit. Huic Persae
obsides obtulerunt creandique reges arbitrium permise-
9 runt. Ad hunc Indi, Scythae, Garamantes, Aethiopes
10 legatos cum donis miserunt. Adeo denique turbas
bella simultates execratus est, ut nisi iustis de causis
numquam genti cuiquam bellum indixerit. Iactantisque
esse ingenii et levissimi dicebat ardore triumphandi
et ob lauream coronam, id est folia infructuosa, in
discrimen per incertos eventus certaminum securitatem 1
11 civium praecipitare; neque imperatori bono quicquam
minus quam temeritatem congruere: satis celeriter
12 fieri, quicquid commode gereretur, armaque, nisi maioris emolumenti spe, nequaquam movenda esse, ne com-
pendio tenui, iactura gravi, petita victoria similis sit 1
hamo aureo piscantibus, cuius abrupti amissique de-
13 trimentum nullo capturae lucro pensari potest. Huius
tempore trans Rhenum vastatus est Romanus exercitus atque tribuni et propraetor. Quod in tantum accidisse perdoluit, ut cerebri valido incursu parietem 2
pulsaret, veste capilloque ac reliquis lugentium indi-
14 ciis deformis. Avunculi quoque inventum vehementer
arguebat, qui milites commilitones novo blandoque
more appellans, dum affectat carior fieri, auctoritatem
15 principis emolliverat. Denique erga cives clementis- 2
16 sime versatus est. In amicos fidus extitit. Quorum
praecipui erant ob taciturnitatem Maecenas, ob patien-
tiam laboris modestiamque Agrippa. Diligebat praeterea Virgilium. Rarus quidem ad recipiendas amici-
17 tias, ad retinendas constantissimus. Liberalibus studiis, 3
praesertim eloquentiae, in tantum incumbens, ut nullus
ne in procinctu quidem laberetur dies, quin legeret
18 scriberet declamaret. Leges alias novas alias correctas

1 stipendiariis β D   3 regis β D   20 incussu B   26 fides
γ fidens δ   29 Virgilium ⟨Flaccumque poetas⟩ Opitz ex Hm.
Bamb.

protulit suo nomine. Auxit ornavitque Romam aedi-
ficiis multis, isto glorians dicto: 'Urbem latericiam 19
repperi, relinquo marmoream.' Fuit mitis gratus civi- 20
lis animi et lepidi, corpore toto pulcher, sed oculis
5 magis. Quorum acies clarissimorum siderum modo
vibrans libenter accipiebat cedi ab intendentibus tamquam solis radiis aspectu suo. A cuius facie dum
quidam miles oculos averteret et interrogaretur ab eo,
cur ita faceret, respondit: 'Quia fulmen oculorum tuo-
10 rum ferre non possum'.

Nec tamen vir tantus vitiis caruit. Fuit enim pau- 21
lulum impatiens, leniter iracundus, occulte invidus,
palam factiosus; porro autem dominandi supra quam
aestimari potest, cupidissimus, studiosus aleae lusor.
15 Cumque esset cibi ac vini multum, aliquatenus vero 22
somni abstinens, serviebat tamen libidini usque ad
probrum vulgaris famae. Nam inter duodecim catamitos totidemque puellas accubare solitus erat. Ab- 23
iecta quoque uxore Scribonia amore alienae coniugis
20 possessus Liviam quasi marito concedente sibi coniunxit. Cuius Liviae iam erant filii Tiberius et Drusus. Cumque esset luxuriae serviens, erat tamen eius- 24
dem vitii severissimus ultor, more hominum, qui in
ulciscendis vitiis, quibus ipsi vehementer indulgent,
25 acres sunt. Nam poetam Ovidium, qui et Naso, pro
eo, quod tres libellos amatoriae artis conscripsit, exilio damnavit. Quodque est laeti animi vel amoeni, 25
oblectabatur omni genere spectaculorum, praecipue
ferarum incognita specie et infinito numero.

30 Annos septem et septuaginta ingressus Nolae morbo 26
interiit. Quamquam alii scribant dolo Liviae exstinc- 27
tum metuentis, ne, quia privignae filium Agrippam,

5 aciem *ABD* acies *C Hm.*   7 aspectui *β D Hm.*   14 stu-
diosissimus (studiosimus *γ*) *BC*   16 somno *C*   21 cui *C*
25 Nam et p. *D*   26 amatoriae artis conscripsit, exilio damnavit — *ABC* scripserat *Hm.* ⟨inrevocabili⟩ exilio *Opitz ex
Hm. Bamb.*

quem odio novercali in insulam relegaverat, reduci
compererat, eo summam rerum adepto poenas daret.
28 Igitur mortuum seu necatum multis novisque honoribus senatus censuit decorandum. Nam praeter id,
quod antea Patrem patriae dixerat, templa tam Romae
quam per urbes celeberrimas ei consecravit, cunctis
vulgo iactantibus: 'Utinam aut non nasceretur aut non
29 moreretur!' Alterum pessimi incepti, exitus praeclari
alterum. Nam et in adipiscendo principatu oppressor
libertatis est habitus et in gerendo cives sic amavit, 1
ut tridui frumento in horreis quondam viso statuisset
veneno mori, si e provinciis classes interea non veni-
30 rent. Quibus advectis felicitati eius salus patriae est
attributa. Imperavit annos quinquaginta et sex, duodecim cum Antonio, quadraginta vero et quattuor so- 1
31 lus. Qui certe nunquam aut reipublicae ad se potentiam traxisset aut tamdiu ea potiretur, nisi magnis
naturae et studiorum bonis abundasset.

2 Claudius Tiberius, Liviae filius, Caesaris Octa-
2 viani privignus, imperavit annos viginti tres. Iste, 2
quia Claudius Tiberius Nero dicebatur, eleganter a
iocularibus Caldius Biberius Mero ob vinolentiam no-
3 minatus est. Satis prudens in armis satisque fortunatus ante sumptum imperium sub Augusto fuit, ut
non immerito reipublicae dominatus ei committeretur. 2
4 Inerat ei scientia litterarum multa. Eloquio clarior,
sed ingenio pessimo truci avaro insidioso, simulans
ea se velle quae nollet; his quasi infensus, quibus
consultum cupiebat, his vero, quos oderat, quasi beni-
5 volus apparens. Repentinis responsionibus aut consi- 3
6 liis melior quam meditatis. Denique delatum a patribus principatum (quod quidem astu fecerat) ficte

22 claudius βD (μ in caldius corr.)   liberius $\iota\lambda\mu$

1, 28 = Caes. 1, 6.   2, 4 = Caes. 2, 1;   2, 5 = Caes. 2, 1;   2, 6
= Caes. 2, 1

abnuere, quid singuli dicerent vel sentirent, atro-
citer explorans: quae res bonos quosque pessumdedit.
Aestimantes enim ex animo eum longa oratione im- 7
perialis molestiae magnitudinem declinare, cum sen-
tentias ad eius voluntatem promunt, incidere exitia
postrema. Iste Cappadocas in provinciam remoto Ar- 8
chelao rege eorum redegit. Gaetulorum latrocinia re-
pressit. Marobodum, Suevorum regem, callide circumvenit. Cum immani furore insontes noxios, suos 9
pariter externosque puniret, resolutis militiae artibus
Armenia per Parthos, Moesia a Dacis, Pannonia a
Sarmatis, Gallia a finitimis gentibus direptae sunt.
Ipse post octogesimum octavum annum et mensem 10
quartum insidiis Caligulae exstinctus est.
Caligula imperavit annos quattuor. Iste filius fuit 3 2
Germanici, et quia natus in exercitu fuerat, cognomentum calciamenti militaris (id est caligula) sortitus
est. Ante principatum omnibus carus acceptusque 3
fuit, in principatu vero talis, ut non inmerito vulgaretur atrociorem illo dominum non fuisse. Denique 4
tres sorores suas stupro maculavit. Incedebat habitu 5
deorum suorum; Iovem ob incestum, e choro autem
Bacchanali Liberum se asserebat. De quo nescio an 6
decuerit memoriae prodi, nisi forte quia iuvat de principibus nosse omnia, ut improbi saltem famae metu
talia declinent. In palatio matronas nobiles publicae 7
libidini subiecit. Primus diademate imposito dominum 8
se iussit appellari. In spatio trium milium, quod in 9
sinu Puteolano inter moles iacet, duplici ordine naves
contexens, arenae aggestu ad terrae speciem viam so-

9 et noxios $\alpha B C$ 13 octogesimum *vel* octuagesimum *omnes codd.* 16 cognomento β 17 Cal. *codd.* Caligulae *vulgo* 22 e — $\alpha B C$ ob incestu moechorum β

2, 8 = Caes. 2, 3. 4; 2, 9 = Caes. 2, 3. 3, 2 = Caes. 3, 4; 3, 3 = Caes. 3, 6. 7; 3, 4. 5 = Caes. 3, 10; 3, 8 = Caes. 3, 13.

lidatam, phalerato equo insignisque aenea corona,
quasi triumphans indutus aureo paludamento, curru
10 biiugo decucurrit. Dehinc a militibus confossus interiit.

4   Claudius Titus, Drusi, Tiberii fratris, filius, Cali- 5
2 gulae patruus, imperavit annos quattuordecim. Iste,
cum senatus censuisset gentem Caesarum exterminari,
deformi latebra latere repertus a militibus, quia vecors erat, mitissimus videbatur imprudentibus, impera-
3 tor effectus est. Hic ventri vino libidini foede oboe- 1
diens, vecors et prope hebes, ignavus ac pavidus liber-
4 torum et coniugis imperiis subiectus fuit. Huius
tempore Scribonianus Camillus intra Dalmatias imperator creatus continuo occiditur. Mauri provinciis accessere; caesa Musulamiorum manus est. Aqua Claudia 1
5 Romae introducta. Huius uxor Messalina primo passim quasi iure adulteriis utebatur: ex quo facto plures metu abstinentes exstincti sunt. Dehinc atrocius
accensa nobiliores quasque nuptas et virgines scortorum modo secum proposuerat coactique mares, ut ad- 2
essent. Quod si quis talia horruerat, afficto crimine
in ipsum omnemque familiam saeviebatur, ut magis
videretur sub imperatore viro quam imperatori nupta
6 esse. Ita liberti eius potestatem summam adepti stupris exilio caede proscriptionibus omnia foedabant. 2
7 Ex quibus Felicem legionibus Iudaeae praefecit. Pos-
sidonio eunucho post triumphum Britannicum inter

1 aenea *A* aerea *cett. codd.* querquea *Hm.* corona sibi imposita de foliis, quae sunt de arbore quercus *Bamb.* quercea
Schott   3 biiugi βϰμν *Hm.* curruli iugo *B* ⟨primo die⟩ phal.
equo ... ⟨postridie⟩ indutus *Schott*   5 Claudius Titus *codd.,*
Hm., Bamb. (*v.* Caes. 3, 16 Titum Claudium)   8 latere *codd.*
latens *vulg.*   15 Musulaniorum (musulamorum insulamorum
insulaniorum) *codd.*   17 adulteris β *B D Hm.*   21 talia — *B*
26 post sidonio β

4, 2 = Caes. 3, 16. 17;   4, 3 = Caes. 4, 1;   4, 4 = Caes. 4, 2;
4, 5 = Caes. 4, 6. 7. 11;   4, 6 = Caes. 4, 12

militarium fortissimos arma insignia tamquam parti-
cipi victoriae dono dedit. Polybium inter consules 8
medium incedere fecit. Hos omnes anteibat Narcissus
ab epistulis, dominum se gerens ipsius domini, Pallas-
5 que praetoriis ornamentis sublimatus; adeo divites, ut
causante eo inopiam fisci lepidissime famoso elogio
vulgatum sit abunde ei pecuniam fore, si a duobus
libertis in societatem reciperetur. Huius temporibus 9
visus est apud Aegyptum Phoenix, quam volucrem
10 ferunt anno quingentesimo ex Arabis memoratos locos
advolare; atque in Aegaeo mari repente insula emersit. Hic Agrippinam, Germanici fratris sui filiam, 10
uxorem duxit; quae filio imperium procurans primo
privignos insidiis multiformibus, dehinc ipsum con-
15 iugem veneno interemit. Vixit annos sexaginta quat-11
tuor; cuius funus, ut quondam in Tarquinio Prisco,
diu occultatum. Dum arte muliebri corrupti custodes 12
aegrum simulant, Nero privignus eius imperii iura
suscepit.
20 Domitius Nero, patre Domitio Ahenobarbo geni-5
tus, matre Agrippina, imperavit annos tredecim. Iste 2
quinquennio tolerabilis visus. Unde quidam prodidere
Traianum solitum dicere procul distare cunctos principes Neronis quinquennio. Hic in urbe amphithea-3
25 trum et lavacra construxit. Pontum in ius provinciae 4
Polemonis reguli permissu redegit, a quo Polemoniacus Pontus appellatur, itemque Cottias Alpes Cottio
rege mortuo. Eo namque dedecore reliquum vitae 5
egit, ut pudeat memorare huiuscemodi quemquam. Eo
30 progressus est, ut neque suae neque aliorum pudici
tiae parcens, ad extremum amictus nubentium virgi-

6 eloquio *C*   10 ex Arabum memoratis locis *C*   14 ⟨in
palatio⟩ insidiis *Opitz ex Hm. Bamb.*   22 Inde *D*   27 appellatus est *D*   idemque *D*

4, 9 = Caes. 4, 14; 4, 10 = Caes. 4, 13; 4, 11. 12 = Caes. 4, 15;
5, 2. 4 = Caes. 5, 2; 5, 5 = Caes. 5, 4. 5

num specie palam convocato senatu, dote dicta, cunctis
festa more frequentantibus nuberet. Pelle tectus ferae
utrique sexui genitalia vultu contrectabat. Matrem
etiam stupro contaminavit, quam postmodum interemit. Octaviam et Sabinam cognomento Poppaeam in ⁵
⁶ matrimonium duxit viris earum trucidatis. Tunc Galba,
Hispaniae proconsul, et Gaius Iulius imperium corri-
⁷ puere. Ubi adventare Nero Galbam didicit senatusque
sententia constitutum, ut more maiorum collo in fur-
cam coniecto virgis ad necem caederetur, desertus un- ¹⁰
dique noctis medio egressus urbe sequentibus Phaone
Epaphrodito Neophytoque et spadone Sporo, quem
quondam exsectum formare in mulierem temptaverat,
semet ictu gladii transegit adiuvante trepidantem manum impuro, de quo diximus, eunucho, cum sane prius ¹⁵
nullo reperto, a quo feriretur, exclamaret: 'Itane nec
amicum habeo nec inimicum? dedecorose vixi, turpius
⁸ peream'. Periit anno aetatis tricesimo secundo. Hunc
Persae in . tantum dilexerant, ut legatos mitterent
⁹ orantes copiam construendi monumenti. Ceterum adeo ²⁰
cunctae provinciae omnisque Roma interitu eius exul-
tavit, ut plebs induta pilleis manumissionum tamquam
saevo exempta domino triumpharet.
⁶ Galba, nobili Sulpiciorum gente progenitus, impe-
² ravit menses septem diesque totidem. Iste in adu- ²⁵
lescentes infamis, ad vescendum intemperans fuit, trium
amicorum consilio, id est Vinii Cornelii Icelii cuncta
disponens, adeo ut intra Palatinas aedes pariter habi-
³ tarent et vulgo paedagogi dicerentur. Hic ante sum-
ptam dominationem multas provincias egregie admini- ³⁰
stravit, militem severissime tractans, ita ut ingresso

4 quamque *codd.* 5 pompeiam *D* 7 in Hispania procul
D 11 urbem β*CD* 19 dilexerunt *D* 20 monumenta *D*
praeter κλ 20 petentes *BC* 25 in adulescentia *Hm.*
27 celii *D*

5, 5 = Caes. 5, 8; 5. 7 = Caes. 5, 16. 6, 1 = Caes. 6, 1

eo castra vulgaretur statim: 'Disce militare, miles;
Galba est, non Gaetulicus'. Cum septuagesimum ter- 4
tium aetatis annum ageret, dum factione Othonis accensas legiones lorica tectus lenire contenderet, ad
5 lacum Curtium caesus est.

Salvius Otho, splendidis ortus maioribus ex op- 7
pido Ferentano, imperavit menses tres, vita omni tur-
pis, maxime adulescentia. Hic a Vitellio primum apud 2
Placentiam, dehinc apud Betriacum victus semet gla-
10 dio transfixit anno aetatis tricesimo septimo, adeo
amabilis militibus propriis, ut plerique corpore eius
viso suis manibus interierint.

Vitellius, ortus familia nobili, patre Lucio Vitellio 8
ter consule, imperavit menses octo. Iste tumens cru- 2
15 delis avarusque cum profusione fuit. Huius tempore 3
Vespasianus in Oriente principatum arripuit; a cuius
militibus certamine sub muris urbis habito superatus
e palatio, quo se abdiderat Vitellius, vinctis a tergo
manibus productus circumducitur ad spectaculum vulgi.
20 Ac ne homo impudens in extremis saltem malorum, 4
quae gesserat, rubore faciem demitteret, subiecto in
mentum gladio seminudus multis coeno fimoque et
ceteris turpioribus dictu purgamentis vultum eius in-
cessentibus per scalas Gemonias trahitur, ubi Sabinum,
25 Vespasiani fratrem, necari permiserat. Numerosis icti- 5
bus confossus interiit. Vixit annos quinquaginta
septem. Hi omnes, quos paucis attigi, praecipue Cae- 6
sarum gens, adeo litteris culti atque eloquentia fuere,
ut, ni cunctis vitiis absque Augusto nimii forent,
30 profecto texissent modica flagitia.

Vespasianus imperavit annos decem. Huius inter 9 2
cetera bona illud singulare fuit inimicitias oblivisci,

26 LVIIJ α   29 dediti C   30 immodica D

6, 4 = Caes. 6, 3.   8, 3 = Caes. 8, 6; 8, 4. 5 = Caes. 8, 6:
8, 6 = Caes. 8, 7

adeo, ut Vitellii hostis filiam locupletissime dotatam
3 splendidissimo coniungeret viro. Ferebat patienter
amicorum motus, contumeliis eorum, ut erat facetissi-
mus, iocularibus respondens. Namque Licinium Muci-
anum, quo adiutore ad imperium pervenerat, fiducia
meritorum insolentem lepide flectebat adhibito aliquo
utrique familiari, id unum dicens: 'Nosti me virum
4 esse'. Sed quid mirum in amicis, cum etiam causidi-
corum obliqua dicta et philosophorum contumaciam
5 contemneret? Iste exsanguem diu fessumque terrarum 1⁵
orbem brevi refecit. Namque primum satellites tyrannidis, nisi qui forte atrocius longe processerant,
flectere potius maluit quam excruciatos delere, prudentissime ratus nefaria ministeria a pluribus metu cu-
6 rari. Praeterea legibus aequissimis monendoque, quod- 1⁶
que vehementius est, vitae specie. vitiorum plura
7 aboleverat. Infirmus tamen, uti quidam prave putant,
adversus pecuniam, cum satis constet aerarii inopia et
clade urbium novas eum neque postea habitas vecti-
8 galium pensiones exquisivisse. Hic Romam deformem 2⁰
incendiis veteribus ac ruinis permissa, si domini de-
essent, volentibus aedificandi copia, Capitolium, aedem
Pacis, Claudii monumenta reparavit multaque nova
9 instituit. Per omnes terras, qua ius Romanum est,
renovatae urbes cultu egregio; viae operibus maximis 2⁵
10 munitae sunt. Tunc cavati montes per Flaminiam
sunt prono transgressui, quae vulgariter Pertunsa
11 petra vocitatur. Mille gentes compositae, cum ducentas aegerrime repperisset, extinctis saevitia tyranno-
12 rum plerisque. Rex Parthorum Vologeses metu solo 3⁰
13 in pacem coactus est. Syria, cui Palaestina nomen

1 hostis — C hostis sui D   4 dictis iocularibus ϑ ν   15 monendo //// (*rasura*) α   monendo D   cohercendo monendoque B
16 brevi vitae spacio B (*sed γ corr.*)   31 in pace D

9, 5 = Caes. 9, 1. 2;   9, 6 = Caes. 9, 5;   9, 7 = Caes. 9, 6;
9, 9. 10 = Caes. 9, 8;   9, 11 = Caes. 9, 9;   9, 12. 13 = Caes. 9, 10

est, Ciliciaque ac Trachia et Commagene, quam hodie
Augustophratensem nominamus, provinciis accessere.
Iudaei quoque additi sunt. Hic monentibus amicis, 14
ut caveret a Mettio Pomposiano, de quo sermo per-
5 crebuerat regnaturum fore, consulem fecit, alludens
tali cavillo: 'Quandoque memor erit tanti beneficii'. 15
Institutum vero uniforme omni imperio tenuit. Vigi-
lare de nocte, publicisque actibus absolutis caros ad-
mittere, dum salutatur, calciamenta sumens et regium
10 vestitum. Post autem negotiis, quaecunque advenis-
sent, auditis exerceri vectatione, deinde requiescere;
postremo, ubi lavisset, remissiore animo convivium
curabat. Plura dicere studium coegit imperatoris 16
boni, quem ab Augusti morte post annos sex et quin-
15 quaginta Romana respublica exsanguis saevitia tyrannorum quasi fato quodam, ne penitus rueret, assecuta
est. Itaque annum agens vitae absque uno septua- 17
gesimum seriis ioca, quibus delectabatur, admiscens
interiit. Quippe primo cum crinitum sidus apparuisset: 18
20 'Istud', inquit, 'ad regem Persarum pertinet', cui capil-
lus effusior. Deinde ventris eluvie fessus et assurgens:
'Stantem', ait, 'imperatorem excedere terris decet'.

Titus, vocabulo patris etiam Vespasianus dictus, 10
matre liberta Domitilla nomine genitus, imperavit an-
25 nos duos et menses duos diesque viginti. Iste a puero 2
praeclaris studiis probitatis militiae litterarum instan-
tissime deditus, quo contenderit, animi et corporis
muneribus ostendit. Hic ubi patriae curam suscepit, 3
incredibile est, quantum, quem imitabatur, anteierit,
30 praecipue clementia liberalitate honorificentia ac pecuniae contemptu; quae eo amplius grata fuere, quod ex
nonnullis a privato adhuc patratis asperior luxuriae-

---

11 deinde requiescere — *C*   16 facto *α*   27 contenderet
CD   29 quos imit. *D*   30 praecipuus *β*   32 paratis *ACι*
cett. codd. D privatis

10, 3 = Caes. 10, 1

4 que et avaritiae amans credebatur fore. Namque praefecturam praetorianam patre imperante adeptus suspectum quemque et oppositum sibi immissis, qui per
theatra et castris invidiosa iactantes ad poenam poscerent, quasi criminis convictos oppressit. In quîs Cae-
cinam consularem adhibitum coenae, vixdum triclinio
egressum, ob suspicionem stupratae Berenicis uxoris
5 suae iugulari iussit. Iurgia autem sub patre venum-
data rapinarum cupidum*: unde Neronem cuncti opi-
nantes vocantesque summam rerum nactum graviter 1
6 acceperant. Sed haec in melius conversa adeo ei im-
mortalem gloriam contulere, ut deliciae atque amor
7 humani generis appellaretur. Denique ut subiit pondus regium, Berenicen nuptias suas sperantem regredi
8 domum et enervatorum greges abire praecepit. Quo 1
facto quasi signum protulit mutatae intemperantiae.
Dehinc cum donata concessave a prioribus principibus
firmare insequentes solerent, simul imperium cepit,
9 talia possidentibus edicto sponte cavit. Quadam etiam
die recordans vesperi nihil se cuiquam praestitisse 2
venerando caelestique dicto: 'Amici', ait, 'perdidimus
10 diem'; quod erat magnificae liberalitatis. Clementiam
vero usque eo perduxit, ut amplissimi ordinis duo
cum adversus eum coniuravissent neque abnuere cogitatum scelus quirent, monuerit primo, post deductos 2
in spectaculum se utrimque assidere iusserit petitoque ex industria mirmillonum, quorum pugnae visebantur, gladio quasi ad explorandam aciem uni atque
alteri commiserit; quibus perculsis et constantiam mirantibus diceret: 'Videtisne potestates fato dari frustra- 3

2 praetorialem β   18 simul ut C   19 cavit vel concessit
D   20 recordatus β   22 quia CD   24 coniurassent β B D
25 eductos B   26 post se β secum BCD (e c. λ) secum
utrumque α

10, 4 = Suet. Tit. 6; 10, 6 = Caes. 10, 6; 10, 8 = Caes. 10, 2;
10, 10 = Caes. 10, 4

que temptari facinus potiundi spe vel amittendi metu?'
Fratrem quoque Domitianum parantem insidias mili-11
tumqne animos sollicitantem flens saepius obtestatus
est, ne parricidio assequi cuperet, quod et se volente
5 esset obventurum ei et iam haberet, cum sit particeps
potestatis. Huius tempore mons Vesubius in Cam-12
pania ardere coepit, incendiumque Romae sine nocturna
requie per triduum fuit. Lues quoque, quanta vix 13
umquam antea, fuit. Quibus tamen malis nullo vexato 14
10 pecunia propria subvenit, cunctis remediorum generi-
bus, nunc aegrotantes per semetipsum reficiens, nunc
consolans suorum mortibus afflictos. Vixit annos quadra- 15
ginta unum, et in eodem, quo pater, apud Sabinos
agro febri interiit. Huius mors credi vix potest, quan-16
15 tum luctus urbi provinciisque intulerit, adeo ut eum
delicias publicas, sicut diximus, appellantes quasi perpetuo custode orbatum terrarum orbem deflerent.

Domitianus, Vespasiani et Domitillae libertae filius, 11
germanus Titi, imperavit annos quindecim. Iste primo 2
20 clementiam simulans neque adeo iners domi belloque
tolerantior videbatur; idcircoque Cattos Germanosque
devicit. Ius aequissime dixit. Romae multa aedificia 3
vel coepta vel a fundamentis construxit. Bibliothecas 4
incendio consumptas petitis undique, praesertim Ale-
25 xandria, exemplis reparavit. Sagittarum tam doctus 5
fuit, ut inter patentes digitos extentae manus viri procul positi spicula transvolarent. Dehinc atrox caedi- 6
bus bonorum supplicia agere coepit ac more C. Caligulae dominum sese deumque dici coegit; segnisque
30 ridicule remotis omnibus muscarum agmina persequebatur. Furens libidine, cuius foedum exercitium Grae- 7
corum lingua κλινοπάλην vocabat. Hinc percontanti 8

---

6 besbius β bebius C   9 nonnullis vexatis D   23 vel
coepta — B   26 extensae Cλ

10, 16 = Caes. 10, 6.   11, 2 = Caes. 11, 3. 4;   11, 6 = Caes.
11, 5. 1. 2. 6

cuidam, quisquamne in palatio esset, responsum: Ne
9 musca quidem. His eius saevitiis ac maxime iniuria
verborum, qua scortum vocari dolebat, accensus Antonius, curans Germaniam superiorem, imperium corri-
10 puit. Quo per Norbanum Lappium acie strato Domi- 5
tianus longe tetrior in omne hominum genus, etiam
11 in suos, ferarum more grassabatur. Igitur metu cru-
delitatis et conscientiae suae coniuravere plerique im-
pulsoribus Parthenio procurante cubiculum et Stephano
et tum ob fraudem interceptae pecuniae supplicium 10
suspectante Clodiano, ascita etiam in consilium tyranni uxore Domitia ob amorem Paridis histrionis a
12 principe cruciatus formidante. Domitianum multis
vulneribus confodiunt post annum quintum et quadra-
13 gesimum vitae. At senatus gladiatoris more funus 15
14 efferri radendumque nomen decrevit. Huius tempore
saeculares ludi celebrati sunt.
15   Hactenus Romae seu per Italiam orti imperium
rexere, hinc advenae. Unde compertum est urbem
Romam externorum virtute crevisse. Quid enim Nerva 20
prudentius aut moderatius? quid Traiano divinius? quid
praestantius Hadriano?
12   Cocceius Nerva, oppido Narniensi genitus, impe-
2 ravit menses sedecim dies decem. Iste cum imperium
suscepisset, mox rumore orto vivere atque affore Do- 25
mitianum perinde trepidavit, ut colore mutato verbis
amissis vix consisteret. Sed a Parthenio confirmatus
recepta fiducia ad sollemne delenimentum conversus
3 est. Qui cum in curiam a senatu gratanter exceptus
esset, solus ex omnibus Arrius Antoninus, vir acer 30
eique amicissimus, condicionem imperantium prudenter

5 uel Appium α lappium *cett. codd. Hm.* L. Appium *Schott*
norbasum *B* narbonum *C* normanum *vel* normanium *vel* nor-
mannium *D*   11 in consilio βι *Hm.*   29 in curia α *D Bamb.*
30 Antonius *B C ι ν*

11, 13 = Caes. 11, 8; 11, 15 = Caes. 11, 12. 13; 12, 1

exprimens, amplexus eum, gratulari se ait senatui et
populo provinciisque, ipsi autem nequaquam, cui satius
fuerat malos semper principes eludere quam tanti
oneris vim sustinentem haud molestiis modo et peri-
5 culis subici, sed famae etiam inimicorum pariter et
amicorum, qui cum se mereri omnia praesumant, si
quicquam non extorserint, atrociores sunt ipsis quoque hostibus. Iste quicquid antea poenae nomine tri- 4
butis accesserat, indulsit; afflictas civitates relevavit;
10 puellas puerosque natos parentibus egestosis sumptu
publico per Italiae oppida ali iussit. Hic ne accessu 5
malivolorum terreretur, Iunii Maurici, constantis viri,
dicto ita admonetur: Qui convivio familiari adhibitus
cum Veientonem consulari honore functum quidem
15 apud Domitianum, tamen multos occultis criminationibus persecutum adesse vidisset, inter colloquia men-
tione Catulli facta, calumniatoris praecipui, dicente
Nerva: 'Quid nunc faceret, si Domitiano supervixisset?'
'Nobiscum', inquit Mauricus, 'cenaret'. Hic iurgiorum
20 disceptator et scientissimus et frequens fuit. Calpur- 6
nium Crassum promissis ingentibus animos militum
pertemptantem, detectum confessumque Tarentum cum
uxore removit patribus lenitatem eius increpantibus.
Cumque interfectores Domitiani ad exitium posceren-
25 tur, tantum est consternatus, ut neque vomitum neque
impetum ventris valuerit differre, et tamen vehemen- 7
ter obstitit dictitans aequius esse mori quam auctoritatem imperii foedare prodilis potentiae sumendae
auctoribus. Sed milites neglecto principe requisitos 8
30 Petronium uno ictu, Parthenium vero demptis prius
genitalibus et in os coniectis iugulavere †redempto
magnis sumptibus Casperio; qui scelere tam truci in-
solentior Nervam compulit referre apud populum gratias militibus, quia pessimos nefandosque omnium

---

10 egestuosis *C*   12 teneretur *Closs*   26 valeret *ϑλμ*
31 redemptos *γ*   32 Casperi *A B* Casperio *C D*

9 mortalium peremissent. Hic Traianum in liberi locum
inque partem imperii cooptavit; cum quo tribus vixit
10 mensibus. Qui dum. suggerente ira voce quam maxima
contra quendam Regulum nomine inclamaret, sudore
11 correptus est. Quo refrigescente horror corporis nimius initia febri praebuit, nec multo post vitam fini-
12 vit anno aetatis sexagesimo tertio. Cuius corpus a
senatu, ut quondam Augusti, honore delatum in sepulcro Augusti sepultum est. Eo die, quo interiit, solis
defectio facta est.

13 Ulpius Traianus, ex urbe Tudertina, Ulpius ab
avo dictus, Traianus a Traio paterni generis auctore
vel de nomine Traiani patris sic appellatus, imperavit
2 annis viginti. Iste talem se reipublicae praebuit, qualem vix aegreque exprimere valuerint summorum scrip-
3 torum miranda ingenia. Hic imperium apud Agrippinam, nobilem Galliae coloniam, suscepit, habens
diligentiam in re militari, in civilibus lenitatem, in
4 sublevandis civitatibus largitionem. Cumque duo sint,
quae ab egregiis principibus exspectentur, sanctitas
domi, in armis fortitudo, utrobique prudentia, tantus
erat in eo maximarum rerum modus, ut quasi tempe-
ramento quodam virtutes miscuisse videretur, nisi quod
5 cibo vinoque paululum deditus erat. Liberalis in amicos et, tamquam vitae condicione par, societatibus
6 perfrui. Hic ob honorem Surae, cuius studio impe-
7 rium arripuerat, lavacra condidit. De quo supervaca-
neum videtur cuncta velle nominatim promere, cum
8 satis sit excultum atque emendatum dixisse. Fuit
enim patiens laboris, studiosus optimi cuiusque ac

---

2 coactavit *B* adoptavit *v*   5 Quo refrigescente . . . sepultum est — **ϰλμ**   nimium *A C*   6 initium *B*   8 delato
A B Hm. (humeris delatum *Eyssenhardt*) relicto *C* delatum *D*
deducto *Bamb.*   in sepulcro Augusto *A B ι*   11 Turdetana
Dierauer   12 Traiano *B*   14 annos βδ anñ γ   15 valuerunt
D exc. ι   23 quia *D*   27 supervacuaneum α supervacuum β
28 scribere *C*

bellicosi; magis simpliciora ingenia aut eruditissimos,
quamvis ipse parcae esset scientiae moderateque elo-
quens, diligebat. Iustitiae vero ac iuris humani divi- 9
nique tam repertor novi quam inveterati custos. Quae 10
5 omnia eo maiora visebantur, quo per multos atque
atroces tyrannos perdito atque prostrato statu Romano
in remedium tantorum malorum divinitus credebatur
opportune datus, usque eo, ut adveniens imperium
eius pleraque mirifica denuntiaverint. In quis prae-
10 cipuum cornicem e fastigio Capitolii Atticis sermonibus
effatam esse: καλῶς ἔσται. Huius exusti corporis ci- 11
neres relati Romam humatique Traiani foro sub eius
columna, et imago superposita, sicut triumphantes solent, in urbem invecta, senatu praeeunte et exercitu.
15 Eo tempore multo perniciosius quam sub Nerva Tibe- 12
ris inundavit magna clade aedium proximarum; et
terrae motus gravis per provincias multàs atroxque
pestilentia famesque et incendia facta sunt. Quibus 13
omnibus Traianus per exquisita remedia plurimum opi-
20 tulatus est, statuens, ne domorum altitudo sexaginta
superaret pedes ob ruinas faciles et sumptus, si quando
talia contingerent, exitiosos. Unde merito pater patriae 14
dictus est. Vixit annos sexaginta quattuor.

Aelius Adrianus, stirpis Italae, Aelio Adriano, 14
25 Traiani principis consobrino, Adriae orto genitus, quod
oppidum agri Piceni etiam mari Adriatico nomen dedit, imperavit annis viginti duobus. Hic Graecis litte- 2
ris impensius eruditus a plerisque Graeculus appellatus est. Atheniensium studia moresque hausit potitus
30 non sermone tantum, sed et ceteris disciplinis, canendi
psallendi medendique scientia, musicus geometra pictor

5 quod ι   6 prodito C   8 advenientem statum C   9 quibus C   11 affatam B C   ἔσται — α γ D   καλῶς ἔσται — β
(lacuna)   14 inuehere inuecta β invecta (in vesta λ ν) D Hm.
inuehi α B C   senatorio C   et — C   24 Italiae A B ι (italiae)
λ μ Italicae Hm.   29 mores auxit potius non β D   31 numeran-
dique scientia? Schott   musicis geometria β ι ν Hm. geomet C

fictorque ex aere vel marmore proxime Polycletus et
Euphranoras. Proinde omnino ad ista et facetus, ut
elegantius umquam raro quicquam humanae res ex-
3 pertae videantur. Memor supra quam cuiquam credi-
bile est, locos negotia milites, absentes quoque, nomi- 5
4 nibus recensere. Immensi laboris, quippe qui provincias omnes passibus circumierit agmen comitantium
praevertens, cum oppida universa restitueret, augeret
5 ordinibus. Namque ad specimen legionum militarium
fabros perpendiculatores architectos genusque cunctum 10
exstruendorum moenium seu decorandorum in cohor-
6 tes centuriaverat. Varius multiplex multiformis; ad
vitia atque virtutes quasi arbiter genitus, impetum
mentis quodam artificio regens, ingenium invidum
triste lascivum et ad ostentationem sui insolens cal- 15
lide tegebat; continentiam facilitatem clementiam simulans contraque dissimulans ardorem gloriae, quo
7 flagrabat. Acer nimis ad lacessendum pariter et re-
spondendum seriis ioco maledictis; referre carmen
carmini, dictum dictui, prorsus ut meditatum crederes 20
8 adversus omnia. Huius uxor Sabina, dum prope ser-
vilibus iniuriis afficitur, ad mortem voluntariam com-
pulsa. Quae palam iactabat se, quod immane ingenium probavisset, elaborasse, ne ex eo ad humani
9 generis perniciem gravidaretur. Hic morbo subcuta- 25
neo, quem diu placide pertulerat, victus, dolore ardens
10 impatiensque plures e senatu exstinxit. A regibus
multis pace occultius muneribus impetrata, iactabat
palam plus se otio adeptum quam armis ceteros. Of-
11 ficia sane publica et palatina nec non militiae in eam 30

1 fictor ambulatorquae (-qui ϑ) ϑλμ   2 Perinde B D
factus β est factus Hm. est facetus γ effectus D   3 numquam
ϑλ   15 ostensionem B   17 contraque dissimulans — B
18 acerrimus D (exc. ι)   19 iocis β   20 dictu βι dicto D
(exc. λ) Hm.   23 gestabat B   24 prouasisset β persuasisset
(pervasisset λ) D   25 morbi subcutanei Cι   26 arduus codd.
ardens Hm. vulg.   27 interfecit C   28 occultis C D   30 ialitina A   militiam C

formam statuit, quae paucis per Constantinum immu-
tatis hodie perseverat. Vixit annos sexaginta duos; 12
dehinc miserabili exitu consumptus est, cruciatu membrorum fere omnium confectus, in tantum, ut crebro
5 sese interficiendum ministrorum fidissimis precans of-
ferret, ac ne in semetipsum saeviret, custodia carissi-
morum servaretur.

Antoninus Fulvius seu Boionius dictus, postea 15
etiam Pius cognominatus, imperavit annos viginti tres.
10 Iste ab Hadriano in filium adoptatus, cuius gener fu- 2
erat, tantae bonitatis in principatu fuit, ut haud dubie
sine exemplo vixerit, quamvis eum Numae contulerit 3
aetas sua, cum orbem terrae nullo bello per annos
viginti tres auctoritate sola rexerit, adeo trementibus
15 eum atque amantibus cunctis regibus nationibusque et
populis, ut parentem seu patronum magis quam dominum imperatoremve reputarent, omnesque in morem
caelestium propitium optantes de controversiis inter
se iudicem poscerent. Quin etiam Indi Bactri Hyr- 4
20 cani legatos misere iustitia tanti imperatoris comperta,
quam ornabat vultu serie pulchro, procerus membra,
decenter validus. Priusquam salutandus prodiret, de- 5
gustans panis aliquantulum, ne frigescente circum prae-
cordia per ieiunium sanguine viribus exesis intercipe-
25 retur eoque actui publicorum minime sufficeret, quae
incredibili diligentia ad speciem optimi patrisfamilias
exsequebatur. Appetentia gloriae carens et ostenta- 6
tione, adeo mansuetus, ut instantibus patribus ad eos,
qui contra eum coniuraverant, persequendos compres-
30 serit quaestionem, praefatus necesse non esse sceleris

2 perseverant *codd.* perseverat *vett. edd.* 17 imperatorem
uere βD 18 propitium — *C* 19 Ad quem *vett. edd.* Bactri
Hm. Bamb. bracti β Bactriani *cett. codd.* 21 quam ornabat
vultus series pulchra *C* sereno (severo *ι*) et pulchro *D* 23 aliquantum *ABι* 25 actuum (actu *ι*) publicorum laboribus *D*

(15, 1. 3. 7 = Eutrop. 8, 8)

in semetipsum cupidos pertinacius indagari, ne, si
plures reperirentur, quantis odio esset, intellegeretur.
7 Igitur apud Lorios, villa propria, milibus passuum
duodecim ab urbe febri paucorum dierum post tres
8 atque viginti annos imperii consumptus est. Ob cuius
honorem templa sacerdotes atque infinita alia decreta
9 sunt. Usque eo autem mitis fuit, ut, cum ob inopiae
frumentariae suspicionem lapidibus a plebe Romana
perstringeretur, maluerit ratione exposita placare quam
ulcisci seditionem.

16 Marcus Aurelius Antoninus imperavit annos
2 decem et octo. Iste virtutum omnium caelestisque ingenii exstitit aerumnisque publicis quasi defensor ob-
iectus est. Etenim nisi ad illa tempora natus esset,
profecto quasi uno lapsu ruissent omnia status Ro-
3 mani. Quippe ab armis quies nusquam erat, perque
omnem Orientem Illyricum Italiam Galliamque bella
fervebant; terrae motus non sine interitu civitatum,
inundationes fluminum, lues crebrae, locustarum species agris infestae, prorsus ut prope nihil, quo summis
4 angoribus atteri mortales solent, dici seu cogitari
queat, quod non illo imperante saevierit. Credo divinitus attributum, ut, dum mundi lex seu natura
†aliudve quid hominibus incognitum gignit, rectorum
5 consiliis tamquam medicinae remediis leniantur. Is
propinquum suum Lucium Annium Verum ad imperii
partem novo benivolentiae genere ascivit. Qui Verus,
inter Altinum atque Concordiam iter faciens, ictu sanguinis, quem morbum Graeci ἀπόπληξιν vocant, un-
6 decimo imperii anno exstinctus est. Carminum, maxime tragicorum, studiosus, ingenii asperi atque lascivi.

3 Igitur cum esset annorum septuaginta duorum apud Lorios
Gryphius   8 lampidicus (-tus) *D*   9 placere *C*   16 quies
numquam *BD*   24 aliudne *δ* aliunde *D*   ⟨ea mala⟩ gignit
edit. Veronens.   31 tragicorum — *B*

16, 5 = Eutr. 8, 10, 3

Post cuius obitum Marcus Antoninus rempublicam 7
solus tenuit. A principio vitae tranquillissimus, adeo,
ut ab infantia vultum nec ex gaudio nec ex maerore
mutaverit. Philosophiae studens litterarumque Grae-
⁵ carum ⟨peritissimus⟩. Hic permisit viris clarioribus, 8
ut convivia eodem cultu, quo ipse, et ministris simi-
libus exhiberent. Hic cum aerario exhausto largitio- 9
nes, quas militibus impenderet, non haberet, neque
indicere provincialibus aut senatui aliquid vellet, in-
¹⁰ strumentum regii cultus facta in foro Traiani sectione
distraxit, vasa aurea, pocula crystallina et murrina,
uxoriam ac suam sericam et auream vestem, multa
ornamenta gemmarum, ac per duos continuos menses
venditio habita est multumque auri redactum. Post 10
¹⁵ victoriam tamen emptoribus pretia restituit, qui red-
dere comparata voluerunt; molestus nulli fuit, qui
maluit semel empta retinere. Huius tempore Cassius 11
tyrannidem arripiens exstinctus est. Ipse vitae anno 12
quinquagesimo nono apud Bendobonam morbo con-
²⁰ sumptus est. De eius morte nuntio Romam pervecto 13
confusa luctu publico urbe senatus in curiam veste
tetra amictus lacrimans convenit. Et quod de Romulo 14
aegre creditum est, omnes pari consensu praesumpse-
runt Marcum caelo receptum esse. Ob cuius honorem
²⁵ templa columnae multaque alia decreta sunt.

Aurelius Commodus, Antonini filius, Antoninus 17
et ipse dictus, imperavit annos tredecim. Hic qualis 2
futurus esset, in ipso primordio ostendit. Nam cum

---

5 peritissimus — *A B C D* ⟨ ⟩ *vulg.*   13 continuo *A*   15 reddi
(redde *ι*) *D*   17 cuius (Kuius *η*) *C*   18 ipse autem *β*   20 cuius
β B (*γ ex* eius *corr.*)   21 curia´ *α ε* curiā *δ* curiam *Hm.* curia
cett. codd.   veste trita *ed. Veron. Schotti* atrata ? *Schott*
23 pari sensu *β D Hm.*

16, 7 = Eutr. 8, 11, 1 *v.* Capitolin. Ant. Phil. 16, 35; 16, 8 =
Eutr. 8, 14, 1 *v.* Capitolin. Ant. Philos. 17, 6; 16, 9 = Eutr. 8,
13, 2 *v.* Capitolin. Ant. Phil. 17, 4. 5

in supremis moneretur a parente attritos iam barbaros ne permitteret vires recipere, responderat ab in-
columi quamvis paulatim negotia perfici posse, a mor-
3 tuo nihil. Saevior omnibus libidine atque avaritia,
crudelitate, nulli fidus, magisque in eos atrox, quos 5
amplissimis honoribus donisque ingentibus extulerat.
4 In tantum depravatus, ut gladiatoriis armis saepissime
5 in amphitheatro dimicaverit. Huic Marcia, generis
libertini, forma tamen meretriciisque artibus pollens,
cum animum eius penitus devinxisset, egresso e balneo 10
6 veneni poculum obtulit. Ad extremum ab immisso
validissimo palaestrita compressis faucibus exspiravit
anno vitae tricesimo secundoque.

18   Helvius Pertinax imperavit dies octoginta quinque. Iste coactus imperium repugnansque suscipiens 15
2 tale cognomentum sortitus est. Origine ortus sordida,
praefecturam urbi agens imperator effectus scelere
Iuliani multis vulneribus obtruncatur annos natus septem atque sexaginta. Huius caput tota urbe circum-
3 vectum est. Hoc exitu obiit vir ad humanae conver- 20
sationis exemplum per laboris genera universa ad
summos provectus, usque eo, ut fortunae vocaretur
4 pila. Nam libertino genitus patre apud Ligures in
agro squalido Lollii Gentiani, cuius in praefectura quoque clientem se esse libentissime fatebatur, fuit doctor 25
litterarum, quae a grammaticis traduntur. Blandus
magis quam beneficus, unde eum Graeco nomine
5 χρηστολόγον appellavere. Numquam iniuria accepta
ad ulciscendum ductus. Amabat simplicitatem, com-
6 munem se affatu, convivio, incessu praebebat. Huic 30

---

15 imperavit repugnansque *CD*   16 tali cognomento β
origine gentis ϑλμ   splendida β   18 annos n. VI atque LXX
Schott   21 ad summ‖a‖ α   ad sūmus β adsumptus (abs.) pro-
uectusque *D* (*exc. ι*: summus)   28 chrestologon *AD*   29 communi *C*

17, 4 = Eutr. 8, 15.   18, 2 = Eutr. 8, 16

mortuo Divi nomen decretum est; ob cuius laudem
ingeminatis ad vocis usque defectum plausibus accla-
matum est: 'Pertinace imperante securi viximus, neminem timuimus, patri pio, patri senatus, patri omnium
5 bonorum'.

Didius Iulianus, ortu Mediolanensis, imperavit 19
mensibus septem. Vir nobilis iure peritissimus factiosus praeceps regni avidus. Hoc tempore Niger Pe- 2
scennius apud Antiochiam, in Pannoniae Sabaria Sep-
10 timius Severus creantur Augusti. Ab hoc Severo 3
Iulianus in abditas palatii balneas ductus extenta dam-
natorum modo cervice decollatur caputque eius in
rostris ponitur.

Septimius Severus imperavit annos decem et 20
15 octo. Hic Pescennium interemit, hominem omnium 2
turpitudinum. Sub eo etiam Albinus, qui in Gallia
se Caesarem fecerat, apud Lugdunum occiditur. Hic 3
Severus filios suos successores reliquit, Bassianum et
Getam. Hic in Britannia vallum per triginta duo 4
20 passuum milia a mari ad mare deduxit. Fuit belli- 5
cosissimus omnium, qui ante eum fuerunt. Acer ingenio, ad omnia, quae intendisset, in finem perseve-
rans. Benivolentia, quo inclinasset, mirabili ac perpetua. Ad quaerendum diligens, ad largiendum libe-
25 ralis. In amicos inimicosque pariter vehemens, quippe 6
qui Lateranum Cilonem Anullinum Bassum ceterosque
alios ditaret, aedibus quoque memoratu dignis, quarum
praecipuas videmus Parthorum quae dicuntur ac Late-
rani. Hic nulli in dominatu suo permisit honores 7
30 venumdari. Latinis litteris sufficienter instructus, Grae- 8
cis sermonibus eruditus, Punica eloquentia promptior,

3 secure β   6 Didius (Dydius) B C Dydimus A D   7 iuris
C   8 piscennius A B C priscennius (piscenninus) D   9 pannonia D   11 extentas — cervices A   23 se inclinasset C
26 anulinum D Hm.

19, 1 = Eutr. 8, 17.   20, 3. 4 = 8, 19, 2

9 quippe genitus apud Leptim provinciae Africae. Is
dum membrorum omnium, maxime pedum, dolorem
pati nequiret, veneni vice, quod ei negabatur, cibum
gravis ac plurimae carnis avidius invasit, quem cum
10 conficere non posset, cruditate pressus exspiravit. Vixit &
annos sexaginta quinque.
21 Aurelius Antoninus Bassianus Caracạlla, Severi filius, Lugduni genitus, imperavit solus annos sex.
2 Hic Bassianus ex avi materni nomine dictus est. At
cum e Gallia vestem plurimam devexisset talaresque 10
caracallas fecisset coegissetque plebem ad se salutan-
dum indutam talibus introire, de nomine huiusce vestis
3 Caracalla cognominatus est. Hic fratrem suum Getam
peremit; ob quam causam furore poenas dedit Dirarum insectatione, quae non immerito ultrices vocantur; 15
4 a quo post furore convaluit. Hic corpore Alexandri
Macedonis conspecto Magnum atque Alexandrum se
iussit appellari, assentantium fallaciis eo perductus,
uti truci fronte et ad laevum humerum conversa cervice, quod in ore Alexandri notaverat, incedens fidem 20
5 vultus simillimi persuaderet sibi. Fuit impatientis
libidinis, quippe qui novercam suam duxit uxorem.
6 Cum Carras iter faceret, apud Edessam secedens ad
officia naturalia a milite, qui quasi ad custodiam se-
7 quebatur, interfectus est. Vixit annos fere triginta. 25
Corpus eius Romam relatum est.
22 Macrinus cum Diadumeno filio ab exercitu imperatores creati imperaverunt menses quattuordecim et
ab eodem exercitu obtruncantur pro eo, quod Macrinus militarem luxuriam stipendiaque profusiora com- 30
primeret.

1 iepcim *A C*   3 qui ei *A C*   cibi *C*   5 possit *A*   crudelitate *C D* (μ *corr.*)   passus κλ   8 lugduno *D* (μ *corr.*)
solus — ε   11 se — *C*   12 talaribus η   21 impatientis *A B*
(*Eutropius*) impatiens *C D*   26 romae delatum est β rome ν
28 et — α *B C*   29 quia *D*

21, 5 = Eutr. 8, 20, 1

Aurelius Antoninus Varius, idem Heliogaba-23
lus dictus, Caracallae ex Soemea consobrina occulte
stuprata filius, imperavit biennio et mensibus octo.
Huius matris Soemeae avus Bassianus nomine fuerat 2
5 Solis sacerdos; quem Phoenices, unde erat, Heliogaba-
lum nominabant, a quo iste Heliogabalus dictus est.
Is cum Romam ingenti militum et senatus exspecta- 3
tione venisset, probris se omnibus contaminavit. Cu-
piditatem stupri, quam assequi naturae defectu nondum
10 poterat, in se convertens muliebri nomine Bassianam
se pro Bassiano iusserat appellari. Vestalem virginem
quasi matrimonio iungens suo abscisisque genitalibus
Matri se Magnae sacravit. Hic Marcellum, qui post 4
Alexander dictus est, consobrinum suum Caesarem
15 fecit. Ipse tumultu militari interfectus est. Huius 5 6
corpus per urbis vias more canini cadaveris a militibus tractum est militari cavillo appellantium indomitae
rabidaeque libidinis catulam. Novissime cum angustum
foramen cloacae corpus minime reciperet, usque ad
20 Tiberim deductum, adiecto pondere, ne unquam emer-
geret, in fluvium proiectum est. Vixit annos sedecim, 7
atque ex re, quae acciderat, Tiberinus Tractitiusque
appellatus est.

Severus Alexander imperavit annos tredecim. Hic 24
25 bonus reipublicae, fuit aerumnosus ⟨sibi⟩. Sub hoc 2
imperante Taurinus Augustus effectus ob timorem ipse
se Euphrate fluvio abiecit. Tunc etiam Maximinus 3

idem
1 varus *A B C*× qui idem est *δ* quidem *γ* 4 fuerat — *B*
12 abscissisque *β Hm.* 15 Cuius *β* 16 a milite *D* (a militibus
... appellantium *etiam Hm.*) 17 uillo *β D* (*μ corr.*) 18 avi-
deque *β* angusto foramine cloaca *C* 20 mergeretur *β*
23 rebus quae acciderant *D* tyberim *codd.* tyberinus *Hm.*
tractiriusque *A C* tractitiusque *ι* tracticiusque *Hm.* tractinus-
cī
que (tractimusque *δ*) *B D* 24 XIIII *ζ* 25 ⟨sibi⟩ *Opitz ex
Hm.* Sub — *C* 27 obiecit *B C*×*λμ*

23, 3. 5 = Eutr. 8, 22

4 regnum arripuit pluribus de exercitu corruptis. Alexander vero cum deseri se ab stipatoribus vidisset, matrem sibi causam fuisse mortis exclamans accurrenti
percussori obvoluto capite cervices valide compressas
5 praebuit anno vitae vicesimo sexto. Huius mater 5
Mammaea eo filium coegerat, ut illa ipsa permodica,
si mensae prandioque superessent, quamvis ⟨semesa
alteri⟩ convivio reponerentur.

25 Iulius Maximinus Thrax, ex militaribus, impe-
2 ravit annos tres. Is dum persequitur pecuniosos, in- 10
sontes pariter noxiosque, apud Aquileiam seditione militum discerptus est una cum filio, conclamantibus cunctis
militari ioco ex pessimo genere nec catulum habendum.

26 Huius imperio duo Gordiani, pater et filius, prin-
2 cipatum arripientes, unus post unum interiere. Pari 15
etiam tenore Pupienus et Balbinus regnum invadentes
perempti sunt.

27 Gordianus, nepos Gordiani ex filia, ortus Romae
2 clarissimo patre, imperavit annos sex. Apud Ctesi-
phontem a Philippo praefecto praetorio accensis in 20
seditionem militibus occiditur anno vitae undevicesimo.
3 Corpus eius prope fines Romani Persicique imperii
positum nomen loco dedit Sepulcrum Gordiani.

28 Marcus Iulius Philippus imperavit annos quin-
2 que. Veronae ab exercitu interfectus est medio capite 25
3 supra ordines dentium praeciso. Filius autem eius
Gaius Iulius Saturninus, quem potentiae sociaverat,
Romae occiditur agens vitae annum duodecimum, adeo
severi et tristis animi, ut iam tum a quinquennii
aetate nullo prorsus cuiusquam commento ad riden- 30
dum solvi potuerit patremque ludis saecularibus petu-

---

2 desereret ob st. β; *codd. D varie corrupti* deseri semet
aliquot edd. 4 cervices suas *D* compressus *codd.* compressas *Hm.* 6 ipsa — β 7 ⟨semesa alteri⟩ *ex Hm.* 9 tra-
cus *C* 11 aquileiam — *A B C* 12 proclamantibus *B* 13 ne
cat. *A ι μ* 16 pupianus *codd., corr. Schott* 20 praetorii *C*
24 añ VI α 30 a nullo *C*

lantius cachinnantem, quamquam adhuc tener, vultu
notaverit aversato. Is Philippus humillimo ortus loco 4
fuit, patre nobilissimo latronum ductore.

Decius e Pannonia inferiore, Bubaliae natus, impe- 29
5 ravit menses triginta. Hic Decium filium suum Cae- 2
sarem fecit; vir artibus cunctis virtutibusque instructus,
placidus et communis domi, in armis promptissimus.
In solo barbarico inter confusas turbas gurgite palu- 3
dis submersus est, ita ut nec cadaver eius potuerit
10 inveniri. Filius vero eius bello exstinctus est. Vixit 4
annos quinquaginta. Huius temporibus Valens Luci- 5
nianus imperator effectus est.

Vibius Gallus cum Volusiano filio imperaverunt 30
annos duos. Horum temporibus Hostilianus Perpenna 2
15 a senatu imperator creatus, nec multo post pestilentia
consumptus est.

Sub his etiam Aemilianus in Moesia imperator 31
effectus est; contra quem ambo profecti apud Inter-
amnam ab exercitu suo caeduntur, anno aetatis pater
20 septimo circiter et quadragesimo, creati in insula Me-
ninge, quae nunc Girba dicitur; Aemilianus vero 2
mense quarto dominatus apud Spoletium, sive pontem, quem ab eius caede Sanguinarium accepisse nomen ferunt, inter Ocricolum Narniamque, Spoletium
25 et urbem Romam regione media positum. Fuit autem
Maurus genere, pugnax nec tamen praeceps. Vixit 3
annis tribus minus quinquaginta.

Licinius Valerianus, cognomento Colobius, im- 32
peravit annos quindecim, parentibus ortus splendissi-
30 mis, stolidus tamen et multum iners, neque ad usum

8 turbas — B 9 ne cad. αC 11 lucianus ζη licinianus
D 13 uirius codd. Hm., corr. Schott uolesiano βD imperavit C 15 multum βD 19 patris δε 20 LX̥ γ 60 δ
26 pugnans codd. pugnax vett. edd. Vixit...quinquaginta — B
28 lucinius C

29, 1 = Eutr. 9, 4. 31, 1 = Eutr. 9, 5

aliquem publici officii consilio seu gestis accommoda-
2 tus. Hic filium suum Gallienum Augustum fecit Gal-
3 lienique filium, Cornelium Valerianum, Caesarem. His
imperantibus Regillianus in Moesia, Cassius Latienus
Postumus in Gallia Gallieni filio interfecto imperato- 5
4 res effecti sunt. Pari modo Aelianus apud Mogontia-
cum, in Aegypto Aemilianus, apud Macedonas Valens,
5 Mediolani Aureolus dominatum invasere. Valerianus
vero in Mesopotamia bellum gerens, a Sapore Persarum rege superatus, mox etiam captus, apud Parthos 10
6 ignobili servitute consenuit. Nam quamdiu vixit, rex
eiusdem provinciae incurvato eo pedem cervicibus eius
imponens equum conscendere solitus erat.

33   Gallienus quidem in loco Cornelii filii sui Salo-
nianum, alterum filium, subrogavit, amori diverso pel- 15
licum deditus Saloninae coniugis et concubinae, quam
per pactionem concessa parte superioris Pannoniae a
patre, Marcomannorum rege, matrimonii specie susce-
2 perat Pipam nomine. Novissime adversus Aureolum
profectus est. Quem cum apud pontem, qui ex eius 20
nomine Aureolus appellatur, obtentum detrusumque
Mediolanum obsedit, eiusdem Aureoli commento a suis
3 interiit. Regnavit annos quindecim, septem cum patre,
octo solus. Vixit annos quinquaginta.

34   Claudius imperavit anno uno mensibus novem. 25
2 Hunc plerique putant Gordiano satum, dum adulescens
a muliere matura institueretur ad uxorem. Hic Claudius Gallieni morientis sententia imperator designatur,
ad quem Ticini positum per Gallonium Basilium indumenta regia direxerat, exstinctoque a suis Aureolo, 30

4 imperatoribus *C*   religilianus ζ religianus *cett. codd. Hm.*
Regillianus *Anna*   labienus *codd., corr. Arntzen*   **5** postumius
C   **7** Macedones *D*   **22** mediolanium α *C Hm.*   **25** ann ·//·
hunc α ann (*lacuna*) hunc β annum *C* annis duobus *D*
26 Hinc *D*   **28** designatus *D*

32, 5 = Eutr. 9, 7

receptis legionibus adversum gentem Alamannorum
haud procul a lacu Benaco dimicans tantam multitudinem fudit, ut aegre pars dimidia superfuerit. His 3
diebus Victorinus regnum cepit. Claudius vero cum
5 ex fatalibus libris, quos inspici praeceperat, cognovisset sententiae in senatu dicendae primi morte remedium desiderari, Pomponio Basso, qui tunc erat, se
offerente ipse vitam suam haud passus responsa frustrari dono reipublicae dedit, praefatus neminem tanti
10 ordinis primas habere, quam imperatorem. Ea res 4
sicut erat cunctis grata, non divi vocabulum modo,
sed ex auro statuam prope ipsum Iovis simulacrum
atque in curia imaginem auream proceres sacravere.
Huic successit frater eius Quintillus. Is paucis diebus 5
15 imperium tenens interemptus est.

Aurelianus, genitus patre mediocri et, ut quidam 35
ferunt, Aurelii clarissimi senatoris colono inter Daciam
et Macedoniam, imperavit annis quinque, mensibus
sex. Iste haud dissimilis fuit magno Alexandro seu 2
20 Caesari dictatori. Nam Romanum orbem triennio ab
invasoribus receptavit, cum Alexander annis tredecim
per victorias ingentes ad Indiam pervenerit et Gaius
Caesar decennio subegerit Gallos, adversum cives qua-
driennio congressus. Iste in Italia tribus proeliis
25 victor fuit, apud Placentiam, iuxta amnem Metaurum
ac fanum Fortunae, postremo Ticinensibus campis.
Huius tempore apud Dalmatas Septimius imperator 3
effectus mox a suis obtruncatur. Hoc tempore in urbe 4
Roma monetarii rebellarunt, quos Aurelianus victos

1 adversum autem β D adv. aciem *vulg.* adversus CCC milia
Hm.   4 victorianus α victrinus C   9 tantis (tanti β) ordinibus B C D (μ *corr.*) tanti ordinis *vulg.*   10) ipsum imp. *vulg.*
11 sic erat ..., ut ... sacraverint D (*exc. ι*)   13 in curiam C
14 Quintilius α B C D quintillius β   18 anñ (annis D) (*lacuna*)
iste A D   22 Gaius ... subegerit — β   27 Septiminus A B C
septimus λ   29 victor D

(34, 3 = Caes. 34, 5).   35, 4 = Eutr. 9, 14
Sextus Aurelius ed. Pichlmayr.   11

5 ultima crudelitate compescuit. Iste primus apud Romanos diadema capiti innexuit, gemmisque et aurata omni veste, quod adhuc fere incognitum Romanis mo-
6 ribus visebatur, usus est. Hic muris validioribus et laxioribus urbem saepsit. Porcinae carnis usum populo
7 instituit. Hic Tetricum, qui imperator ab exercitu in Galliis effectus fuerat, correctorem Lucaniae provexit, aspergens hominem eleganti ioco sublimius habendum regere aliquam Italiae partem quam trans Alpes regnare.
8 Novissime fraude servi sui, qui ad quosdam militares viros, amicos ipsius, nomina pertulit annotata, falso manum eius imitatus, tamquam Aurelianus ipsos pararet occidere, ab iisdem interfectus est in itineris medio, quod inter Constantinopolim et Heracleam est.
9 Fuit saevus et sanguinarius et trux omni tempore,
10 etiam filii sororis interfector. Hoc tempore septem mensibus interregni species evenit.

36 Tacitus post hunc suscepit imperium, vir egregie moratus; qui ducentesimo imperii die apud Tarsum
2 febri moritur. Huic successit Florianus. Sed cum magna pars exercitus Equitium Probum, militiae peritum, legisset, Florianus dierum sexaginta quasi per ludum imperio usus incisis a semetipso venis effuso sanguine consumptus est.

37 Probus, genitus patre agresti hortorum studioso
2 Dalmatio nomine, imperavit annos sex. Iste Saturninum in Oriente, Proculum et Bonosum Agrippinae
3 imperatores effectos oppressit. Vineas Gallos et Pannonios habere permisit. Opere militari Almam montem apud Sirmium et Aureum apud Moesiam supe-
4 riorem vineis conseruit. Hic Sirmii in turri ferrata occiditur.

---

4 uisus est β   14 eracliam *A B C*   20 febre *B C*   emoritur α   31 sirmio α *Hm.* syrmio *B C* μ   sermio β

35, 8 = Eutr. 9, 15; 35, 9 = Eutr. 9, 14.   36, 1 = Eutr. 9, 16.
37, 2. 3 = Eutr. 9, 17, 1. 2; 37, 4 = Eutr. 9, 17, 3.

Carus, Narbonae natus, imperavit annos duos. 38
Iste confestim Carinum et Numerianum Caesares fecit. 2
Hic apud Ctesiphonta ictu fulminis interiit. Numeria- 3 4
nus quoque, filius eius, cum oculorum dolore correptus
5 in lecticula veheretur, impulsore Apro, qui socer eius
erat, per insidias occisus est. Cum dolo occultaretur 5
ipsius mors, quousque Aper invadere posset imperium,
foetore cadaveris scelus est proditum. Hinc Sabinus 6
Iulianus invadens imperium a Carino in Campis Ve-
10 ronensibus occiditur. Hic Carinus omnibus se scele- 7
ribus inquinavit. Plurimos innoxios fictis criminibus
occidit. Matrimonia nobilium corrupit. Condiscipulis
quoque, qui eum in auditorio verbi fatigatione taxa-
verunt, perniciosus fuit. Ad extremum trucidatur eius 8
15 praecipue tribuni dextera, cuius dicebatur coniugem
polluisse.

Diocletianus Dalmata, Anulini senatoris liberti- 39
nus, matre pariter atque oppido nomine Dioclea, quorum vocabulis, donec imperium sumeret, Diocles ap-
20 pellatus, ubi orbis Romani potentiam cepit, Graium
nomen in Romanum morem convertit, imperavit annis
viginti quinque. Is Maximianum Augustum effecit; 2
Constantium et Galerium Maximianum, cognomento
Armentarium, Caesares creavit, tradens Constantio
25 Theodoram, Herculii Maximiani privignam, abiecta
uxore priori. Hoc tempore Charausio in Galliis, Achil- 3
leus apud Aegyptum, Iulianus in Italia imperatores
effecti diverso exitu periere. E quibus Iulianus acto 4
per costas pugione in ignem se abiecit.
30 Diocletianus vero apud Nicomediam sponte impe- 5
riales fasces relinquens in propriis agris consenuit.

---

1 narbose *B*   annis *β D*   2 is *A B* (his *δ*)   13 adiutorio
C   uersuta (uerbi *D*) fatigatione *Hm.* (vel levi fat. *Eutro-*
pius 9, 19, 1. taxaverant *Eutropius*)   22 fecit *β*

38, 1. 4. 5 = Eutr. 9, 18, 2 *v.* Vopisc. Numer. 12, 2;   38, 7 =
Eutr. 9, 19, 1

6 Qui dum ab Herculio atque Galerio ad recipiendum
imperium rogaretur, tamquam pestem aliquam detestans in hunc modum respondit: 'Utinam Salonae pos-
setis visere olera nostris manibus instituta, profecto
7 numquam istud temptandum iudicaretis'. Vixit annos 5
sexaginta octo, ex quîs communi habitu prope novem
egit. Morte consumptus est, ut satis patuit, per formidinem voluntaria. Quippe cum a Constantino atque
Licinio vocatus ad festa nuptiarum per senectam, quo
minus interesse valeret, excusavisset, rescriptis mina- 10
cibus acceptis, quibus increpabatur Maxentio favisse
ac Maximino favere, suspectans necem dedecorosam
venenum dicitur hausisse.

40 His diebus Constantius, Constantini pater, atque
Armentarius, Caesares, Augusti appellantur, creatis 15
Caesaribus Severo per Italiam, Maximino, Galerii sororis filio, per Orientem; eodemque tempore Constan-
2 tinus Caesar efficitur. Maxentius imperator in villa
sex milibus ab urbe discreta, itinere Lavicano, dehinc
Licinius Augustus efficitur, parique modo Alexander 20
apud Carthaginem imperator fit; similique modo Valens imperator creatur, quorum exitus iste fuit:
3 Severus Caesar ab Herculio Maximiano Romae ad
Tres Tabernas exstinguitur, funusque eius Gallieni
sepulcro infertur, quod ex urbe abest per Appiam 25
4 milibus novem. Galerius Maximianus consumptis ge-
5 nitalibus defecit. Maximianus Herculius a Constantino
apud Massiliam obsessus, deinde captus, poenas dedit
mortis genere postremo, fractis laqueo cervicibus.
6 7 Alexander a Constantini exercitu iugulatur. Maxen- 30
tius, dum adversus Constantinum congreditur, paulo
superius a ponte Mulvio in pontem navigiis composi-
tum ab latere ingredi festinans lapsu equi in profun-
dum demersus est; voratumque limo pondere thoracis

corpus vix repertum. Maximinus apud Tarsum morte 8
simplici periit. Valens a Licinio morte multatur.   9
    Fuerunt autem morum huiusmodi: Aurelius Maxi- 10
mianus, cognomento Herculius, ferus natura, ardens
5 libidine, consiliis stolidus, ortu agresti Pannonioque.
Nam etiam nunc haud longe Sirmio eminet locus palatio ibidem constructo, ubi parentes eius exercebant
opera mercenaria. Aetate interiit sexagenarius, anno- 11
rum viginti imperator. Genuit ex Eutropia, Syra mu- 12
10 liere, Maxentium et Faustam, coniugem Constantini;
cuius patri Constantio tradiderat Theodoram privignam.
Sed Maxentium suppositum ferunt arte muliebri tenere 13
mariti animum laborantis auspicio gratissimi partus
coepti a puero. Is Maxentius carus nulli umquam 14
15 fuit, ne patri aut socero quidem Galerio. Galerius 15
autem fuit (licet inculta agrestique iustitia) satis lau-
dabilis, pulcher corpore, eximius et felix bellator, ortus parentibus agrariis, pastor armentorum, unde ei
cognomen Armentarius fuit. Ortus Dacia Ripensi ibi- 16
20 que sepultus est; quem locum Romulianum ex vocabulo Romulae matris appellarat. Is insolenter affir- 17
mare ausus est matrem more Olympiadis, Alexandri
Magni creatricis, compressam dracone semet concepisse.
Galerius Maximinus, sorore Armentarii progenitus vero- 18
25 que nomine ante imperium Daca dictus, Caesar qua-
driennio, dehinc per Orientem Augustus triennio fuit,
ortu quidem atque instituto pastorali, verum sapientis-
simi cuiusque ac litteratorum cultor, ingenio quieto,
vini avidior. Quo ebrius quaedam corrupta mente 19
30 aspera iubebat; quod cum pigeret factum, differri, quae
praecepisset, in tempus sobrium ac matutinum statuit.
Alexander fuit Phryx origine, ingenio timidus, inferior 20
adversus laborem vitio senectae aetatis.

    2 perit *A D*   7 eius — *B λ*   14 Maximianus *codd.* **Maxen-**
tius *Hm.*   18 parentibus egregiis *β*   21 appellauerat *ζη*
25 Daza *D Hm.*   27 institutione *ζη*

41 His omnibus absumptis imperii iura penes Con-
2 stantinum et Licinium devenere. Constantinus, Constantii imperatoris et Helenae filius, imperavit annos
triginta. Hic dum iuvenculus a Galerio in urbe Roma
religionis specie obses teneretur, fugam arripiens at- 5
que ad frustrandos insequentes publica iumenta, quaqua iter egerat, interfecit et ad patrem in Britanniam
pervenit; et forte iisdem diebus ibidem Constantium
3 parentem fata ultima perurgebant. Quo mortuo cunctis,
qui aderant, annitentibus, sed praecipue Croco, Ala- 10
mannorum rege, auxilii gratia Constantium comitato
4 imperium capit. Hic sororem suam Constantiam Licinio
Mediolanum accito coniungit; filiumque suum Crispum
nomine, ex Minervina concubina susceptum, item Constantinum iisdem diebus natum oppido Arelatensi Li- 15
cinianumque, Licinii filium, mensium fere viginti, Cae-
5 sares effecit. Verum enimvero ut imperia difficile
concordiam custodiunt, discidium inter Licinium Con-
stantinumque exoritur; primumque apud Cibalas iuxta
paludem Hiulcam nomine Constantino nocte castra 20
Licinii irrumpente Licinius fugam petiit Byzantium-
6 que fuga volucri pervenit. Ibi Martinianum, officio-
7 rum magistrum, Caesarem creat. Dehinc Constantinus
acie potior apud Bithyniam adegit Licinium pacta salute indumentum regium offerre per uxorem. Inde 25
Thessalonicam missum paulo post eum Martinianum-
8 que iugulari iubet. Hic Licinius annum dominationis
fere post quartumdecimum, vitae proxime sexagesimum
occidit: avaritiae cupidine omnium pessimus neque
alienus a luxu venerio, asper admodum, haud medio- 30
criter impatiens, infestus litteris, quas per inscitiam

1 assumptis (ads.) *CD*   6 quoquo β quibus *C*   7 in Britanniam situm *codd.* [situm] *vett. edd.*   10 Eroco μ   18 con-
stituunt ε   30 uentrio *A ι* uentris λμ   ac med. (ac ^{haut} γ) *B*
31 inscientiam *C*

41, 2 = Caes. 40, 2. 3; 41, 3 = Caes. 40, 4

immodicam virus ac pestem publicam nominabat, praecipue forensem industriam. Agraribus plane ac rusti- 9
cantibus, quod ab eo genere ortus altusque erat, satis
utilis ac militiae custos ad veterum instituta severis-
5 simus. Spadonum et aulicorum omnium vehemens 10
domitor tineas soricesque palatii eos appellans.

At Constantinus obtento totius Romani imperii mira 11
bellorum felicitate regimine Fausta coniuge, ut putant,
suggerente Crispum filium necari iubet. Dehinc uxo- 12
10 rem suam Faustam in balneas ardentes coniectam interemit, cum eum mater Helena dolore nimio nepotis
increparet. Fuit vero ultra, quam aestimari potest, 13
laudis avidus. Hic Traianum herbam parietariam ob
titulos multis aedibus inscriptos appellare solitus erat.
15 Hic pontem in Danubio construxit. Habitum regium 14
gemmis et caput exornans perpetuo diademate. Com-
modissimus tamen rebus multis fuit: calumnias sedare
legibus severissimis, nutrire artes bonas, praecipue
studia litterarum, legere ipse scribere meditari audire
20 legationes et querimonias provinciarum. Cumque libe- 15
ris filioque fratris Delmatio Caesaribus confirmatis
tres et sexaginta annos vixisset, ex quibus dimidios
ita, ut tredecim solus imperaret, morbo consumptus
est. Irrisor potius quam blandus. Unde proverbio 16
25 vulgari Trachala, decem annis praestantissimus, duodecim sequentibus latro, decem novissimis pupillus ob
profusiones immodicas nominatus. Corpus sepultum 17
in Byzantio, Constantinopoli dicta. Quo mortuo Del- 18
matius militum vi necatur.
30 Ita ad tres orbis Romani redacta dominatio est, 19
Constantinum et Constantium ac Constantem, filios

3 quia D auctusque B 6 tinies βD (μ corr.)   7 imperii
— $\alpha\gamma D$ (μ add. ab altera manu) totius romaniae B 12 Fuit vero
mater . . . avida (aviđ γ) B 16 exornans — B 21 Dalmatio
βBC 28 ex (est δ) Byzantio Constantinopolim dicta ABD in
B. Constantinopolim C Constantinopoli vulg.   Dalmatius $BC\lambda$
31 Constantino—Constantio—Constante filiis codd. praeter γ

20 Constantini. Hi singuli has partes regendas habuerunt: Constantinus iunior cuncta trans Alpes, Constantius a freto Propontidis Asiam atque Orientem, Constans Illyricum Italiamque et Africam, Delmatius Thraciam Macedoniamque et Achaiam, Annibalianus, 5 Delmatii Caesaris consanguineus, Armeniam nationesque circumsocias.

21 Interim ob Italiae Africaeque ius dissentire statim Constantinus et Constans. Constantinus latrocinii specie dum incautus foedeque temulentus in aliena irruit, 1 obtruncatus est proiectusque in fluvium, cui nomen

22 Alsa est, non longe ab Aquileia. Constans vero venandi cupidine dum per silvas saltusque erraret, conspiravere aliquanti militares in eius necem, auctoribus Chrestio et Marcellino simulque Magnentio: qui ubi 1 patrandi negotii dies placuit, Marcellinus natalem filii simulans plerosque ad cenam rogat. Itaque in multam noctem convivio celebrato Magnentius quasi ad

23 ventris solita secedens habitum venerabilem capit. Ea re cognita Constans fugere conatus apud Helenam, 2 oppidum Pyrenaeo proximum, a Gaisone cum lectissimis misso interficitur anno tertio decimo Augustae dominationis (nam Caesar triennio fuerat), aevi septimo vicesimoque.

24 Hic fuit debilis pedibus manibusque articulorum dolore, fortunatus caeli temperie, fructuum proventu, nulla a barbaris formidine; quae profecto maiora fierent, si provinciarum rectores non

25 pretio, sed iudicio provexisset. Huius morte cognita Vetranio magister militum imperium in Pannonia apud Mursiam corripuit; quem Constantius non post 3 multos dies regno exuit, grandaevae aetati non vitam modo, sed etiam voluptarium otium concedens. Fuit autem prope ad stultitiam simplicissimus.

---

4 Dalmatiam *vulgo*   **6** Dalmatii *A B C µ*   **21** gasone (gaisone γ) *B*   **26** provectu β   **32** uolupᵛtarium α uoluptuarium γ *C* uoluntarium λ

Constantius Gallum fratrem patruelem Caesarem 42
pronuntiat, sororem Constantinam illi coniungens.
Magnentius quoque Decentium consanguineum suum 2
trans Alpes Caesarem creavit. His diebus Romae Ne- 3
5 potianus, Eutropiae Constantini sororis filius, hortan-
tibus perditis Augusti nomen rapit; eum octavo die
vicesimoque Magnentius oppressit. Hoc tempore Con- 4
stantius cum Magnentio apud Mursiam dimicans vicit.
In quo bello paene nusquam amplius Romanae con-
10 sumptae sunt vires totiusque imperii fortuna pessum-
data. Dehinc cum se Magnentius in Italiam recepis- 5
set, apud Ticinum plures fudit incautius et, ut in
victoria solet, audacius persequentes. Nec multo post 6
apud Lugdunum coangustatus gladio occulte proviso
15 ictum pulsu parietis iuvans transfosso latere, ut erat
vasti corporis, vulnere naribusque et ore cruorem ef-
fundens mense imperii quadragesimo secundo, aetatis anno prope quinquagesimo exspiravit. Ortus pa- 7
rentibus barbaris, qui Galliam inhabitant; legendi
20 studio promptus, sermonis acer, animi tumidi et immodice timidus; artifex tamen ad occultandam auda-
ciae specie formidinem. Eius morte audita Decentius 8
laqueo fascia composito vitam finivit. Hoc tempore 9
Gallus Caesar a Constantio occiditur. Imperavit annos
25 quattuor. Silvanus imperator effectus die imperii vice- 10
simo octavo perimitur. Fuit ingenio blandissimus.
Quamquam barbaro patre genitus, tamen institutione 11
Romana satis cultus et patiens.
Constantius Claudium Iulianum, fratrem Galli, honore 12
30 Caesaris assumit annos natum fere tres atque viginti.
Iste in campis Argentoratensibus apud Gallias cum 13
paucis militibus infinitas hostium copias delevit. Sta-14

6 proditoribus *C*   rapuit *β*   quem *D*   9 numquam *D*
Hm.   15 pulsum *α* pulsi parientis *D*   20 sermonibus *β*
31 ratensibus *C*

(42, 14 = Ammian. Marc. XVI, 12, 63)

bant acervi montium similes, fluebat cruor fluminum
modo; captus rex nobilis Nodomarius; fusi omnes op-
timates; redditus limes Romanae possessionis; ac postmodum cum Alamannis dimicans potentissimum eorum
15 regem Badomarium cepit. Hic a militibus Gallicanis
16 Augustus pronuntiatur. Hinc Constantius urgere legationibus, in statum nomenque pristinum revertatur.
Iulianus mandatis mollioribus refert se sub nomine
17 celsi imperii multo officiosius pariturum. His Constantius magis magisque ardens dolore atque, ut erat
talium impatiens, in radicibus Tauri montis apud
Mopsocrenen febri acerrima, quam indignatio nimia
vigiliis augebat, interiit anno aevi quarto et quadragesimo, imperii nono atque tricesimo, verum Augustus
quarto vicesimoque: octo solus, cum fratribus atque
18 Magnentio sedecim, quindecim Caesar. Felix bellis
civilibus, externis lacrimabilis; mirus artifex in sagittis; a cibo vinoque et somno multum temperans, patiens laboris, facundiae cupidus; quam cum assequi
19 tarditate ingenii non posset, aliis invidebat. Spadonum
aulicorumque amori deditus et uxorum; quibus con-
tentus nulla libidine transversa aut iniusta pollueba-
20 tur. Sed ex coniugibus, quas plurimas sortitus est,
praecipue Eusebiam dilexit, decoram quidem, verum
per Adamantias et Gorgonias et alia importuna ministeria vexantem famam viri contra, quam feminis mo-
destioribus mos est; quarum saepe praecepta maritos
21 iuvant. Namque ut ceteras omittam, Pompeia Plotina
incredibile dictu est quanto auxerit gloriam Traiani;
cuius procuratores cum provincias calumniis agitarent,
adeo ut unus ex his diceretur locupletium quemque
ita convenire: 'Quare habes?' alter: 'Unde habes?' tertius: 'Pone, quod habes', illa coniugem corripuit atque

2 (Chonodomarius *sec.* *Ammianum Marcellinum*) 5 badonianum β baldomarium *B C* 6 hunc (hinc γ) *B* 7 ut in st.
C Hm. Bamb. 25 Amantias *D* 31 iis *D* (*exc.* x) 32 Quare
habens ad mensam unde *D* alter unde habes — *B*

increpans, quod laudis suae esset incuriosus, talem
reddidit, ut postea exactiones improbas detestans fiscum
lienem vocaret, quod eo crescente artus reliqui tabescunt.

Igitur Iulianus, redacta ad unum se orbis Romani 43
5 curatione, gloriae nimis cupidus in Persas proficisci-
tur. Illic a transfuga quodam in insidias deductus, 2
cum eum hinc inde Parthi urgerent, e castris iam
positis arrepto tantum clipeo procurrit. Cumque in- 3
consulto ardore nititur ordines ad proelium componere,
10 ab uno ex hostibus et quidem fugiente conto percuti-
tur. Relatusque in tabernaculum rursusque ad hor- 4
tandos suos egressus, paulatim sanguine vacuatus, circa
noctis fere medium defecit, praefatus consulto sese de
imperio nihil mandare, ne, uti solet in multitudine
15 discrepantibus studiis† amico ex invidia, reipublicae
discordia exercitus periculum pararet. Fuerat in eo 5
litterarum ac negotiorum ingens scientia, aequaverat
philosophos et Graecorum sapientissimos. Usu promptior 6
corporis, quo validus quidem, sed brevis fuit. Haec 7
20 minuebat quarundam rerum neglectus modus. Cupido
laudis immodica; cultus numinum superstitiosus; audax
plus, quam imperatorem decet, cui salus propria cum
semper ad securitatem omnium, ⟨tum⟩ in bello maxime conservanda est. Ita illum cupido gloriae fla- 8
25 grantior pervicerat, ut neque terrae motu neque plerisque praesagiis, quibus vetabatur petere Persidem,
adductus sit finem ponere ardori, ac ne noctu quidem
visus ingens globus caelo labi ante diem belli cautum
praestiterit.

30 Iovianus, genitus patre Varroniano, incola agri 44

---

1 increpitans *C*   suae — *D*   2 improbans *α D*   3 lienen
γ   ea *A C*   7 e — *B*   15 amicorum *D* reip/// *α* rei p̄ *β* rei
Hm. (*codd. D P*) ex inv. regni prae disc. *Eyssenhardt* amico
invidiam, reipublicae discordiam exercitui p. *Sylburg*   17 aequaverat *ex Hm. Bamb*   eo iuuauerat *β D* eo iuuerat *cett. codd.*
22 cum — *ε ζ*   23 ⟨tum⟩ *ex Hm.*   28 ante — *D*   30 Iovinia-
nus *D*   insula *α D* insola *β* in solo *B C* incola *Hm. vett. edd.*

Singidonensis provinciae Pannoniae, imperavit menses
2 octo. Eius patri, cum liberos crebros amitteret, praeceptum somnio est, eum, qui iam instante uxoris
3 partu edendus foret, diceret Iovianum. Hic fuit in-
4 signis corpore, laetus ingenio, litterarum studiosus. Hic 5
a Perside hieme aspera mediaque Constantinopolim
accelerans, cruditate stomachi, tectorio novi operis gra-
vatus repente interiit, annos gerens proxime quadraginta.
45   Valentinianus imperavit annos duodecim minus
2 diebus centum. Huius pater Gratianus, mediocri stirpe 10
ortus apud Cibalas, Funarius appellatus est, eo quod
venalicium funem portanti quinque milites nequirent
3 extorquere. Eo merito ascitus in militiam usque ad
praefecturae praetorianae potentiam conscendit; ob
cuius apud milites commendationem Valentiniano im- 15
4 perium resistenti oggeritur. Hic Valentem consanguineum suum sibi socium in imperio ascivit ac demum
Gratianum filium necdum plene puberem hortatu so-
5 crus et uxoris Augustum creavit. Hic Valentinianus
fuit vultu decens, sollers ingenio, animo gravis, ser- 20
mone cultissimus, quamquam esset ad loquendum parcus, severus, vehemens, infectus vitiis maximeque avaritiae; cuius cupitor ipse fuit acer, et in his, quae
6 memoraturus sum, Hadriano proximus: pingere venu-
stissime, meminisse, nova arma meditari, fingere cera 25
seu limo simulacra, prudenter uti locis, temporibus,
sermone; atque, ut breviter concludam, si ei foedis
hominibus, quis sese quasi fidissimis prudentissimisque
dederat, carere aut probatis eruditisque monitoribus
uti licuisset, perfectus haud dubie princeps enituisset. 30

4 Iovinianum *D*   5 Hic dum *A D*   21 quamquam enim *D*
22 infestus tamen *D*   23 punitor *vett. edd. Schott*   24 ingerere
uetustissimorum (ueṉust. *μ*) ϰλμ genera uetustissimorum *edd.*
vett. pingere, uetustissime meminisse *Woelfflin*   terra *D*
27 sermonibus *D*   infidis *D*

45, 2 = Ammian. Marcell. XXX, 7, 2

Huius tempore Firmus apud Mauritaniam regnum in- 7
vadens exstinguitur. Valentinianus apud Bergentionem 8
legationi Quadorum respondens, anno aevi quinto et
quinquagesimo impetu sanguinis voce amissa, sensu
5 integer, exspiravit. Quod quidem intemperantia cibi 9
ac saturitate, qua artus diffuderat, accidisse plures
retulere. Itaque eo mortuo Valentinianus adhuc qua- 10
driennis auctore Equitio ac Merobaude e propinquo,
ubi cum matre fuerat, allatus creatur imperator.
10   Valens una cum Valentiniano germano suo, de quo 46
diximus, regnavit annos tredecim, menses quinque.
Hic Valens cum Gothis lacrimabili bello commisso 2
sagittis saucius in casa deportatur vilissima; ubi
supervenientibus Gothis ignique supposito incendio
15 concrematus est. In quo probanda haec fuere: fuit 3
possessoribus consultor bonus; mutare iudices rarius;
in amicos fidus; irasci sine noxa ac periculo cuiusquam; sane valde timidus. Huius temporibus Proco- 4
pius tyrannidem invadens exstinguitur.
20   Gratianus, genitus Sirmii, imperavit cum patre 47
Valentiniano annos octo, dies octoginta quinque; cum
patruo et fratre tres; cum eodem fratre ac Theodosio
quattuor, et his omnibus accedente Arcadio menses
sex. Hic apud Argentariam oppidum Galliae triginta 2
25 Alamannorum milia in bello exstinxit. Hic cum ani- 3
madvertisset Thraciam Daciamque tamquam genitales
terras possidentibus Gothis Taifalisque atque omni
pernicie atrocioribus Hunnis et Alanis extremum periculum instare nomini Romano, accito ab Hispania
30 Theodosio cunctis faventibus degenti annum a tricesimo tertium imperium committit. Fuit autem Gra- 4
tianus litteris haud mediocriter institutus: carmen

---

6 securitate (tē) *codd.* (μ *corr. in* sat) 7 detulere *codd.*
ret. *edd. vett.* 8 merobaudo *C* e — *B* 9 creatus est *D*
18 cuiusque *D* 20 sirmi α γ μ sermi β syrmio *C* 24 argen-
tarium *D* 25 advertisset (avert. β) *A*

facere, ornate loqui, explicare controversias rhetorum
more; nihil aliud die noctuque agere quam spiculis
meditari summaeque voluptatis divinaeque artis cre-
5 dere ferire destinata. Parcus cibi somnique et vini
ac libidinis victor; cunctisque esset plenus bonis, si 5
ad cognoscendam reipublicae regendae scientiam animum intendisset, a qua prope alienus non modo vo-
6 luntate, sed etiam exercitio fuit. Nam dum exercitum
negligeret et paucos ex Alanis, quos ingenti auro ad
se transtulerat, anteferret veteri ac Romano militi, 10
adeoque barbarorum comitatu et prope amicitia capi*,
ut nonnumquam eodem habitu iter faceret, odia contra
7 se militum excitavit. Hoc tempore cum Maximus apud
Britanniam tyrannidem arripuisset et in Galliam trans-
misisset, ab infensis Gratiano legionibus exceptus Gratia- 15
num fugavit nec mora exstinxit. Qui vixit annos XXIX.
48 Theodosius, genitus patre Honorio, matre Ther-
mantia, genere Hispanus, originem a Traiano principe
trahens, a Gratiano Augusto apud Sirmium imperator
2 effectus regnavit annos decem et septem. Huic ferunt 20
nomen somnio parentes monitos sacravisse, ut Latine
3 intellegimus a deo datum. De hoc etiam oraculo in
Asia divulgatum est eum Valenti successurum, cuius
nomen e Θ et E et O atque $\varDelta$ Graecis litteris ini-
4 tiaretur. Qua cognatione principii deceptus Theodo- 25
rus, cum sibi imperium deberi praesumeret, scelestae
5 cupidinis supplicia persolverat. Fuit autem Theodosius propagator reipublicae atque defensor eximius.
Nam Hunnos et Gothos, qui eam sub Valente defati-
gassent, diversis proeliis vicit. Cum Persis quoque 30
6 petitus pacem pepigit. Maximum autem tyrannum,
qui Gratianum interfecerat et sibi Gallias vindicabat,

1 controversa $A\gamma$ (menses sex...cibi — δ)   4 cybis somno-
que β 5 fuisset D 6 gerendae βD 11 capi *codd. Hm.*
(itia...nonnumquam — B) capitur *vulgo* capi ⟨coepisset⟩ *Opitz*
19 sermium β syrmium BC 22 intelligamus D 24 e — AB
25 cognitione D 27 persoluit η perseuerat D

apud Aquileiam exstinxit Victoremque eius filium,
intra infantiae annos a Maximo patre Augustum factum, necavit. Eugenium quoque tyrannum atque Ar- 7
bogasten superavit deletis eorum decem milibus pug-
5 natorum. Hic etenim Eugenius, confisus viribus
Arbogastis, postquam apud Viennam Valentinianum
exstinxerat, regnum invasit; sed mox simul cum vita
imperium perdidit.
Fuit autem Theodosius moribus et corpore Traiano 8
10 similis, quantum scripta veterum et picturae docent:
sic eminens status, membra eadem, par caesaries, os
absque eo, quod illi aliquantum vellendo steriles genae
neque tam ingentes oculi erant, nescio an et tanta
gratia tantusque flos in facie seu tanta dignitas in
15 incessu. Mens vero prorsus similis, adeo ut nihil dici 9
queat, quod non ex libris in istum videatur transferri.
Clemens animus, misericors, communis, solo habitu
differre se ceteris putans; in omnes homines honorifi-
cus, verum effusius in bonos; simplicia ingenia aeque
20 diligere, erudita mirari, sed innoxia; largiri magno
animo magna; amare cives vel privato contubernio
cognitos eosque honoribus pecunia beneficiis ceteris
munerare, praesertim quorum erga se vel patrem aspero
casu officia probaverat. Illa tamen, quibus Traianus 10
25 aspersus est, vinolentiam scilicet et cupidinem triumphandi usque eo detestatus, ut bella non moverit, sed
invenerit, prohibueritque lege ministeria lasciva psal-
triasque comissationibus adhiberi, tantum pudori tribuens et continentiae, ut consobrinarum nuptias ve-
30 tuerit tamquam sororum. Litteris, si nimium perfectos 11
contemplemur, mediocriter doctus; sagax plane multumque diligens ad noscenda maiorum gesta. E qui- 12
bus non desinebat exsecrari, quorum facta superba
crudelia libertatique infesta legerat, ut Cinnam Marium

11 os — α   13 et — C   17 animo β   18 differri C
23 munerari (numerari ϰ) D   velut patrum D   30 reorum D
31 doctus erat C

Syllamque atque universos dominantium, praecipue
13 tamen perfidos et ingratos. Irasci sane rebus indig-
nis, sed flecti cito; unde modica dilatione emollieban-
14 tur aliquando severa praecepta. Habuitque a natura,
15 quod Augustus a philosophiae doctore. Qui cum vi- 5
disset eum facile commoveri, ne asperum aliquid statueret, monuit, ubi irasci coepisset, quattuor atque
viginti Graecas litteras memoria recenseret, ut illa
concitatio, quae momenti est, mente alio traducta parvi
temporis interiectu languesceret. 10
16 Melior haud dubie, quod est rarae virtutis, post
auctam annis potentiam regalem multoque maxime
17 post civilem victoriam. Nam et annonae curam sol-
licitius attendere et auri argentique grande pondus
sublati atque expensi a tyranno multis e suo restituere, 15
cum benigni principum et quidem vix fundos solerent
18 nudos ac deformata praedia concedere. Iam illa mi-
nutiora et, ut dicitur, intra aulam, quae quidem, quia
occulta sunt, magis naturae hominum curiosae oculos
auresque ad se trahunt: patruum colere tamquam ge- 20
nitorem, fratris mortui sororisque liberos habere pro
suis, cognatos affinesque parentis animo complecti,
elegans laetumque convivium dare, non tamen sump-
tuosum, miscere colloquia pro personis, studia digni-
tatibus, sermone cum gravitate iocundo; blandus pater, 25
19 concors maritus. Exercebatur neque ad illecebram
neque ad lassitudinem; ambulationibus magis, cum
esset otium, reficiebat animum ac vescendi continentia
valetudinem regebat; sicque in pace rebus humanis
annum agens quinquagesimum apud Mediolanum ex- 30
cessit utramque rempublicam utrisque filiis, id est Ar-
20 cadio et Honorio, quietam relinquens. Corpus eius eodem
anno Constantinopolim translatum atque sepultum est.

---

4 severe ζ   a natura munere quod ζ habuit de linio vel
quae natura quod *D*   5 doctore didicerat λ   14 grave δ
24 studio ϑιλμ *Hm.*   25 iocunda *C*   26 illecebras *D*
31 utrique *D* filiis — *D*

A. INDEX NOMINUM

I. ORIGO

Recaranus 6, 1. 2. 3. 5. 7. 8, 1
Remus 21, 4. 22, 1. 2. 3. 23, 1. 2. 4. 5. 6
Rhea Silvia 19, 4. 5. 20, 2. 21, 1
Romulus 21, 4. 22, 1. 2. 3. 23, 1.
2. 3. 4. 6

Saturnus 1, 1. 2. 3. 4. 3, 1. 3
Sibylla 10, 1
Silvanus 4, 6
Silvia v. Rhea
Silvius 16, 1. 17, 4. 5. 18, 1
Silvius: Tiberius S. 18, 1. Are-
mulus S. 18, 2. Aventinus S.
18, 5. S. Procas 19, 1
Sthenelus 1, 8

Terrae filius (= Saturnus) 1, 2
Thessander 1, 8
Thoas 1, 8
Tiberius Silvius 18, 1
Turnus Herdonius 13, 4. 5. 6. 8. 14, 1
Tyrrhus 16, 1. 5

Ulixes 1, 8

Venus 1, 5. 11, 1
Vesta 19, 4

Xuthus 2, 1

c) Auctores laudati

Acilius 10, 2
Alexander Ephesius libro primo
belli Marsici 9, 1
Antias in titulo
Annales pontificum in titulo;
annalium p quarto libro 17,
3. 5. 18, 3
Aufidius in epitomis 18, 4

Caesar in titulo; Lucius Caesar pontificalium libro primo
9, 6. 10, 4. 11, 3. 15, 4. libro
secundo 15, 5. 16, 4. 17, 3.
18, 5. 20, 3
Cassius libro primo 7, 1
Cato in origine generis Romani
12, 5. in originibus 15, 5

Cincius in titulo; Lucius Cincius secundo 17, 3. libro
primo (?) 18, 1

Domitius 12, 1. libro primo
12, 3. 18, 4

Egnatius in titulo; libro primo
23, 6
Ennius 4, 5. libro primo 20, 1

(Fabius Pictor in titulo)

Sextus (?) Gellius in origine
gentis Romanae 16, 4

Homerus 9, 8

Licinius Macer in titulo; 19, 5.
libro primo 23, 5
Lutatius 9, 2. libro secundo
11, 3. libro tertio 13, 7. 18, 1

Marcus Octavius· libro primo
12, 2. 19, 5

Piso 10, 2. 13, 8. (libro) epitoma-
rum Pisonis secundo 18, 3
Plautus 6, 6
Pontificalium: in libris P. 7, 1.
libro secundo 22, 2
Aulus Postumius de adventu
Aeneae 15, 4

Sempronius 10, 4

Tubero in titulo; primo (libro)
17, 3

Valerius Antias libro primo
19, 4. 21, 1. Antias in titulo
(Varro in titulo)
Vennonius 20, 1
Veratius (Veranius Schanz) in
titulo. 〈 〉 7, 1. 22, 2 Sepp
Vergilius Maro 1, 1. 4. 5. 5, 3.
9, 7. in secundo Aeneidos 1,
7. 8. in octavo 3, 2. 3. noster
3, 7. 7, 4
(Verrius Flaccus in titulo)
Vulcatius 10, 2

12*

II. VIRI ILLUSTRES

c) Nomina mythologica.
Res sacra

III. CAESARES ET EPITOME

(E. = Epitome)

a) Nomina geographica et topographica

b) Nomina personalia

modus. Caracalla: -i 20, 30.
-us 21, 1. Aurelius A. Bassianus Carac. E. 21, 1. — A. filius Macrini 22, 2. — M. A. Heliogabalus: Marcus Antoninus 23, 1. E. 23, 1
Antonius 1, 3. E. 1, 30. — A. E. 11, 9.
  v. Gordianus
Anulinus 39, 1
Anullinus E. 20, 6
Aper 38, 6. 39, 13. E. 38, 4. 5
Arabicus v. Septimius Severus
Arbogastes E. 48, 7 bis
Arcadio E. 47, 1. 48, 19
Archelaus 2, 3. E. 2, 8
Aristobulus 39, 14
Armentarius 39, 24. 40, 1. E. 39, 2. 40, 1. 15. 18
Arrius Antoninus E. 12, 3
Asclepiodotus 39, 42
Attalus 33, 6
Attitianus 33, 12. 13
Augustus 1, 1. 2, 1. 4. 3, 2. 8, 7. 39, 25. E. 1. 1. 2. 2, 3. 8, 6. 9, 16. 12, 12. 48, 14. (divisa nomina Caesarum et Augusti 13, 12)
Aulus v. Pertinax, Vitellius
Aurelianus 33, 21. 35, 1. 4. 36, 1. 2. 39, 28. 43. E. 35, 1. 4. 8
Aurelii clarissimi senatoris E. 35, 1
Aurelius v. Antoninus (Pius) Antoninus. M. Aurelius A.: Aurelius 16, 3. Antoninus. Caracalla, Alexander Severus, Commodus, Heliogabalus, Maximianus
Aureolus 33, 17. 18. 20. E. 32, 4. 33, 2 bis. 34, 2

Balbinus v. Caecilius.
Basilius: Gallonius B. E. 34, 2
Bassiana E. 23, 3
Bassianus (filius Septimii Severi) 20, 25. 30 bis. 33. 23, 1. 24, 8. B. Soemeae avus E. 23, 2

Bassus E. 20, 6. Pomponius B.
Berenice E. 10, 4. 7   [E. 34, 3
Biberius E. 2, 2 .
Boionius: M. B., qui Aurelius Antoninus habetur 16, 1. M. Boionius 41, 20. E. 15, 1
Bonosus 37, 3. E. 37, 2
Brutus 3, 14. — Brutus 29, 4

Caecilius (recte Caelius) Balbinus 26, 7. 27, 6. E. 26, 2
Caecina E. 10, 4
Caesar: C. Julius C.: Caesaris 1, 1. E. 1, 2. Gaius C. cognomento Caligula 3, 1. Gaius C. = Octavianus E. 1, 2. 2, 1
Caesares: gentem Caesarum 3, 16. Caesarum genti 5, 17. Caesarum gens 8, 7. E. 4, 2. 8, 6
Caldius E. 2, 2
Caligula 3, 1. 7. 17. 4, 3. 39, 4. E. 2, 10. 3, 1. 2. 4, 1. 11, 6
Calocerus 41, 11
Calpurnius Crassus E. 12, 6
Camillus Scribonianus E. 4, 4
Caracalla 21, 1. E. 21, 1. 2. 23, 1
Carausius 39, 20. 39
Carinus 38, 1. 39, 9. 11. 17. E. 38, 2. 6. 7.
Carus 38, 1. 39, 10. 12. E. 38, 1
Casperius E. 12, 8
Cassius E. 16, 11. v. Postumus
Catullus E. 12, 5
Cereali consule 16, 12
Chaerea 3, 14
Chrestius E. 41, 22
Cilo E. 20, 6
Cinna E. 48, 12
Claudius 4, 1. 9. 9, 7. Claudius Titus 3, 16. E. 4, 1
Claudius 33, 27. 28. 32. 34, 1. E. 34, 1. 2. 3. v. Iulianus, Tiberius
Clodianus E. 11, 11
Clodius v. Albinus, Pupienus
Cocceius v. Nerva
Colobius E. 32, 1   [E. 17, 1
Commodus 16, 9. 17, 3. 7. 20, 9. 30.

13

B. INDEX VERBORUM NOTABILIUM

I. ORIGO

integumento 13, 1
intulerat ritum 3, 3. sic intulit
3, 7. 9, 7
invasissent (= devoravissent)
11, 1
involutis 13, 1

laverit (*intr.*) 12, 4
liberalis disciplinae 21, 3
loci 20, 4

magistrum patrii pecoris 16, 1.
-o pastorum 19, 7
manavit Iulia familia 15, 5
militariter 13, 1
mordicus sublatum 22, 2
Musa testatur 1, 1
mysteria 8, 6

naviam 5, 5
navigii (= navigationis) 10, 4
nec non et 9, 1. nec non etiam 8, 5
(neotericorum *tit.*)
nequitiae versutus 6, 2
nobile armentum 7, 1
noxae dedit 6, 4

obduxisse 12, 2
obhaesisse 20, 3
onerosa 15, 2

pensitari 22, 2
per hoc 8, 3
permensus 9, 6
permissus ire 9, 1. -os vivere 4, 3.
cui cum p.-um esset ire 9, 2
pleno ritu 12, 2
ponunt optionem 5, 5
postquam *c. coni.* 17, 4. 22, 3
praecinere 10, 1
praestringerentur 14, 2
praevalentem ceteris 7, 2
(proclamans 23 *fin.*)

profanavit decimam 6, 5. -ari
dec. 6, 6. 7
proventura 23, 4
proviso (*abl.*) 14, 3

quadrupedem 11, 8
qualitate loci 16, 1
quamvis asserant 9, 8
que = etiam: sacratasque 11, 1.
v. hodieque

rapto vivere 2, 2
recreatam 20, 1
remores 21, 4
resedisse penes . . 8, 6

sarcina pietatis 9, 1
scrutatis latebris 6, 3
secundum quod 3, 2. 7. 6, 6
solito institutoque 20, 1
spopondisse 22, 3
stramine apii 12, 4
subdidisse 19, 7
subinde 3, 7. post s. 12, 1
subministrante 21, 3
substantiam bonorum 19, 2
supra dictus 1, 5. 2, 3

tantos = tot 1, 9
tractum: inde tr. 6, 6
tum deinde 12, 4
tutelae Martiae esse 20, 4

ulterius a 23, 6
ultimo aetatis affectam 10, 1
usque id tempus 1, 2. usque
Appium Cl. 8, 4
utcumque aequo animo 6, 3
utpote qui 13, 2
ut quidem 1, 5. 3, 3

versutus nequitiae 6, 2
volunt (= censent) 4, 2. 4. 8, 3.
velint 5, 2
vultures 23, 3. -ios 23, 2. 3

II. VIRI ILLUSTRES

V. indicem Keilii editioni (Vratislaviae 1850, ²1872) additum.

III. CAESARES

Caesarea insignia 33, 14
cassos conatus 3, 20
casum (= occasionem) 38, 7
cecinerant 28, 7. 32, 4
cedente 39, 12. -entibus pro-
    spere 33, 3
cederet 35, 7. cessere 16, 4
? celebrio 24, 5
circumgrederetur 21, 5
circuitu Italiae 39, 9
cis mensem dec. 42, 1. sextum
    annum 37, 4
clarus militiae 33, 9
coalescere 5, 12
cognito (abs.) 5, 15
commento 4, 9. 40, 2
commodante 20, 28. -antem 40, 9
commode 16, 11. 41, 18. -issima
    lata iura 4, 2
commoditates 11, 9
commotior 20, 1
communem habitum 39, 6
competere 34, 4
comprimeret labem 39, 46
concessit 41, 8. -ere 20, 24
concussae 13, 3
confestim a 36, 2
confirmant imperatorem 40, 5
coniectu 26, 4
consanguineus (= frater, ger-
    manus) 16, 5
considens 42, 21
conspiraverat ad imperium 29, 1
consulta 16, 2
consultabat 4, 1. -avit 15, 6.
    28, 6. -aturos 6, 2
contrectabat 5, 7
controversam memoriam 17, 1
contusae 4, 2
convenire hoc ipsorum munus
conventus 2, 2   [35, 10
corrosissent 35, 6
criminationibus 39, 45
criminatur 4, 6
culmina Romana 39, 45
cultoribus 9, 9

cultu fluxo Venerioque 3, 11.
    egregio 9, 8. cultus pulchri 21, 4
cuncti passim
cupientem 39, 13. -issimo 29, 3
cupito 19, 4
curari iussa 13, 10. -antem Pan-
    nonios 33, 2. — 33, 13. 39, 45.
    40, 20. 41, 26

dare (= crimini dare) 39, 7. exitio
    datum est 24, 3. naufragio
    dedit 33, 3. praeceps dati
    5, 12. dedere se 3, 19
decessit 12, 2. 40, 9
decus terrarum = Carthaginem
dehinc 4, 7. 11, 5. 22, 1   [40, 19
dein 2, 1. 9, 3. 30, 2. 31, 3
deinde 2, 1. 14, 5
deinceps 3, 9. 11, 2. 20, 13. 27, 1
denuntiandae litis 16, 11
depugnandi 17, 4
depulsoribus 40, 29
desidiam 40, 20
despectatur 9, 12. -antur 20, 16
destinanda 20, 33. -andi 42, 23.
    -ant 35, 9. -antur 40, 1. -ata
    33, 20. -averat 26, 6. 33, 28
dimotis 35, 3
dispar: ceteris haud multo dis-
    dispendio 11, 9   [par 40, 27
distineretur 34, 3
diuturnitas 34, 3
divertere 38, 5
dolor (= morbus) 38, 7
domesticos regens 39, 1
donariis 35, 7
ductoribus 37, 3
dum c. ind. pr. passim. gesta-
    batur 38, 8. erunt 33, 24. pro-
    cesserunt 5, 11. haberetur 3, 17.
    premeret 39, 11. coepisset 5, 5
duplicaverat bellum 33, 2

e consilio 17, 9. e contra 39, 45
ecqui 39, 45
educto gladio 39, 13
effluxisse 33, 20

pervagatis 4, 10
pervigens 17, 5
pestilenti 39, 44. 40, 9
pie 39, 15
plantis (= pedibus) 39, 2
plectendum 19, 4
plus quam 11, 2. 13, 5. 20, 13.
24, 5. 39, 3
plures 3, 6. 5, 8.13. 13, 2. 17,5. 20,10.
33,23. 39, 47. pluribus 4, 4. 9, 2.
plura 9, 5. plurima parte 28, 6
populatis (pass.) 39, 17
populosam 21, 2
posterorum 41, 20. -iorum 13, 6
posthac 11, 2
postquam c. plusq. 27, 4. 29, 2
postulato 33, 32
postremum genus 4, 5. postremo
20, 22
posuisse (= dep.) 39, 47
potens animus 40, 2
potior 33, 24. potiora 28, 5. potius maluit 9, 2
praebitiones 41, 19
praeceps agi 12, 3. agendos 33,31.
dari 35, 14. dati 5, 12. (adi.)
33, 12. 41, 23. 42, 17
praefantes 26, 14. -arentur 29, 5
praesentiae 21, 3
praesidatu regebat 29, 2. tuebatur 33, 14
praesidebat 33, 8. -ens 25, 1. 13, 7
praesides 2, 4
praesidiariam manum 33, 28
praestiti vitam 20, 5. in exercitum praestantibus 39, 18
praeversa 5, 12
pressae (= repr.) 41, 20. p.-is
(= compr.) 17, 9. (compressis 41, 23. oppressa 42, 11)
primo (-dehinc) 4, 6. 7. 20, 28
pro negotio 42, 33
probandis rectoribus 42, 24
procedere 33, 26. procedunt lar-
gius 11, 9
processit 39,32.(F.P.exconi.) 31,3

procerum (= senatus) 1, 1. proceres 36, 1
proclivius (= facilius) 42, 6
producere 14, 8
proficiunt 34, 6
profluvio 33, 28
progressu 5, 11. 8, 1
proinde 4, 1. 33, 10. 38, 5
prolatandi 39, 16
prolapsi mores sunt 33, 23
promptus 42, 23. -um 40, 14.
promptioribus factis 39, 20.
promptius 33,15. 34, 8. 39, 27.
pronus 40, 20. -i 16, 8. -a 20, 10.
-am 17, 7
propinquare (= app.) 8, 6. -abat
proposito (vitae p.) 8, 7 [33,16
prospectavit 35, 7
protendebantur 16, 13
protractus 6, 6. protractato 3, 16
provectu 39, 45
ad publica 41, 20

qua 9, 8. 16, 7. quaqua 40, 2
quadripartito 39, 30
quadruplatorum 35, 7
quaesiverat 2, 2. 3, 4.33, 3. quaesitus 27,5. quaesita 39,2.37. 41,2
-i 40, 17. -is nominibus 33, 20.
-issimis libidinibus 2, 1
quam 4, 11. 33, 30
quamquam c. coni. 1, 2. 8, 8
quamvis 4, 13. 20, 12. 19. 28, 9.
41, 21. q. erant 41, 2
quantum 8, 6. 33, 30
queo: queunt 16, 8. queas 12, 3.
queat 8,8 queant 33, 29. quibat
4, 5. quivere 41,2. nequeo: nequeunt 24, 10. nequeat 13, 7.
35, 13. nequiens 40, 2. nequirent 10, 3. nequivit 20, 1
qui: quis (= quibus) passim
quiescentibus bellis 1, 3. quieta
a civili trepidatione 42, 14
quippe: (= nam) duodecies; q.
qui c. ind. 3, 7. 20, 33. c. coni.

IV. EPITOME

aspero casu 48, 9
avunculi maioris 1, 2

bellator 40, 15
biiugo 3, 10

caelesti dicto 10, 9. caelestis
  ingenii 16, 2. caelestium 15, 3
calciamenti 3, 2
capturae 1, 12
catamitos 1, 22
cavillo 9, 14. 23, 6
celsi imperii 42, 16
centuriaverat 14, 5
cervice 19, 3. 21, 4. cervicibus
  32, 6. 40, 5. -es 24, 4
circa 43, 4. circum 15, 5
circumsocias 41, 20
clade aedium 13, 12. urbium 9, 7
coangustatus 42, 6
commento 28, 3. 33, 2
commode 1, 11. -issimus 41, 14
communis 29, 2. 48, 9. -em 18, 5.
conseruit vineis 37, 3   [-i 39, 7
consanguineus 41, 20. 42, 2. 45, 4
consobrinus 14, 1. 23, 1. -a 23, 4.
  48, 10
conversationis humanae 18, 3
creatricis (= matris) 40, 17
creavit Caesarem 42, 2
cruditate 20, 9. 44, 4
curabat convivium 9, 15.-ansGer-
  maniam 11, 6.-ari ministeria 9, 5
curiosae 44, 18

decenter validus 15, 4
declinare magnitudinem 2, 7.
  -ent talia 3, 6
defecit (=mortuus est) 10, 4. 40, 4
deformata praedia 48, 17
destinata 47, 4
devenere 41, 1. -isset 21, 2
diffuderat 45, 9
dimidios 41, 15
direxerat (= miserat) 34, 2
disceptator iurgiorum 12, 5
discerptus est 25, 2

discidium 41, 5
diverso amori 33, 1
dum . . congreditur 40, 7. irruit
  41, 21. erraret 41, 22. nequiret 20, 9. rogaretur 39, 6

effectus imperator 18, 2. 31, 1.
  35, 3. 7. 42, 10. 48, 1. *plur.*
  32, 2. 37, 2. 39, 3
effecit Augustum 39, 2. Caesarem 41, 4. efficitur Augustus
  40, 2. Caesar 40, 1
egestosis 12, 4
elogio 4, 8
eloquio 2, 4
eluvie 9, 18
emolliverat auctoritatem 1, 14
excedere terris 9, 18. excessit
  humanis rebus 48, 19
in extremis 8, 4

factiosus 1, 20. 19, 1
factum: Augustum f. 48, 6
fecit incedere 4, 7
ferire destinata 47, 4
fervebant bella 16, 3
festa nuptiarum 39, 7
flectebat 9, 3. flectere 9, 5
frequens disceptator 12, 5

genitales terras 47, 3
gerens annos 44, 4. malorum
  quae gesserat 8, 4
germanus 11, 1. 46, 1
gratanter 12, 3

habendum sublimius 35, 7. habitas pensiones 9, 7. h.-o
  certam..1e 8, 3
hausit studia 14, 2
hic *cum nom. propr.* 19, 3. 21, 2.
  34, 2. 41, 8. 45, 5. 48, 7
hinc = dehinc 38, 6
iactantes invidiosa 10, 4
ictu sanguinis 16, 5
illecebram 48, 19
impatiens 1, 21. 14, 9. 21, 5. 41, 8.
  42, 7